中国
科创金融

张雪春 苏乃芳 ◎著

中国出版集团
中译出版社

图书在版编目（CIP）数据

中国科创金融 / 张雪春, 苏乃芳著. -- 北京 : 中译出版社, 2024. 8. -- ISBN 978-7-5001-7947-4
Ⅰ. F124.3; F812.0
中国国家版本馆 CIP 数据核字第 2024YS6656 号

中国科创金融
ZHONGGUO KECHUANG JINRONG

著　　者：	张雪春　苏乃芳
策划编辑：	于　宇
责任编辑：	于　宇
营销编辑：	马　萱　钟筱童
出版发行：	中译出版社
地　　址：	北京市西城区新街口外大街 28 号 102 号楼 4 层
电　　话：	（010）68002494（编辑部）
邮　　编：	100088
电子邮箱：	book@ctph.com.cn
网　　址：	http://www.ctph.com.cn
印　　刷：	山东新华印务有限公司
经　　销：	新华书店
规　　格：	710 mm×1000 mm　1/16
印　　张：	18.25
字　　数：	255 千字
版　　次：	2024 年 8 月第 1 版
印　　次：	2024 年 8 月第 1 次印刷

ISBN 978-7-5001-7947-4　　　　定价：79.00 元

版权所有　侵权必究
中　译　出　版　社

序

"破旧、立新、聚合",加强金融支持科技创新[*]

张晓慧

当下中国正经历百年未有之大变局,国际竞争越发体现为科技实力的竞争。加快科技创新,促进科技更有效地转化为现实生产力,既是新时代中国更加积极参与国际竞争的需要,更是构建新发展格局的需要。工业革命以来的历史证明,金融是科技重要的支撑力量,是技术进步转化为现实生产力的催化剂。因此,完善金融支持创新体系,实现科技、资本和实体经济高水平循环,不仅是"十四五"时期的重要目标,而且是对加快构建新发展格局、推动经济高质量发展、更好地参与大国竞争具有全局意义的一项重要工作。

一、我国现阶段融资模式与科创企业需求不匹配

我国金融支持科技创新体系目前仍处于相对初级的起步阶段,金融供给结构和科技创新融资需求并不匹配,股权融资占比较低,对"种子期""初创期"科技企业覆盖不足,金融支持科创既不平衡也不充分。目前承担服务国家重大科技创新任务、满足科创企业融资需求的主力军还

---

[*] 张晓慧等.《金融促进高质量发展之路》[M]. 北京:中国金融出版社,2022. 本文为第一部分《金融支持科技创新》的节选。

是财政资金,支持科技创新的金融市场生态和金融服务科技创新的能力仍有巨大的发展空间和潜力。在我国科创资金的主要来源中,具有公共性的财政资金身负支持科技创新的天然职能,但囿于资金规模和体制约束,财政资金的支持力度相对有限。金融体系本就是实体经济的血脉,承担着为全社会配置资本要素的职能,促进科技创新,应当充分发挥金融体系的作用。近年来,我国金融改革稳步推进,金融体系不断完善,金融市场分层日益精细,金融产品种类愈加丰富,对科技创新的支持力度也有了较大提升。但现行金融体系与科技创新的融合度还不够高,科技创新对资金的需求与金融体系的资金供给尚不匹配。

导致上述现状的最根本原因是当前以间接融资为主的社会融资模式与科创企业的融资需求并不匹配。这一现象集中体现为四个主要矛盾。

一是银行体系追求的本金安全和收益确定性与科技创新和成果转化不确定性之间的矛盾。长期以来,我国的金融体系以间接融资为主,间接融资体系追求的收益确定性与科技创新具有的巨大不确定性是相互矛盾的。科技创新的不确定性由其本身的发展规律决定,存在技术传导路径的不确定性、科技成果转化过程的不确定性和商业回报的不确定性。因此,间接融资为主的金融体系在支持科技创新方面呈现诸多问题,包括金融机构资源配置效率较低、银行信贷存在一定的所有制和规模歧视、企业贷款存在还款压力从而降低企业开展长期投资的积极性和可能性。

二是中国金融资本注重当期稳定现金流的"短钱"特点与科技创新到实现产业化生产是个长周期、需要"长钱"之间的矛盾。科技创新的周期一般较长。所以,科技创新的融资需求也是长周期的,即对短期收益不敏感,专注追求有长期回报的投资模式。但我国的金融资本注重当期稳定现金流,具有一定的"短钱"性质,往往很难支撑长期的融资需求。与银行贷款相比,以股权、股票为主的直接融资体系更有利于科技与资本的结合。中国应该借鉴国际成熟经验,推动以债务为主的金融支持科技创新体系大幅度转变成以股权为主的金融体系，才能使金融资本从"短钱"变为"长钱"，从而更好地发挥科技发展对经济增长的引领和带动作用。

三是中国金融体系习惯于服务大企业、为大项目给"大钱"的特点与早期科技创新阶段需要"小钱"之间的矛盾。我国以银行信贷为代表的间接融资体系往往存在规模偏好，倾向于建立资金规模较大的债务关系。这与科创企业在产品产业化阶段之前所需要的规模相对较小但风险偏好更高的资金支持之间存在矛盾。商业银行的大规模信贷投放模式不符合科技创新的客观规律。一是传统银行的"贷大、贷集中"的客户授信主导发展模式，与科创型企业的"小、散、专"的特点不相匹配。二是科创企业融资需求存在"短、快、急"的特点，与银行审批模式也不相适应。因此需要有新的投资模式及配套政策以匹配科技创新和社会发展的需要。

四是金融体系"重抵押"与科创企业"轻资产"之间的矛盾。我国以间接融资为主的金融体系具有"重抵押"的特征，较为突出的就是商业银行以抵押品价值确定贷款额度的商业模式，这与科创企业发展早期的"轻资产"之间存在矛盾。科创企业普遍存在重研发、高人力成本、轻资产的特点，缺少土地、房产等固定资产抵押物，其资产主要为专利权、商标权等知识产权。科创企业往往希望通过科技专利、知识产权等作为抵质押品获得贷款，但目前知识产权质押融资客观上因为缺乏有效评估机制，存在公允价值难以确定、质押登记难等问题，实际操作较为困难，尚处于起步阶段。因此科创企业很难从"重抵押"的金融体系中获取长期的资金支持。

此外，我国直接融资市场发育不足，对科创企业的融资支持力度有待加强，鼓励金融支持科创的政策体系也亟待完善。这主要体现在股票市场准入门槛偏高，新三板和区域股权市场的流动性不足，难以对中小型科创企业融资形成有效支撑；债券市场现有工具和发行标准不利于中小科创企业融资；投资者结构仍不均衡，有待持续优化，中小投资者占比高，个人投资者更关注短期投资机会和短期收益；风险投资尚未形成成熟规范的运作模式；私募股权基金在运行过程中管理人的合规情况不佳；法律法规仍不健全。

二、加强金融支持科技创新的关键在于"破旧、立新、聚合"

深入研究美国、德国、日本和以色列的科创支持体系，可以提炼出四个重要启示。一是以银行为代表的间接融资体系对支持科创仍存在巨大的延展空间，关键在于如何规范地拓展银行业务范围以及增强其服务科创的能力。二是直接融资应当是金融支持科创最直接、最有效的方式，关键是在构建多层次资本市场的同时，应完善风险分担与退出机制，以最大限度地实现金融支持科创过程中风险与收益的平衡。三是政府应该建立健全简洁、高效的科创支持制度体系。四是财政资金的支持不可或缺，其资金支持应淡化收益目标，且应注重发挥财政资金的信用增进和风险分担作用。

现阶段，要想让金融更好地发挥支持科技创新的作用，改革的重点是逐步改变当前以间接融资为主的社会融资模式，从"破旧、立新、聚合"三个层次共同发力。

（一）破旧：探索信贷融资支持科创的新模式，打造银行直接参与股权投资支持科创的新空间

"破旧"的核心是释放银行体系支持科创的能力和动力，消除制约商业银行支持科创的制度约束。虽然商业银行已经形成了一套完善的贷款类债权项目的评审体系和管理体系，但是股权类投资由于诸多方面原

因累积的经验较少，专业人才严重缺乏，评审体系和风险管理体系仍处于探索阶段，投资能力不足。因此，需要从机制设计、配套制度、风险补偿等诸多方面完善银行对科创企业的支持。

一是在规章制度方面，适度放松对商业银行直接投资企业股权的严格限制，允许银行有更大的空间直接从事股权投资；二是在监管政策方面，允许商业银行以一定方式参与股权投资；三是融合科技信用体系与信贷评审体系，完善现有会计制度，使之更好地反映出新经济的发展特征；四是以大型商业银行为试点，构建银行股权投资基金；五是推动商业银行人事管理模式变革，增强金融资本参与科技、产业循环的长期稳定性；六是坚定地推进制度型金融开放，深化金融供给侧结构性改革。

（二）立新：探索建立以股权融资为主的融资模式，促进金融深度参与科技创新产业化过程

"立新"的要义是借鉴国际成功经验，大力推动多层次资本市场的发展，通过直接融资的方式来支持科创。要让金融资金深度参与科技、产业循环过程，必须推动金融支持模式从间接融资向直接融资转变，建立和完善以股权融资为主的多层次资本市场体系，形成各类要素高效使用、各个部门深度参与、各项需求充分满足的新型融资模式，助推科技创新、成果转化和产业升级。

一是发掘信用货币潜力，用好结构性货币政策工具以促进股权金融发展；二是健全多层次资本市场体系，形成可适应和满足不同类型、不同发展阶段的科创企业差异化融资需求的多层次资本市场体系，增强服务的多元性、针对性、普惠性；三是深入推进债券市场创新发展，推出满足不同阶段科创企业融资需求的直接融资工具和金融产品；四是加快发展私募股权基金，积极拓宽其资金来源，畅通"募投管退"等各个环节；五是推动长期资金进入资本市场支持科技创新，共享科创成果产业

化的长期红利；六是进一步扩大金融业对外开放，用好国际国内两个市场、两种资源。

（三）聚合：提升财政资金与金融体系的配合效率，共促科创进步

"聚合"的关键是在金融促进科创的过程中，充分发挥财政资金对科创的引导、担保、兜底作用，提升财政资金和金融资金的配合效率。现阶段，金融体系应逐步成为支持科创的主力，如果财政资金在引导资金、提供担保和风险兜底方面能更有效率，那么科技、产业、金融的良性循环也必将更为畅通。因此，当前有必要明确金融和财政两类资金在支持科技创新、成果转化和产业升级方面的职能分工，更好地发挥财政资金在科创的不同领域、不同阶段对金融的支撑和托底作用，实现金融和财政资金促进科技、产业良性循环的聚合效应。

一是相比于金融资本全面、系统地参与科技、产业循环的特点，财政资金应兼顾普惠与重点，合理分担重大创新活动可能引致的创新风险。二是财政要立足于科研活动主体，在资本市场激励和企业自有的股权激励机制基础上，从体制层面完善对科技人才作为第一创新资源的激励机制。三是加强财政资金和金融资金在支持科创方面的统筹协调，发挥中央与地方的积极性。

前　言

我国需要什么样的科创金融？

一、我国科创金融体系的现状和不足

当前，我国的科创金融主要是银行等金融机构对中小企业科创活动的信贷支持，辅以政府引导基金、创业投资基金、私募股权投资等直接融资渠道。但是，由于科技创新投入大、不确定性高、周期长，各类创新主体、创新活动的融资需求各异，而我国融资渠道狭窄、融资方式单一，金融供给结构与科技创新融资需求不匹配，股权融资占比低，对种子期、初创期科技企业覆盖不足，金融支持科创既不平衡也不充分。

银行是我国科创金融体系中重要的部分，完善科技信贷对于支持科创企业发展具有重要作用。分析发现，银行贷款约占高新技术企业融资的60%，虽然资金规模大，但仍缺乏支持科创企业的人力和产品，即使部分银行有科创分支机构专营科创金融，但大多数银行的各类考核和风险管理机制要求限制了他们的科创支持能力，科技贷款、投贷联动一直没有发展起来。

科技创新存在复杂性和偶然性，特别需要股权投资的长期支持。股权投资主要包括风险投资（VC）和私募股权投资（PE）两种形式。目前中国已成为仅次于美国的全球第二大股权投资市场，其中政府引导基金是股权投资市场的重要出资人。政府引导基金是一种政府设立的按市场化方式运作的投资基金，旨在利用财政基金支持创业投资企业发展，对发展核心和新兴科技至关重要。股权投资对于创新具有重要的促进作

用。近年来，股权投资的资金规模迅速发展，对科创企业发展的支撑作用日益显著，而且与其他方式相比风险投资促进企业创新的效率更高。政府引导基金和股权投资在"募投管退"四个方面仍存在不足。不少机构存在圈钱即退出的动机。早年，没有法律基础及高净值人群，红杉资本、软银等美元基金支持了不少科技企业。近年的监管规则变化、经济下行、美国严厉打压我初创科技企业资金来源，加剧了私营风险投资基金的募资难，而中央和地方科创引导基金的管理和考核机制使其在辨识和引导资金投向真正需要的企业和项目方面存在一定困难。

资本市场在促进科创企业发展中具有重要的作用，不仅可以为科创企业提供直接的资金支持，还有助于缓解信息不对称降低科创企业的融资成本。近年来，我国多层次资本市场发展迅速，科创板、创业板和新三板对科创企业具有重要的支持作用，但我国直接融资仍不够发达，难以支撑大量符合条件的科创企业上市，在完善上市企业的公司治理、防止投机性的中小企业打着科创的牌子套现等方面仍存在不足。

二、我国科创金融体系的发展方向

处于不同生命周期的科创企业有不同的金融需求，我国需要优化银行等已有的科创产品和科创专营机构，并大力发展资本市场、股权投资基金等直接融资渠道，建立适合中国科创企业需求的金融机构及相关产品。

（一）进一步完善我国股权投资市场

在顶层设计层面，需明确政府引导基金的战略定位。政府引导基金是股权投资市场的重要出资人，需明确其市场定位。一是财政资金不能急功近利，锚定短期化的目标。否则，政府引导基金可能并未充分发挥"引导"作用，反而"挤出"私人部门的投资。二是减少投资限制。针对产业特点，做好引导基金顶层设计和投资规划，灵活调整对于项目注册地、出资金额、返投比例、行业阶段等的投资限制。三是政府引导基金的投资策略应该是跟投好的风险基金和私募基金，不应该以撬动私募基金作为投资出发点。

在操作层面，需从"募投管退"四个方面进一步加强股权投资对科创企业的资金支持。首先，缓解募资难是完善股权投资市场的基础。需完善长期资本投资机制，有序扩大长期资金来源。逐步提高国企、社保、保险、企业年金等资产配置型长期资本投资优质创投基金的比例和范围。可以考虑允许高净值人群的理财产品投资股权投资市场，在缓解股权资金市场募资难的同时增加居民财产性收入。其次，完善绩效考核和激励机制，提高股权投资的效率和支持效果，针对股权投资市场的特点和引导基金及子基金全生命周期的不同特征，建立标准化、系统化和实用性的考核体系。健全政府引导基金管理运作机制，更聚焦前沿战略领域。另外，加强股权投资市场化管理水平。改善行政化、条款式管理模式，优化基金公司遴选、投资项目审查、资金审计、资金退出等方面的监管规定和操作流程，提高标准化、专业化、市场化水平，提高资金运作效率。同时重视投后管理，对投资项目提供政策解读、产业链扶持、项目对接等政府支持。优化监管与考核，化解股权投资基金重复征税难题。最后，完善容错机制和上市标准，拓宽退出渠道。对高风险项目的亏损给予一定的容忍，建立科学性、包容性和可操作性的容错机制。推动并购市场发展，畅通多样化的股权投资退出渠道。

（二）加强资本市场对科创企业的支持

需进一步规范资本市场制度，优化我国资本市场结构，提升资本市场活力，完善退市和转板机制，优化我国资本市场结构、加强创业板、科创板和新三板市场的建设，进一步加强资本市场对科创企业的支持。

一是规范资本市场制度、提升资本市场活力。完善法律体系、充分发挥律师事务所、会计师事务所、审计事务所等中介机构的作用，提升资本市场活力，充分调动民间资本、保险资金等机构投资者投入不同层次的资本市场，需放松初创企业上市的行业限制。二是优化我国资本市场结构、加强创业板和科创板市场的建设。进一步加强创业板和科创板对于突破关键核心技术、面向科技前沿企业的金融支持力度。需完善上市标准，适当放松监管要求，提升科创板和创业板规模和活力。三是拓宽科创企业的融资渠道、加强新三板市场的建设，积极推进新三板扩容，加快完善转板机制。

（三）完善银行对科创的支持

银行贷款是我国科创企业融资的主要渠道，对于科创企业发展起到了重要作用。应从机制设计、配套制度、风险补偿等多个方面完善银行对科创的支持。一是建立适应科技创新行业融资的体制机制。引导银行制定支持科技领域行业发展的信贷指引，建立健全信贷人员尽职认定和免责处理相关细则，能够真正可操作、可评价，为信贷人员开展科技金融业务提供明确、切实、有力的支持。二是推进信息服务平台等金融中介建设。政府应牵头完善科技创新行业信息共享平台，提高企业信息透明度和行业信息公开性，缓解信息不对称的问题，增强银行对科创企业筛选识别、风险研判等能力。三是完善支持科创企业风险补偿机制。引入国有融资性担保公司、担保风险补偿基金等，建立完善风险补偿机制，提高银行积极性。

三、本书的基本安排

本书结合中美科技竞争的大背景，分析我国教育体系、科技成果转化、科创企业等存在的问题,并系统梳理我国科创金融体系的现状、问题和发展方向。在理论研究的基础上,我们对美国等发达国家科创金融的经验进行了介绍,并走访了我国多地的科创企业、股权投资机构、金融机构以及相关政府部门,剖析我国科创金融体系的特征及存在的问题。本书为完善我国科创金融体系,加强对科创企业的资金支持,加强科技强国建设,提出了相关的政策建议。

全书共分为三篇。

第一篇关注大国科技创新,分析中美科技竞争的演化历程、现状和未来的发展方向,从而讨论我国建设成为创新型国家的重要战略意义。其中第一章讨论了科技创新在近现代历史和当前我国新质生产力培育中的关键作用,科技创新的生态体系等我国科创体系的发展方向。第二章分析了未来30年的科技发展方向。第三章主要回顾中美科技竞争的演化历程。

第二篇结合理论、国际经验和我国实践,对我国的教育体系、科研转化机制和创新型企业等基础性问题进行了深入的分析,为我国科创金融体系的研究奠定基础。其中第四章分析我国大学和科研机构的创新机制,讨论大学和科研机构在我国科技创新中的重要作用和目前存在的问题,并结合美国的经验从教育理念、评价机制和管理方式三个方面给出建立与新时代相适应的大学和科研体系的相关建议。第五章梳理我国科技成果转化情况,并讨论人才、资金和中介对于促进科技成果转化的意义。第六章关注我国独角兽企业,并从政府支持、人才支持和资金支持等维度讨论推动独角兽企业发展的方向。第七章以半导体行业为例,分析中美竞争背景下我国科技创新重点领域面临的问题和未来的发展方向,指出可以通过人才突破技术壁垒。

第三篇结合国际经验和实地调研,对我国科创金融体系的现状和问题进行深入和系统性的分析,并提出完善我国科创金融体系的相关政策建议。其中第八章分析我国政府引导基金的发展情况,并提出了我国政府引导基金应调整战略定位等相关政策建议。第九章解析我国股权投资市场的发展历程，基本特征和存在的问题，并提出完善募投管退各环节的政策建议。第十章关注我国资本市场支持科创企业发展的实践和不足，提出优化我国资本市场结构、加强资本市场对科创企业支持的建议。第十一章分析我国银行支持科创企业发展的情况，基于我国科技信贷的发展历程和典型案例分析我国科技信贷的发展特点和存在的问题。第十二章介绍美国科技保险的经验及对我国的启示。

本书的最后是后记，对我国科创金融体系进行展望。

目 录

第一篇 科技创新是大国竞争的关键

第一章 科技创新是新质生产力的核心要素
一、科技创新在近现代历史发展中的重要性 · 003
二、科技创新是新质生产力的核心要素 · 006
三、科技创新需要科创生态体系 · 015
四、中国需要什么样的科创体系 · 020

第二章 未来30年的科技发展方向
一、影响未来发展的因素 · 030
二、未来的国际政治、社会结构和人类 · 032
三、未来的经济、金融和商业模式 · 034
四、未来的关键科技与行业 · 035
五、新兴技术预测 · 037

第三章 科技竞争与大国博弈
一、美国与其他大国的科技竞争 · 041
二、美以意识形态为名,从产业链/供应链入手 · 051
三、大国科技竞争的未来展望 · 062

第二篇 我国大学、科研体系和企业

第四章　我国大学和科研机构的创新机制分析
一、大学和科研机构在科技创新中的重要作用 · 075
二、我国大学和科研体系存在的问题 · 077
三、美国大学和科研体系的经验 · 083
四、完善大学和科研体系创新机制的相关建议 · 084

第五章　我国科技成果转化情况分析
一、科技成果转化在科技创新中的重要意义 · 087
二、科技成果转化的影响因素 · 088
三、美国斯坦福大学模式 · 090
四、我国科技成果转化的不足 · 094
五、完善科技成果转化的政策建议 · 096

第六章　我国独角兽企业分析
一、独角兽的基本概念 · 100
二、独角兽企业的现状 · 102
三、独角兽企业的融资方式与股权投资的作用 · 109
四、独角兽企业上市存在的问题 · 112
五、推动我国独角兽企业发展的政策建议 · 117

第七章　我国半导体行业分析
一、半导体行业在大国博弈中的重要性 · 119
二、我国半导体产业发展现状 · 120
三、我国半导体产业落后的原因 · 123

目录

四、半导体产学研合作国际经验 · 124

五、发展我国半导体行业的政策建议 · 127

第三篇 我国科创金融体系

第八章 政府引导基金

一、政府引导基金的基本运作方式 · 131

二、政府引导基金的国际经验 · 134

三、我国政府引导基金的发展历程 · 142

四、我国政府引导基金存在的问题 · 146

五、完善我国政府引导基金的政策建议 · 150

第九章 股权投资市场

一、股权投资的特征 · 152

二、股权投资与创新的关系 · 154

三、我国股权投资发展历程 · 160

四、我国股权投资市场的特征和问题 · 172

五、完善股权投资市场的政策建议 · 184

第十章 资本市场

一、资本市场在科创金融中的重要作用 · 187

二、资本市场支持科创企业的国际经验 · 188

三、我国多层次资本市场的特点 · 193

四、我国资本市场支持科创企业存在的问题 · 200

五、加强资本市场对科创企业的支持相关政策建议 · 211

第十一章　银　行

一、银行在我国科创金融体系中举足轻重 · 216

二、银行支持科创企业的优势与局限性 · 220

三、美国和日本银行支持科技发展的经验 · 223

四、我国科技信贷的实践和特点 · 229

五、我国科技信贷存在的问题 · 238

六、完善银行对科创支持的政策建议 · 241

第十二章　科技保险

一、科技保险的定义 · 243

二、美国科技保险的成功经验 · 246

三、我国科技保险发展历程及存在的问题 · 251

四、给我国科技保险的建议 · 254

后　记 · 257

参考文献 · 265

第一篇

科技创新是大国竞争的关键

近年来，在地缘政治剧变的背景下，科技创新正在重塑世界规则和经济格局，而且已经成为大国竞争力的核心和大国博弈的关键。为取得竞争优势，美国对我国科技创新的策略已经从精准打击头部科技企业转向持续打压我国初创企业的境外融资。加强我国的科技创新，对于促进我国经济高质量发展、应对大国竞争、争取国际规则话语权具有重要的战略意义。

本篇分析中美科技竞争的演化历程、现状和未来的发展方向，讨论将我国建设成为创新型国家的重要意义，共分为三章。第一章讨论了科技创新在近现代历史和当前我国新质生产力培育中的关键作用，科技创新的生态体系及我国科创体系的发展方向。第二章分析了未来30多年的科技发展方向。科技在未来30多年的变化可能将超过人类有史以来的变化总和，由此带来深刻的经济、社会、国际秩序的改变。为了适应未来的科技变化，宏观政策和金融体系也将发生深刻变革。第三章回顾中美科技竞争的演化历程，解读近期美国对中国科技发展的遏制举措。

第一章

科技创新是新质生产力的核心要素

在当前的地缘政治环境下,科技创新已经成为国家竞争力的核心和大国博弈的关键。在过去的40余年里,我国在多数科技创新领域中属于追随者,但随着综合国力的提升和国际局势的变化,我国已经成为有影响力的科技大国,进入了自主创新阶段。习近平总书记在2014年就多次强调"我国没有更多选择,非走自主创新道路不可"[①]。党的十九届五中全会提出,坚持创新在我国现代化建设全局中的核心地位,把科技自立自强作为国家发展的战略支撑。党的二十大报告强调"加快实现高水平科技自立自强"。为此,我国需要吸引并高效利用国内外的人才、资金和其他要素资源,通过突破"卡脖子"核心技术、提升科技综合实力,彰显社会主义优越性。科技创新离不开金融支持;同时,科创金融不仅需要政府和公共部门的资金和政策支持,更需要发挥金融市场尤其是直接融资市场的作用,用不同的产品和投融资机制满足不同阶段科创企业和科研项目的需求。

一、科技创新在近现代历史发展中的重要性

18世纪之前,气候和自然环境变化以及军事力量在国家兴亡和朝代更替中作用十分显著。18世纪第一次工业革命后的近现代历史显示,

---

① 人民日报,《习近平在中国科学院第十七次院士大会、中国工程院第十二次院士大会开幕会上发表重要讲话强调 坚定不移创新创新再创新 加快创新型国家建设步伐》,2014-06-10。

科技创新决定经济和综合国力；能抓住重大科技创新机遇并且实现自主创新的国家，才能实现国力提升，进而改变全球地缘政治格局。英国从16世纪开始的手工业技术水平提高，获益于来自欧洲其他国家的工匠移民，而大批技术工人的经验推动了各种机器的发明和棉纺织业等领域的技术革命，这使得英国最早实现第一次工业革命和第二次工业革命，成就了"日不落帝国"。德国第一次工业革命也始于纺织业，当时使用的主要是英国的技术。到19世纪中叶，德国的洪堡教育改革彰显了国家对科学教育的长期重视，为与铁路建设相关的钢铁、煤炭及机器制造等重工业发展所需的技术发展和装备制造打下了人才基础，机械采煤、搅拌法炼铁等新技术层出不穷。在基础科学研究、股份制公司和股份制银行筹集的大量资本的支持下，德国在19世纪70年代进入了先进工业国家的行列。1871年德国统一后，科研机构与工业界紧密结合，促进了科技成果的运用，相对论、量子理论、"苯理论"等自然科学理论在工业、农业中得到运用，使德国成为19世纪60年代后期开始的第二次工业革命的先锋。

美国的崛起也是因为迅速抓住第二次工业革命的机会，并能在此后百余年的不同发展阶段引领科技创新。由于美国1894年工业产值已居世界首位，拥有巨大的市场，这使得欧洲在电力电气等方面的发明创造在美国能获得最大规模的运用，能最快开发出新产品和新工艺，成为新技术的引领者。1900年，美国经济总量超过了英国，成为世界第一大经济体，但美国当时的基础科研严重依赖欧洲强国，很多科技创新都是从欧洲引进甚至窃取。美国开始引领科学和技术革命的基础不仅是教育和科研体系，更是全球顶级科学家的移民。由于欧洲成为两次世界大战的重要战场，大量的欧洲（尤其是德国）顶级科学家移民美国，成为美国在经济、军事、科技方面雄冠全球的前提条件。第二次世界大战（后简称二战）时期，美国开始主动组织及动员全球顶尖科学家，尤其是从战乱的欧洲移民至美国的科学家，在曼哈顿计划下组织攻克原子弹技术，成为结束二战的重要工具。此外，美国及其盟国政府资助和协同了多国科学家，发现和发明了包括可输注血浆、青霉素、抗疟疾药等关键医药，还发明了雷达、高性能飞机等重要武器设备。冷战时期，关键科技创新也是历史发展方向的决定性因素。美国20世纪60年代到70年代的阿波罗计划和20世纪80年代的星球大战计划都是用科技力量解决地缘政治问题的事例。其中，里根政府的星球大战计划刺激了苏联大幅增加国防投资，加速了其经济衰落和人民生活质量下降，一定程度上导致了20世纪90年代初苏联的解体，显示了关键科技在近现代的热战和冷战中都可以起到决定性作用。

科技创新决定了国家的综合实力以及在国际规则制定中的作用。美国百年来重要的科技发明创造是其战后软实力的基础，而以美国首都命名的"华盛顿共识"则奠定了70余年来国际规则的基础。20世纪80年代至21世纪初，在政府与市场紧密结合的机制下，美国的大学和研究机构成果辈出，硅谷的科创人员和华尔街的资本相结合，使得美国在半导体、计算机、通信、生物制药等多个新兴领域引领全球。20世纪90年代初苏联解体之后，西方势力如日中天，修订了多方面的国际秩序和规则，如建立世界贸易组织（WTO）等。

现代历史还显示，科创能否持续还决定了一个国家能否跨越中等收入陷阱。一般来说，跨越中等收入陷阱需要经济发展模式的转变、产业结构的优化、人力资源的积累，即全要素增长①，其中的关键在于提高科技在经济增长中的地位和作用，而科技创新就是具体表现形式。西欧在20世纪10年代之后的30多年中，第二次科技革命的增长潜力基本用尽，科技创新不足，陷入中等收入陷阱。直到20世纪50年代，西欧国家实现了教育均等化，培育了各类专门人才，创造了第三次科技革命，才彻

---

① 经济增长主要来源是要素积累（劳动力和资本）及全要素生产率。经济发展初期主要靠要素投入，而后期则需要依靠全要素生产率提高，后者受科创投入和研发能力的影响最大。

底跨越了中等收入陷阱。日本在20世纪50年代就制定了"教育立国"战略，20世纪70年代更是从"贸易立国"转向"科技立国"，进行教育改革，重点培养技术创新人才。在执行中，日本制定了知识产权保护战略，构建了以民企、政府和大学为主的科研体系，持续大幅增加基础研究和开放投入，以此促进了经济快速发展，到20世纪60年代末就成为世界第二大经济体，而从20世纪70年代初期（人均GDP约4000美元）到20世纪80年代中期跨越中等收入陷阱（人均GDP超过12000美元）仅用了15年时间。与欧洲、日本相对应的是20世纪初的全球经济第三大国阿根廷。它在20世纪30年代实施的是进口替代的发展战略，没有致力于科技发展和劳动力素质提升，对基础教育投入不足，产业结构一直未能升级，加上20世纪80年代盲目开放市场，丧失了自身比较优势，且政局不稳，国家陷入长期的中等收入陷阱和债务危机。债务和经济危机又使得阿根廷缺乏对科技创新的内在需求及政策资金的投入，导致恶性循环。

二、科技创新是新质生产力的核心要素

2023年9月，习近平总书记在黑龙江考察调研期间首次提出"新质生产力"这一重要概念，指出要"整合科技创新资源，引领发展战略性新兴产业和未来产业，加快形成新质生产力"[①]。2023年12月，中央经济工作会议强调，要"以科技创新推动产业创新，特别是以颠覆性技术和前沿技术催生新产业、新模式、新动能，发展新质生产力"。2024年1月31日，在中共中央政治局第十一次集体学习时，习近平总书记进一步强调"发展新质生产力是推动高质量发展的内在要求和重要着力点，必

---

① 人民日报，《习近平在黑龙江考察时强调 牢牢把握在国家发展大局中的战略定位 奋力开创黑龙江高质量发展新局面》，2023-09-09。

须继续做好创新这篇大文章,推动新质生产力加快发展"①。

(一)新质生产力是我国经济高质量发展的客观要求

人工智能正在引领第四次科技革命。回顾历史发现,18世纪以来,人类已经历经了三次重大的科技革命。第一次科技革命以蒸汽机的发明和应用为主要标志,推动了社会生产力从手工业向机械化生产的转变;第二次科技革命以电力和电讯技术的发展为核心,包括内燃机、化学工业和电报、电话的广泛应用,推动了工业化和现代化进程;第三次科技革命以信息技术为核心,包括原子能、电子计算机、空间技术和生物工程等,极大地提高了生产效率和社会生活的信息化水平。21世纪以来,随着人工智能、大数据、量子信息等科技创新的不断深入,全球的科技革命进入活跃时期,第四次科技革命初现。

新质生产力体现了新时代对生产力的新要求。科技革命对生产力的发展具有深远的影响。在第四代科技革命的浪潮下,社会生产力正以人类历史前所未有的速度和方向发展与变化,对生产力提出了新的要求。面对这样的历史时代,习近平总书记指出:"我国创新能力不强,科技发展水平总体不高,科技对经济社会发展的支撑能力不足,科技对经济增长的贡献率远低于发达国家水平,这是我国这个经济大个头的'阿喀琉斯之踵'。新一轮科技革命带来的是更加激烈的科技竞争,如果科技创新搞不上去,发展动力就不可能实现转换,我们在全球经济竞争中就会处于下风。"②新质生产力就是以新的生产工具、新的生产方式和新的生产组织形式为特征的生产力,体现了新时代对我国生产力的新要求。

新质生产力是国际竞争的核心要素。新一轮科技和产业革命为我国

---

① 人民日报,《习近平在中共中央政治局第十一次集体学习时强调 加快发展新质生产力 扎实推进高质量发展》,2024.2.2。
② 求是,《习近平在党的十八届五中全会第二次全体会议上的讲话》,2016.1.4。

推进高质量发展和现代化建设提供了重大机遇，也带来新的挑战。近年来，我国大力推进战略性新兴产业发展，科技创新取得重要成就。但需要注意到，我国与欧美等发达国家在科技创新中仍然存在一定差距。当前，百年未有之大变局加速演进，国际力量对比深刻调整，世界经济复苏乏力，逆全球化思潮抬头，地缘政治风险上升等不利局面客观存在。国际局势云谲波诡，世界已经进入地缘科技时代，关键领域科技领先的国家才能在国际竞争中获胜。通讯和网络、人工智能、量子计算、生物科技、自动系统、航天及深海科技等六大关键领域的科技发展不再是独立的技术、通讯或网络问题，而是涉及未来的数字基础设施和国家安全的战略领域。这些领域的技术标准和最佳实践将影响机构和国家间的竞争与合作，改变人类生活工作、全球安全、地球健康等，决定了未来的国际规则和秩序。面对大国科技博弈加剧的新形势，我国急需加快发展新质生产力，提高核心竞争力。

新质生产力是我国推动高质量发展的内在需要。新时代以来，我国经济由高速发展转入高质量发展时期，经济发展呈现回升向好态势，经济实力、科技实力、综合国力和人民生活水平显著提升。但国内经济内生动力还不强。传统的依靠人口红利、要素驱动、投资驱动、高能源消耗而带动的传统经济增长模式已经难以为继。高科技、高效能、高质量的经济发展模式成为时代的必然趋势，这也正是新质生产力的新质特征。

（二）新质生产力的核心内涵

习近平总书记深刻阐释了新质生产力理论，指出"新质生产力是创新起主导作用，摆脱传统经济增长方式、生产力发展路径，具有高科技、高效能、高质量特征，符合新发展理念的先进生产力质态。它由技术革命性突破、生产要素创新性配置、产业深度转型升级而催生，以劳动者、劳动资料、劳动对象及其优化组合的跃升为基本内涵,以全要素生产率大幅提升为核心标志,特点是创新,关键在质优,本质是先进生产力"。① 从这一理论阐述看,新质生产力的内涵包括以下几个方面。

新质生产力的标志是全要素生产率大幅提升。全要素生产率(total factor productivity,TFP)又叫索洛残差,是去除要素投入贡献后得到的残差,它反映的是一个经济体在不考虑劳动力、资本等其他投入的情况下,自身实力的进展。从本质上讲,全要素生产率反映了科技进步对于经济社会发展所起到的推动作用。与发达国家项目,中国全要素生产率偏低,因而提高全要素生产率是经济增长的重要因素。研究认为,我国长期以来全要素生产率增长率及其对经济增长的贡献率都较低,2013—2019年考虑劳动质量的全要素生产率对GDP的贡献平均为19.7%②,这说明我国的经济增长在很大程度上依赖于要素投入的增长,是一种比较典型的投入型增长模式。提高全要素生产率将成为我国经济高质量发展的核心源泉。

科技创新是新质生产力的核心要素。习近平总书记指出"科技创新能够催生新产业、新模式、新动能,是发展新质生产力的核心要素。必须加强科技创新特别是原创性、颠覆性科技创新,加快实现高水平科技自立自强,打好关键核心技术攻坚战,使原创性、颠覆性科技创新成果竞相涌现,培育发展新质生产力的新动能。"③ 新质生产力理论突出"创新起主导作用",明确了科技创新作为新质生产力的核心要素。这一内涵阐述同党的二十大提出的"坚持创新在现代化建设全局中的核心地位""高质量发展是全面建设社会主义现代化国家的首要任务"一脉相

---

① 人民日报,《习近平在中共中央政治局第十一次集体学习时强调 加快发展新质生产力 扎实推进高质量发展》,2024.2.2。
② 颜色,《中国长期全要素生产率的重新估算以及与美国的对比分析》,北京大学光华管理学院《研究简报》第150期。
③ 人民日报,《加快形成新质生产力 建设现代化产业体系》,2023.11.24。

承,进一步彰显了科技创新和高质量发展的有机统一。

产业升级是新质生产力的重要依托。习近平总书记指出:"要及时将科技创新成果应用到具体产业和产业链上,改造提升传统产业,培育壮大新兴产业,布局建设未来产业,完善现代化产业体系。"要"积极培育新能源、新材料、先进制造、电子信息等战略性新兴产业,积极培育未来产业,加快形成新质生产力,增强发展新动能"。产业的兴起、发展与科技创新紧密相关。在第四代科技革命的背景下,前沿技术正在引领产业发展的新方向、开辟产业发展的新赛道。在科技创新的同时,要加强科技创新和产业创新对接。积极培育战略性新兴产业和未来产业,有助于加快形成新质生产力。

新质生产力是绿色生产力。习近平总书记指出:"绿色发展是高质量发展的底色,新质生产力本身就是绿色生产力。必须加快发展方式绿色转型,助力碳达峰碳中和。"绿色发展是全球气候变暖背景下环境对发展提出的新要求,也是加快绿色技术创新和先进绿色技术推广应用来推动经济发展的新动力。绿色发展为加快新质生产力的形成提供了重要方向。

(三)新质生产力的具体表现

通过科技创新实现"卡脖子"技术的突破。当前,全球分工体系重塑,"逆全球化"趋势凸显,我国在核心技术的自主研发能力和转化应用程度相对落后。关键核心技术面临"卡脖子"的风险。习近平总书记强调"必须加强科技创新特别是原创性、颠覆性科技创新"。在第四代科技革命的浪潮下,要加快实现高水平科技自立自强。加强原创性科技创新才能把关键核心技术掌握在自己手中,加强颠覆性科技创新才能实现技术突破,从而实现"卡脖子"技术的突破。这一方面需要充分发挥政府的顶层设计,持续增强基础科学研究的投入支持力度,强化重大原创性研究,统筹重大技术集中攻关;另一方面要充分发挥市场激励作用,建立估计创新的市场环境。通过科技创新实现"卡脖子"技术的突破,为发展新质生产力奠定基础、提供支撑。

构建现代化产业体系。当前,我国产业体系规模大、体系全,但一些产业"大而不强""全而不优"的问题依然存在。发展新质生产力,培育新产业是重点任务。"十四五"规划明确提到要壮大新一代信息技术、生物技术、新能源、绿色环保等战略性新兴产业,要前瞻谋划类脑智能、量子技术、未来网络等未来产业。新质生产力蕴含的"产业赋能",一方面要以新技术推动战略性新兴产业和未来产业,另一方面还要通过转型升级推动传统产业向中高端迈进。

实现绿色低碳发展。习近平总书记指出:"我国经济社会发展已进入加快绿色化、低碳化的高质量发展阶段,生态文明建设仍处于压力叠加、负重前行的关键期。"[①] 新质生产力明确了新材料和新能源开发对于绿色发展的核心作用。一方面,要推动绿色化关键技术的研发创新与应用,利用新技术提高资源利用效率,实现节能减排;另一方面,要利用新技术转变生产要素类型,充分利用低能耗资源,进一步壮大节能环保产业、清洁生产产业及相关服务业等绿色核心产业,加快风、光、水、核等清洁能源供应体系建设,以新业态、新模式、新经济推动产业结构转型升级。

畅通教育、科技、人才的良性循环。习近平总书记强调,"要按照发展新质生产力要求,畅通教育、科技、人才的良性循环,完善人才培养、引进、使用、合理流动的工作机制。"首先,在教育制度上,需优化教育理念,弘扬科学精神,完善教育评价体系,加强创新评价和激励。在科研制度上,当前仍存在评价机制单一化、制度化管理不灵活等

---

① 人民日报,《习近平在全国生态环境保护大会上强调 全面推进美丽中国建设 加快推进人与自然和谐共生的现代化》,2023.7.19。

问题，需建立与新质生产力匹配的科技管理体制改革，给予科研单位和人员更多自主权，激活和释放科创工作者的积极性和主动性。在人才制度上，在我国人口老龄化的背景下，提升人力资本质量才能有效开启我国"第二次人口红利"。要进一步加强优秀科技创新人才培养专项方案，面向未来产业培养拔尖创新人才。在此基础上，建立教育、科技、人才"三位一体"的良性循环模式，营造尊重科学、鼓励创新、开放合作、敢于试错、宽容失败的良好氛围。

建立适应新质生产力发展的经济制度和市场环境。一方面，需加强经济制度创新。通过建立更完善的市场准入流程、更容错的经营环境、更有效的知识产权保护环境、更透明的社会信用体系，为新质生产力的形成和发展提供适宜制度保障。另一方面，需加强市场制度创新，继续推动市场化、法治化、国际化建设，构建公平的市场环境，形成有竞争力的新产品、新产业、新模式，营造适应新质生产力发展的营商环境，深化"放管服"改革，动员各类市场主体自由、公平地参与竞争和探索，在市场规律中实现科技创新的优胜劣汰。

新质生产力的实现路径要动态调整。在加快形成和发展新质生产力的过程中，不同时期的具体实现路径也有所变化。新质生产力的实现路径包括技术、制度、产业等多个维度。在技术方面，当前的首要问题是打好关键核心技术攻坚战，将关乎国家安全和未来发展的关键核心技术牢牢掌握在自己手中，摆脱受制于人的不利局面。在此基础上可立足长远、统筹谋划，聚焦重大领域的原创新科研攻关，努力实现从0到1的突破。更进一步，可加强颠覆性科技创新，面向国际科技前沿，做科技革命的引领者。在制度方面，坚持政府与市场的有机结合，让市场在资源配置中发挥决定性作用，更好地发挥政府的作用，使市场和政府协同助力科技创新。一方面，加强政府的引导作用，打造支持科技创新的平台，引导各创新主体之间信息、技术、人才等方面的高效流动。在此基础上，加强市场制度建设，进一步破除各种形式的市场分割，加快建设高效规范、公平竞争、充分开放的全国统一大市场，夯实形成新质生产力的市场基础。在产业方面，首先要强化产业体系的完整性。在巩固和保持产业体系现有优势的同时，弥补产业短板，促进产业链的互补和协作，进一步提升产业链供应链的完整性。其次要提升产业体系的先进性。坚持传统产业高端化、智能化、绿色化的转型升级方向，同时通过提升技术水平加强战略性新兴产业建设。不用维度之间的关系也在动态变化。当前我们的首要问题是技术突破，同时需要制度的支持和产业的依托。

（四）金融在提升新质生产力中的作用：优化资源配置

金融是国民经济的血脉，是国家核心竞争力的重要组成部分。金融的核心作用在于优化资源配置，从而促进劳动要素的整合协调、促进劳动者的素质提升、促进各市场主体的要素流动、促进各区域的协调发展。2023年10月召开的中央金融工作会议明确提出，"要加强金融强国建设，推动我国金融高质量发展，把更多金融资源用于促进科技创新、先进制造、绿色发展和中小微企业，大力支持实施创新驱动发展战略。"因而在加快形成新质生产力和构建现代化产业体系过程中，金融强国建设发挥了重要的支撑作用。

科技金融助力科技创新。科技金融作为连接科技创新与金融市场的桥梁，在加快发展新质生产力中的具有非常重要的作用。资金方面，科创金融通过风险投资、政府引导基金、银行贷款、资本市场等为科技创新项目和初创企业提供资金支持并实现资金在不同行业、地区和企业之间的有效流动和配置；信息方面，运用金融科技改善信息收集、处理，减少信息不对称；服务方面，通过数字化和金融创新简化交易流程，减少时间和成本，提高金融服务效率。总的来看，科创金融通过提供创新资金、优化资源配置、促进信息流通和降低交易成本等方式，为新质生产力的形成和发展注入了动力。

绿色金融助力绿色低碳发展。新质生产力本身就是绿色生产力。绿色金融与新质生产力相辅相成。绿色金融有助于引导煤炭、化工、钢铁等高排放行业绿色转型，也有助于支持新能源、新制造等新兴产业领域的发展，这都是推动新质生产力培育的重要路径。构建绿色贷款、绿色债券、绿色保险和绿色基金等绿色金融工具箱，有利于引导经济社会绿色低碳发展、有效助力新质生产力的发展。

普惠金融助力中小企业创新。普惠金融对于更好地满足人民群众和实体经济多样化的金融需求，实现全体人民共同富裕的现代化具有重要意义。普惠金融的目标是为更广泛的群体提供便捷高效的金融服务，促进资源合理分配。高质量发展的微观基础是富有竞争力的企业，尤其是具有核心竞争力的新兴企业。目前我国新兴中小企业活力强，在中国的经济体量与就业产出中占有非常重要的地位，是我国科技创新的重要力量。普惠金融有助于激发市场活力，支持小微企业和初创企业的成长，对于科技创新具有重要的推动作用。

数字金融助力数字经济发展和数据要素建设。习近平总书记指出，"加快发展数字经济，促进数字经济和实体经济深度融合，打造具有国际竞争力的数字产业集群。"新质生产力潜力的充分发挥离不开数字经济与实体经济的深度融合发展。新质生产力可以通过产业数字化、数字产业化和产业生态系统三个层面推动数字实体融合化，对于传统产业的转型升级和新兴产业培育都具有重要作用。数字金融不仅有助于数字经济的发展，也有助于促进数据资源这一生产要素的建设，对于加快形成新质生产力具有重要作用。

养老金融助力人力资本提升和养老产业发展。当前我国已进入老龄化社会。养老金融的发展对于大力推动养老产业转型升级具有重要意义。首先，养老金融有助于人力资本的提升。养老金融有助于促进老年人口就业，提高老年人口的劳动参与率，通过教育培训等方式提高老年人口的人力资本。其次,养老金融有助于养老产业的发展。我国养老产业起步较晚,发展相对滞后。养老金融有助于促进养老服务业和老年人消费等相关产业的发展,催生养老产业新业态新模式,使养老产业成为一种新的经济增长拉动力。

三、科技创新需要科创生态体系

科技创新是一个系统工程,相关参与主体包括各类学校、科研机构、企业、政府、金融机构、市场等,科创的过程涵盖基础研究、技术开发、成果转化等,因此,科技创新需要科创生态系统的支持,其中的要素和环节缺一不可。政府是这些要素中基础研究和战略性技术的投入主体,需要为科创提供知识产权等法律保护,动用财税资金(政府采购、税收优惠、补贴等)为企业融资建立高效的风险分担机制、资本市场以及中介服务平台,降低科技创新成本和市场失灵的风险。科创的关键在于人才,而教育体系是培养人才的基础,科研机构和企业是人才发挥作用的基地。人才需要合适的研发环境才能出成果,而科研成果需要通过企业才能与市场相结合。在教育、研发和成果转化的过程中,金融的支持都必不可少。科创存在巨大的偶然性和不确定性,投入大、风险高,需要教育和科研机构提供人才储备和不断试验,需要企业的决策、组织和激励,需要政府分担风险、提供保障,需要有与科创特征相匹配的金融产品。在近百年大变局的大背景下,科技已经成为大国竞争的核心。全球贸易、经济格局的变化导致自由市场和小政府理念的转变,政府在科创中的作用被重新审视和重视。发达国家为保持地缘政治优势已制定一系列科技发展战略,在科技创新的基础上,通过联合盟友、制定相关规则来重塑国际秩序。

美国二战后的科技生态体系发展经历显示,提升科创必须先提升科创生态体系,核心要素包括提出国家战略、重视基础研究、利用市场

（包含金融市场）动员力量，包括多方参与科研、国际开放与合作。1945年7月，白宫科技顾问范内瓦·布什向当时的美国总统哈里·S.杜鲁门提交了《科学：无尽的前沿》(Science: The Endless Frontier)，奠定了美国基础科学研究和前沿科技创新的政策基础，使美国逐步摆脱了对欧洲基础科学研究的依赖，开创了政府推动下的大科学工程新范式，并一直引领全球科技创新，铸就了美国科技强国的地位。二战后的80余年中，来自全球各国的学生和科研人员进入美国大学、研究机构和科技企业，不仅推动了物理、生物等基础自然科学的发展，还提升了社会及行为科学的进步，为经济、军事及其他活动带来了变革。总体来说，《科学：无尽的前沿》明确了国家安全、社会发展、经济繁荣和人民福祉离不开科学发展，而国家需要引导科学技术不仅用于经济增长，还要用于公益和社会正义。也就是说，国家需要打造有效的科创生态体系。该报告主要产生了以下作用。

第一，提出了重视基础研究的作用。该报告提出，基础研究是一口井，是"所有实用知识的来源"，代表着"在不考虑实际需求情况下"对基础知识的寻求。部分基础研究的成果经过应用研究和市场开发，最终将被人类用来满足多方面的需求。这一理念使美国多数联邦基金大量用于基础研究，并取得大量科研突破。

第二，倡导了国家支持科学研究，尤其是基础研究的做法。1950年，美国国会通过了《国家科学基金会法案》，明确制定"促进科学领域基础研究和教育的国家政策"，并通过拨款和合同支持"数学、物理学、医学、生物学、工程学和其他科学领域的基础科学研究"。此后，美国成立了国家科学基金会，以长期合同形式为科学研究提供资金，为科学家提供研究自由，培养科学专家，包括军事和民用，生物学、医学和物理学，基础和应用，理论和实验等在内的所有研究。自二战以来，美国联邦及州政府为大学和研究机构的科研活动提供了大量财政支持，并在产品开发上进行了大规模工业投资。政府支持科研需要遵循五项基本原则：(1)稳定的资金，以便推进长期计划；(2)资金管理的机构由经过选拔的有能力的人负责；(3)机构不自行运营实验室；(4)接受支持的大学和研究机构必须保留机构对政策、人员、研究方法和范围的内部控制权；(5)国家科学基金会必须对总统和国会负责，根据研究工作的特殊需要对其进行审计、报告、预算编制等常规控制。

第三，完善了美国动员企业、高校以及市场力量进行科技创新的机制。主要有以下三点安排。一是基础研究由科学家指导，由研究人员决策。杰出科学家组成"国家科学基金会"，负责人由各科学机构的代表选举产生。而美国大学及政府研究从规划、遴选到评估都由不同学科的研究人员自行决策。二是研究由科研机构和高校的科学家来完成，他们被称为"一小群熟谙自然基本规律的天才"。二战期间，国防部及其他政府部门提供资金，大学是武器和系统等领域科创的摇篮；二战后，政府资金也支持了大学等研究机构成为各领域科创的基地。三是联邦政府大幅增加政府的研究拨款，让独立的大学研究者获得安全感、个人知识自由度，能在没有商业压力的氛围下开展工作。1945年以来，美国各界在基础科研和教育方面投资数万亿美元（自1968年以来平均每年的投入基本稳定在GDP的2.5%），在各领域的研究都取得了巨大收益。

第四，通过政府直接提供资金、担保、税收优惠等多项措施，营造了良好的科创生态，鼓励了私营部门增加研发投入。美国的金融生态在科创体系中至关重要，尤其是，美国金融体系以直接融资为主，股市及股权投资为科技创新提供了最直接的动力。科技创新离不开多元化的资金投入，科创金融支持体系包括政府、金融机构、企业和市场。企业是研发资金的投入主体，需要组织研发团队，完善内部控制和激励机制。

在20世纪40年代中后期至20世纪80年代末的冷战中，美国最终取得全面胜利的主要原因之一是市场经济和对外开放带来的科技领先。其间，前30年美苏进行了以载人登月为目的的"太空争夺战"，通过科技竞争来获得冷战主动权，而科技竞争又影响了美苏政治、经济、社会变革。这一过程中，美国由于本土免于战乱而吸引的一流人才，加上开放的市场经济带来的财富及国家层面对科技创新战略的实施，对科研的投入和效率远超其他经济体，实现了"阿波罗计划"，推动了核电技术、大型客机制造等先进科技并催生了大批尖端科技企业。苏联计划经济体制下的科研在短期内迅速调集有限资源从事基础研究和重大或紧急项目研究，获得了在卫星发射和空间载人方面的领先，但这些科创成果被封闭在国防领域，没有促进经济发展。否定市场价值规律的计划经济阻碍了经济对科创的依赖，进而削减了市场对科研经费的投入，尤其是教育与科研机构分离；而科研机构和企业均以是否完成计划为考核标准，缺乏市场激励，加上科研决策层未重视最先获得突破的半导体技术，最终被美国在经济和科研方面几乎全方位超越。美国历史学家麦克杜格尔认为"强大的科技实力为美国战胜苏联打下了坚实的基础，美苏的登月竞赛催生了一场'永久性的科技革命'"①。

美国硅谷、日本筑波、英国伦敦东区等不同国家的科创中心都不是教育科研机构、资本和中介的简单组合，它们的发展历程彰显了科创生态的重要性。硅谷依赖于大学、企业、科研机构与市场的有机集合，有一套孵化培育初创企业的完善机制。20世纪50年代，斯坦福大学把4平方公里的土地租给科技公司来建立工业园，形成了教学、研究、运用一体化的"硅谷模式"，科研成果迅速转移到企业，企业可以很快上市，科研人员和投资者可以获得巨大的社会效益和经济效益。硅谷体系涵盖了科创生态较为完整的系统，即政府与市场的配合，中介机构与科研机构的配合，知识产权保护与创新人才的配合，资本市场与风险投资的配合。20世纪70年代，日本政府在筑波科学城的建设中发挥了主导作

---

① Roger D. Launius. Interpreting the Moon Landings: Project Apollo and Historians [J/OL]. (2006-08-20) [2024-04-16]. https://www.tandfonline.com/doi/full/10.1080/07341510600803143.

用，包括法律法规、优惠政策、选址、人力资源调配、资金投入等，其中国家研究机构预算的50%用于投资科学城。但政府过度介入也影响了科研成果转化和科学城的科技产值，迫使政府放宽农地审批、劳动合同期限，开放民间和外资办学等政策，便利该地区的投资和创新。从2010年开始，英国政府在6年中投入了4亿英镑支持将东伦敦科技城建设为"迷你硅谷"，孵化英国的创新企业。东伦敦科技城坐拥雄厚的教育科研资源，汇集了谷歌、推特等1600多家科技公司，还有欧洲最大的科创企业孵化种子营（Seedcamp），目标是成为全球最有吸引力的科创投资中心。

英国近些年的实践也说明了创新生态正在与时俱进。英国在2021年脱欧之后，公布了《英国创新战略：创造引领未来》(*UK Innovation Strategy: Leading the Future by Creating It*)，并提出了人工智能、数字经济、能源、应对气候变化、航天、材料等领域的创新战略，通过创建鼓励所有英国企业创新的生态系统来应对疫情带来的影响、工业革命和全球竞争。在新的战略下，英国在监管便利、机构沟通、资金投入、人才吸引方面都有具体行动。监管和机构方面，英国致力于创建世界上最灵活的监管体系，并通过指引系统简化企业与公共机构的联系。此外，英国还创建了英国高级研究与发明局（ARIA），支持具有颠覆性和变革性的技术创新。资金方面，政府设立了英国创新和科学种子基金（UKI2S），商业银行启动了多行业的投资计划，与私人投资者一起直接投资于科创企业的撑场期及后续融资期。人才方面，英国通过设立人才办公室，多种试点计划，构建创新劳动力和创新生态体系，鼓励研究人员在企业和大学间流动，吸引全球顶尖的创新人才。在新的战略实施中，英国政府不仅承担了部分科创风险，还是战略性科创的客户。

四、中国需要什么样的科创体系

（一）我国已经进入自主创新的新阶段

中国经历了40余年的改革开放，已经成为世界第二大经济体和有影响力的科技大国。除了经济规模，我国还是第二大贸易国，并拥有较为完备的产业链和巨大的市场潜力。我国的科技创新体制也经历了多方面改革，不仅有科技决策的咨询系统，还完善了国家技术转移体系、科创评估机制、知识产权保护制度等。由于科技创新体制改革，我国的基础研究实力增强，战略高技术领域取得跨越式成就，高端产业取得突破。

当前及未来，以我国的科研投入和人才结构乃至举国体制的优势，追赶其他国家不成问题。近年来，我国每年研发投入占GDP比不断提高，我国拥有世界上规模最大的高等教育体系，有一批国家实验室、国家科研机构、研究性大学、科技领军企业以及无数中小型民营科创企业。一方面，科技创新体制改革使我国能发挥集中力量办大事的体制优势；另一方面，科技领军企业，尤其是民营企业，能够紧密契合市场需求，利用市场资源，实现了多领域的科技突破，形成了全球瞩目的成果转化及产业化。更重要的是，我国有较为深厚的科研人才储备，有一大批科技领军人才和创新团队。据统计，我国有4000万工程师和科研人员，相当于欧洲一个中等国家的人口数，数量上超过美国。

但是，如果科技大方向错误，则没有未来。苏联在半导体、芯片方面殷鉴不远[1]。在斯大林时代，高科技只能依靠自主研发，而苏联"专家治国运动"的国策使科技人才可以依靠苏联的工业基础保住国家的军事科技领先。苏联于1948年12月就提交了半导体电子计算机的专利申请，

---

[1] 亚历山大·别列津. 苏联70年前发明了半导体计算机，为什么我们没有自己的IBM？[EB/OL].(2020-12-04)[2024-05-06]. https://www.xianjichina.com/news/details_94438.html.

之后几年内，第一批量产电子计算机已经用于数字通信、天气预报和各种计算领域，领先欧美等西方国家。20世纪70年代初，微处理器问世，电子器件的生产需要无线电电子厂和制作硅晶的真空环境。当时处于勃列日涅夫时期，苏联开始用资金换技术，依靠进口技术实现产业化。20世纪80年代，西方的技术日新月异，国际商用机器公司（IBM）和苹果公司推出了第一批个人计算机，但苏联的类似设计没有得到国家领导人的认可，从此，苏联的半导体计算机再也没有在世界上领先过。后来，苏联的LK-1无线电话曾经远胜于西方同类移动通信产品，但还是由于发展这些产品没有得到政府认可和支持，苏联在技术上很快被西方国家抛在后面。

我国的大飞机发展之路也有过深刻的教训[①]。我国在20世纪70年代就启动了"运10"项目，并于1980年试飞成功。但是，技术、资金、理念等多种因素导致在国内大飞机是自主研制还是依靠进口问题上存在分歧，我国于1985年转向与国外厂商合作生产，十余年中基本依赖国外技术，大飞机自主研发停滞。直到2006年，大飞机研制才被列入《国家科技发展中长期发展国规划》，2008年正式启动C919项目。此时距"运10"试飞成功已过去近30年，国际大飞机技术和市场早已飞速发展，而我们在近30年间主动放弃了技术能力赖以发展的开放平台，中断了中国民用航空的技术进步。我国民用航空技术与欧美的差距从20世纪80年代的15年左右增加到2008年大飞机重新立项时的50年。至今，我国大飞机的技术仍然面临多重挑战，距离高水平的商业飞行还有距离。

过去40余年来，我国在经济增长方面属于后起国家，在科技方面一直是追随者，科创方面不仅需要西方的先进技术，还需要全球的人才和资金，早已形成"你中有我、我中有你"的局面。改革开放以来，我国

---

① 路风.走向自主创新——寻求中国力量的源泉[M].北京：中国人民大学出版社出版，2019.

发展经济中所需要的科技大多靠"干中学",除了我国自己培养的工程师和少数科技突破,大多数领域的科技并非从 0 到 1 的原创,而属于跟随型。即使我国储蓄率远超投资率,我国的大量科创企业,包括非常成功的科技平台企业(腾讯、阿里巴巴等),早期都有发达国家风险投资基金的参与。我国也吸引了其他国家的人才,像华为这样的公司都使用了全球人才。

为在大国博弈中赢得先机,我国必须提升科创能力,成为名副其实的科技强国。当前,我国经济和科技发展都进入了新阶段,自主科技创新是唯一选择。过去,由于我国落后较多,美欧日等发达国家对我国科技进步给予了资金、市场、人力资源等多方面的支持。但是由于发达国家不可能分享核心技术,我国进入了必须自主研发核心技术的时期。

(二)我国的科创成就离不开改革开放

改革开放以来,我国科技创新成为国之利器,在经济建设和国家安全发展中的作用越来越重要。1978 年,邓小平提出"尊重知识,尊重人才",提出科学技术就是生产力。此后,我国实施了科教兴国战略。2006 年,我国将建设创新型国家作为战略目标。党的十八大把创新驱动战略提升为国家战略。2016 年,我国颁布《国家创新驱动发展战略纲要》,提出了"2030 年跻身创新型国家前列、2050 年建成世界科技强国、成为世界主要科学中心和创新高地"的目标。

改革开放 40 余年来,我国科创体系不断完善,取得了巨大成就。我国不断完善强化要素、加强主体、完善机制、培育产业、集聚区域、优化环境、扩大开放、增强反馈的科创政策体系,形成了科技创新"稳基本""强使命""活激励"的三个政策支柱。一是建立了国家科技决策咨询制度,加强了知识产权保护,完善了科技评估机制、技术转移体系,通过市场机制的作用来加强科技供需对接,推动科技成果转化应用。二是建立了一批国家重点实验室、高水平的科研院校和机构以及科技领军企业。三是为加强成果转化，我国修订了《中华人民共和国促进科技成果转化法》(2015年8月)，出台了相关行动方案(2016年4月)，从制度上激发研究机构和科研人员的积极性。四是结合区域特色，我国打造了北京、上海、粤港澳大湾区等的科技创新中心，优化了国家自主创新示范区(22家)和国家高新区(168家)的布局，推进创新型省份(9个)、创新型城市(78个)和区域全面创新改革试验(8个)工作。五是在企业创新政策方面，我国形成了面向种子期、初创期、成长期、成熟期企业的完整政策链条，企业研发费用也有国际通行的研发费用加计扣除政策[1]。更重要的是，我国致力于建设人才强国，深化人才发展体制机制改革，正在打造大批一流的科技领军人才和创新团队。

科创的成就跟改革开放分不开。早年，我国的经济增长主要依靠资本和劳动力等要素投入；随着经济的发展，科技的贡献越来越大，产业链逐步由低端向中高端推进，我国也成为科技大国，经济增长正迈向高质量模式阶段。我国40余年来的科技进步也受益于多种形式的开放，与其他国家的交流，更受益于我们培养的开放型人才。迄今，我们有越来越多的人在出国深造，其中大部分回到中国，成为我国科创的生力军，也是我国科创对外开放的重要一环。在当前百年未变的大变局下，改革开放对我国科创的进步更加重要。正如任正非2021年所言："我们不可能走向封闭，必须走向开放。我们不能因美国打压我们，就不要认为它不是老师，不向美国学习，这样会走向自闭。"

当前的高科技发展规律与70年前一样，需要专业人才、克服技术困难的意志和投资高风险项目的意愿，但科技创新的成功关键在于发挥市场的作用。这是因为，政府及政府官员不在行业和科研一线，很难判断

---

[1] 企业研发费用未形成无形资产计入当期损益的，在按规定据实扣除的基础上，再按照实际发生额的75%在税前加计扣除。

每一个科技细分领域的发展方向和潜力。试想，如果比尔·盖茨和乔布斯需要就技术或产品的研发说服美国政府，美国可能就不会出现个人计算机和智能手机。虽然苏联后来仿造了美国的产品，但早已过时，不具备商业可持续性。此外，市场规律更可以吸引高水平的科研人员长时间投入，激发巨大的主观能动性，这些都是科技创新的成功要素。

基于上述原因，我国当前面临的芯片等"卡脖子"核心科技的开发难度，比当年两弹一星的难度更大。两弹一星可以通过举国体制的优势，制造出若干独立的产品，实现技术的飞跃。但是，芯片科技日新月异，即使政府举全国之力造出某一代产品，也很难赶上目前的全球最先进水平，且不一定能保证大量产品的长时间安全运行，更不用说长期保持市场优势了。如果方向错误，我们甚至可能沦落到连复制国外技术都来不及的地步，更不用说领先世界了。因此，我国在关键技术突破中需要动员市场等多方力量，多方向探索，分散风险，促进科技创新良性循环。

当前，我国的科创体系总体来说不缺投入，但在科创环境、科创投入理念方面还存在问题。科创环境方面，首先，最重要的是知识产权保护和人才激励机制。由于我国多数企业的职务发明不属于个人，很难激发科研人员的积极性。其次是科创评价机制。我国的科研评价导向有偏差，对科研人员获奖、论文排名的要求扭曲了评价制度，而评审专家也承担课题，既是裁判员又是运动员，很难公正评审。不少科研队伍各自为战，单打独斗。再次是科研管理体制。当前科研管理体制下，存在投标条件设置不合理、预申请制难以突出优秀原创项目、风险投资无法形成正向激励等问题。最后是人才激励机制。我国有不少人才计划、各种名目的奖励、多种类别的项目，部分甚至是政绩驱动的人才计划、奖励和课题，青年研究人员不得不花大量的时间去申请，减少了科研的时间，加上因为"唯论文""唯职称"等扭曲的激励机制，做了大量无用功，分散了精力。

科创投入理念就是要遵循科研创新和市场的规律。一是投入领域的选择。基础研究主要针对新领域和新方法，应用研究主要服务科学发现和市场；前者主要是财政投入，后者必须有市场资金。两者的投入对象不仅包括有共识的领域，更需要重视突破性的研究，即可能催生新学科、新领域、新范式的研究。二是投入机制安排。我国国家实验室目前都是以高校或国有研究机构为主体，还需要考虑多种模式、以企业为主体的安排。科技城虽然由不同地方政府管理，但是定位相近、运营模式亟待更新，如果各地能因地制宜，就可以建立更有效率的科创体系。大学办科技企业在我国也曾轰轰烈烈，但基本都失败了，多数成为大学的风险资产，根本原因是这类官办的科技企业没有正确的激励机制，没有按市场规律结合大学的科研资源和企业发展。三是芯片等部分关键"卡脖子"技术出现一哄而上的问题，大量资金和财税等各种支持涌入，没有支持最优质和最有潜力的企业。以芯片行业为例，虽然已经有3000余家相关企业，而且不少项目和企业已经失败，但多种支持仍然呈平均分配、遍地开花之势，没有选择细分领域中的需要重点扶持的企业和项目。

（三）我国科创体系的未来发展方向

未来，我们应当立足与发挥举国体制的优势，坚持改革开放，发挥大市场的优势，探索我国科创的体制和运行机制。从宏观层面来看，我国需要优化创新生态。一是知识产权保护。我国应加快职务发明条例立法工作，改革职务发明制度、修改《中华人民共和国专利法》《中华人民共和国促进科技成果转化法》等，完善股权激励和技术入股有关所得税政策。二是市场环境。科创必须融合在市场和产业链中，必须依靠市场力量。大学创办的科技企业需要按市场规律运作，有效结合大学的科研力量和市场力量，需要调动民企和民间资本，让各类资金投入有足够的回报，让市场化资金成为科创尤其是科研成果转化的主力，还需要改善民企科创的税收等激励机制，提升支撑民企的科创机制。三是教育和科研环境。若没有教育改革，科创就没有人才基础。应建立分类科研评价体系，鼓励民企尤其是中小企业申请科技项目，将这些企业纳入各类科研互联平台。应科学管理专项经费，加大非竞争性科研经费支持力度，让科研人员潜心研究；应完善国家自然科学基金、技术创新基金、成果转化基金的资助体系。当然，科创的前提是经济，如果没有一定的经济增速，既不会有对科创的需求，也不会有对科创的支撑。

从中观层面来看，我国亟须改进科创体系的不足。从投入结构来看，基础研究投入水平偏低。2022年，基础研究投入仅占全社会研发投入的6.3%，企业投入占比不足。第一，对企业研发的支持力度还需要提升。华为等科技领军企业的成绩显示，企业研发成功可以带动一个企业甚至一个行业，而我国对企业研发的支持基本限于国际通行的税收减免方面。我国多数企业还在产业链的底端，仍需要通过营造创新生态、推动流通环节改革和反不当竞争来激发企业的研发积极性，加快完善科研成果的使用、处置和收益管理。第二，对科研院所和研究性大学的公共投入巨大，但大部分资金的配置存在唯资历、唯学历的问题，而创新的主力却是年轻科研人员，部分创新主力得不到应有的支持。此外，科技投入产出效率较低，科研成果的转化率有待提高。第三，科技评估体系和科技生态有待改进，创新主体的功能定位存在交叉重复，投入对象与创新对象不匹配，导致原创性科研较少，更多的企业没有动力投入大规模研发力量。科研供需应该匹配，尤其是国家投入的应用型科研不能脱离市场。此外，应该形成激励相容的机制，提升企业自主研发动力和潜力。第四，人才激励机制需要提升。应该减少科研人员在应对项目申报、评审、奖项申报、人才计划申报、找发票等方面耗费的精力和时间，提高领军人才的待遇和保障；调整职业教育战略定位，提升一线技工的薪酬；改善人才培养和流动机制，人才培养应该是学术驱动，人才流动应该降低不必要的人才争夺。

为提升我国科创体系建设,还需要在以下方面多下功夫。第一,统筹布局,明确创新主体的定位。我国的创新主体不仅包括公共资金支持下的国家实验室,重组国家重点实验室体系、领军企业、科研院所,更要有面向市场的新型研发机构和科技服务机构。第二,提质增效,协同创新要素。科技人才、创新资源(包括数据)等各类创新要素应该顺畅流动,科技金融需要深度融合。第三,提升科创组织体系。完善科技宏观管理机制,构建关键核心技术攻关机制,促进成果转化等。第四,营造良好创新生态体系。促进科技资源开放共享,形成支持创新创业的社会氛围,营造激励创新的市场环境,强化对于创新的法制保障,建立快捷的新技术、新产品准入机制,加强科学技术普及等。第五,提升创新人才质量。改革人才培养、使用、评价机制,健全人才评价机制,使青年科技人才可以获得机会和资源。

针对我国当前的经济发展阶段和国际地缘政治环境,我国应该形成基础创新、技术创新、产业创新三位一体的创新体系,其中,政府的作用至关重要。一是在战略、政策和机制设计中起主导作用。政府需要强化国家战略科技力量、加强顶层设计,完善国家实验室、国家科研机构、高水平研究型大学、科技领军企业这四类国家战略科技力量的规划。二是为科创提供适宜的环境,其中最重要的是加强知识产权保护。三是在战略性基础研究中发挥主导作用,应该改善和提升科创项目评审、成果转化、利益分配、人才培养等机制问题,在投入、要素、协同等方面为科创提供人才、机制、资金等方面的稳定保障。具体还包括,对于非共识研究的快速决策机制、面向产业链的协同创新机制等。

在当前中美战略竞争中,科创处于竞争的核心。虽然美国认识到制裁加关税无法阻挡中国的科技创新,但绝不会放松以地缘科技及关键供应链为武器打压我国。我国最重要的是在维持宏观经济稳定的基础上,避免经济主动脱钩,融入全球技术创新生态系统,鼓励自主科技创新。我们不仅需要捍卫国家利益和价值,还要为人类一起应对全球性挑战寻找共同的基础。以此为出发点,我国应当平衡好国家安全和经贸影响,考虑在气候变化、疾病救治等方面的中美技术合作,同时准备好应对美国的极度打压以及相应的损失。

在国际竞争大背景下,我国提升科创竞争力的短期重点包括以下几点。

第一,改革教育和科研体系,培养高科技人才,提升基础研究,大力发展地缘科技,营造高效的研发环境。我国的科研人员总量已超过600万,但在当前体系下很难培养高科技领军人才;不缺科研资金,但资金与实际需求不匹配,存在大量浪费的情况。因此,应该(1)改革教育体系,鼓励大学和研究机构利用传统和非传统的方式选拔和培养人才;(2)政府资助的科创基金可以考虑将部分资金外包给合格私营创投基金管理,提高效率;(3)拿出部分科研基金和科创基金,改进招投标制度,不拘一格支持小型科创企业和缺乏高学历和职称的科研人员;(4)建立国家范围科技再培训机制,提升在职人员的科技水平。

第二,加强政府和外交部门的高科技人才配备。参考美国、日本的做法,可以考虑:(1)国务院及总体宏观政策调控部门设立首席科技官,协调地缘科技战略和政策,在相关政策制定过程中增进与一线科研人员的沟通;(2)增加对国务院等决策部门的科研人员配置,提升外交人员的科技素养,在主要使领馆增派科技特使或官员;(3)加大政府对在职人员的科技培训力度。

第三,积极参与国际规则制定。(1)在 AI 等领域,国际规则的制定多为行业主导,应加强我国相关行业协会的能力建设,在参加科技规则制定时维护我国企业和行业的利益;(2)鼓励个人入职国际标准制定机构,积极参加国际标准制定机构的管理和各项活动。

从中长期来看,我国应该:

一是避免主动脱钩。扩大对外开放,加强对欧盟等市场投资,更加注重企业和行业的对外合作。在国际贸易中注意遵守透明度和披露要求，保障在华外资企业的利益和知识产权。

二是融入全球技术创新生态系统。有效解决国际社会涉及我国强制技术转让、限制性市场准入和工业补贴的指控与诉讼，妥善应对投资审查、反胁迫文书和解决外国补贴扭曲问题等国际限制机制，持续加强技术转让和创新合作方面的磋商。

三是鼓励技术自主创新。加强知识产权保护，大力推动新兴技术领域创新，维护关键供应链安全和贸易投资数据安全，隐蔽技术获取战略和军民融合政策，在强调自主研发的同时也要避免在先进技术产业、战略重要性技术领域中脱钩，加强在6G、储能、电池技术、自主系统和量子计算等技术领域的国际合作。

保持中国宏观经济稳定增长是应对美国打压的最好举措。美国的态度与其国内的实际情况高度相关，如果美国经济或金融情况不佳，对华立场的松动有助于国内经济金融稳定。2023年初，美国通胀高企、银行业不稳，加上在财政赤字限额方面的不确定性，以及盟友尤其是发展中国家在对中国立场方面很难在中美两国进行选择，美国在某些方面软化了对中国的立场。只要我国经济稳定增长，市场不断扩大，绝大多数国家和投资者就愿意分享中国的发展红利，其中包括美国的投资者。

第二章

未来 30 年的科技发展方向

科技在未来 30 余年的变化可能将超过人类有史以来的变化总和,并由此带来深刻的经济、社会、国际秩序改变。未来几十年内,数字化、自动化、智能化、虚拟化的加速发展将导致机器取代几乎所有可重复的工作,冲击社会结构及人类生活的方方面面。其中,人工智能与人类智力、机器与人类、软件与生物、虚拟与实际四个方面的趋同将对人类社会提出多方面的挑战。同时,科技的发展将提升人类道德、设计、创新等多方面的重要性。总体看,未来的趋势将由人工智能、大数据和人类目标(道德)共同决定,缺一不可。对人的挑战是,能否并且如何在全球范围内广泛利用人工智能的世界里保持真正意义上的人。为了适应未来产品、产业、市场、组织形式、消费模式和竞争规则的变化,企业需要在多方面重构自身的 DNA,政府也需要调整宏观政策,引导、顺应科技的发展[①]。

一、影响未来发展的因素

从历史发展角度来看,能源和信息交流方式的突破是人类发展阶段的决定性因素,未来也是如此。具体来看,决定未来的因素涵盖新兴范

---

① 本章主要参考资料为 Rohit Talwar "The Future of Business-Navigate the Next Horizon"(2016 年,未公开出版)。该书汇集了 22 个国家 60 位未来学家关于 2020—2050 年国际秩序、社会结构、科技与创新、各行业演化的影响因素和设想,以及机构应当如何应对这些变化。

式（emerging paradigms）、能源、资源、气候与环境四大方面。其中新兴范式包括科技导致的资源极大丰富、创新导致的零排放、循环经济、环保生态的发展、以市场为基础的环保工具以及社区可持续的资源管理模式；能源方面的因素包括不断增加的能源需求、替代能源的使用、不断提升的页岩开发；资源方面的因素有资源稀缺、各类资源均在2015—2020年达到峰值、食物安全压力巨大；气候和环境方面的因素包括气候变化及其对生物多样化的影响。

未来几十年的发展绝不会是现今的线性函数，而是指数函数，其中至关重要的影响因素就是信息和通信技术（ICT），ICT将加速实物与数字之间的碰撞，引导我们重构社会、机构、人体的DNA。从技术上说，我们身上穿戴的芯片现在就可以把我们身体状况传送至医生及保险公司。到2025年，人工智能可以达到当前人脑运转所需的速度（约为每秒10万亿转）。超智能机器将可以利用纳米技术来改变或编辑实体世界的物体，机器可以模仿人脑结构，拥有深层结构学习的能力（deep structural learning）。

不但机器无法完全取代人类，而且重复性劳动岗位的消失反而会提升新技能的重要性。人工智能可以从事所有事务性、可重复性工作，人类只需要从事创造性、思想性工作。其中，以下十种新技能尤为重要：增强理解力、创新和适应性思维、社会智力、跨学科、新媒体知识、计算思维、认知负荷管理、跨文化能力、设计思维以及虚拟合作。各种数字化和网上学习工具层出不穷，开放式学习方式（MOOCs等）的发展将使人类活到老学到老，对发达国家和发展中国家影响巨大。

智能机器和人与机器的趋同必将凸显道德的作用，全球数字道德公约是当务之急。该公约需要勾画不同情况下的高科技道德标准，指定相关监测和处罚的负责机构。这种公约可以类似1975年DNA重组的Asilomar会议上制定的规则，该规则有效指导了过去几十年的生物科技发展。

二、未来的国际政治、社会结构和人类

未来，政府、国界的重要性将下降，国家治理方式将发生根本性变化。由于网络高度发达，人类发展水平提升，单个人的能力和水平趋同，甚至会产生无领导社会。到2035年，70亿人都可以使用互联网，而全球500亿至2500亿个传感器将使互联网像电一样融入人类生活，人工智能和大数据将使人们更加关注世界及自身的行为，各类装置将即时监测和反馈每个人的生活。政府则必须提升隐私保护和提高自身运作的透明度。

一方面，全球互联性的提升将增强政治意识和行为，提高和平演变及公共反叛事件（如阿拉伯之春）的可能。另一方面，科技的发展使得用光线即可远程控制目标人（或动物）身体的分子，影响人（或动物）的感情、行为、思想。政府可以用神经控制政策而非用高压水龙头来驱散人群，而反对运动也可以用光线使人群无所畏惧。

"网上国家"将会出现，而在国家数量减少、区域联盟扩张的大趋势下，也存在部分国家分裂、区域联盟缩减的可能。由于互联网降低国界的意义，拥有共同利益的"网上国家"将会出现。国家的数量截至2018年已经由于去殖民化和苏联分裂从1945年的60个增加到现在的197个，未来科技的发展将导致国家利益趋同，不少较小的、处于挣扎之中的国家可能选择合并，导致国家数量减少。当然，部分国家和地区（加泰罗尼亚、苏格兰、西撒哈拉、缅甸、伊拉克、叙利亚、利比亚甚至沙特）存在相反的趋势，可能分裂为较小的独立国家。诸如欧盟、东盟一类的区域联盟扩张的趋势也无法掩饰联盟本身问题导致的联盟分裂，这种分裂的实质是，全球化使精英阶层受益、中低收入阶层受苦，社会两极分化，这也是英国公投脱欧的本质所在。

3D打印技术和能源技术的突破将自然催生经济共产主义。500多年前，印刷技术使得社会大众可以受教育，信息传递加快，中产阶级兴

起,从而导致资本主义诞生。未来,3D打印将为人类提供价格更加低廉的一切产品和服务,这与当前经济运作规则相悖。当2030年太阳能得以廉价大范围使用后,物质将极大丰富,这迫使全球资本家重新思考战略和商业模式,货币将失去价值,富人将失去特权,阶级将崩溃。

宗教信仰将会降低,英文、中文、印度语成为主要语言。宗教方面,目前的情况是,除美国和伊朗之外的国家都出现了信仰降低的情况。到2050年,穆斯林的人数将接近基督教人数,其中印度将拥有全世界最多的穆斯林人口,而基督教人口中,40%将居住在撒哈拉以南的非洲。全球化将导致1亿以下语言人口语种消失,英文、中文、印度语将成为主要语种。到2050年,印度、中国、巴西将出现人才从发达国家回流的情况。

相应地,社会结构也将有巨大变化,共居(cohousing)成为趋势,巨型城市增多,隐私属于社会稀缺品,而基本社会保障成为必需。未来10年中,越来越多的人将选择共居,多种身份、多种性别、多种职业、多种文化。联合国预计,到2050年,欧洲每年需要160万名移民以保证2011年的人口水平。到2050年,世界人口大约增加至93亿,其中70%将在城市,东京、纽约这样的巨型城市将从当前的35个增加至2030年的41个。此外,由于机器人、自动化和人工智能将不久的将来取代当前50%的工作岗位,新兴行业所需的劳动力大为降低,基本收入保障将成为公共政策的核心内容。

未来,人类的升级版出现,寿命大幅提升。社会对个人在社会责任、全球道德、多样性技能和教育方面的要求随着科技的发展而上升。人体的每一部分都将可以通过化学、基因或科技的方式提升,包括智力开发、速度和力量提升等,从而出现人类的2.0、3.0版本。80岁以上年龄组将成为增加最快的人群。人类很可能到90岁还可以工作,新的退休模式是,先离开工作修养一段时间,在工作生涯的后20～30年中断续但有规律的工作。

三、未来的经济、金融和商业模式

全球经济体系将出现颠覆性变化。一是全球化程度提高,商业周期变短,贸易、合同和交易的本质全部改变。新的贸易协定和新的贸易中心不断出现,货物、服务、资本、劳动力的跨国流动增加,全球化公司的市场份额上升。二是发展中国家迅速现代化,金砖五国以后的新钻11国(孟加拉国、埃及、印尼、伊朗、墨西哥、尼日利亚、巴基斯坦、菲律宾、韩国、土耳其和越南)将有潜力成为21世纪最大的经济体。三是长期失业和贫困的增加将扩大税收系统之外的影子经济,增加社会不稳定性。

金融行业将日新月异,金融中介的影响逐渐被数字货币与易货平台削弱,现金市场可能被淘汰,金融市场将完全开放。区块链将用来存储个人信息、交易记录和合同,而区块链技术支持的比特币一类的数字货币可以淘汰掉现金市场、集中监管规则乃至清算中心的职能,其中,股市将演化成透明的区块链驱动的交易平台和更有效率的网上融资方式,最终,现金市场可能被通用可持续指数(Universal Sustainability Index)取代,该指数是衡量地球有限资源可持续供给的指标,是全球贸易的基础。预计在不远的将来,金融市场将完全开放,众包(crowd-based solutions)将取代当前所有金融机构的职能。

中期内,国际货币体系最有可能演进为多支柱体系,而数字货币方面最可能出现全球单一数字货币。国际货币体系有三种可能的发展方向,一是修复和改进,即以美元为中心,有所改进;二是多极或两极体系,即美元地位基本维持,而其他币种作用提升;三是新的多支柱体系,即人民币和欧元均无法成为主要储备货币,特别提款权(SDR)的准货币职能提升,成为官方与私人的储备货币。其中,第三种情形最能适应世界经济变化,弥补当前国际货币体系的不足。无论哪种国际货币体系下,数字货币都将起到重要作用。类似比特币的数字货币是以网络为基础的交易媒介,具有不记名、无国界、即时交易、分散的特点。

假设时间的非物质化可以导致一切的虚拟化，未来的货物、影像、服务都可以在虚拟世界中存储和使用，这也将导致货币演进成为后货币（postmoney）。未来的可能性包括（1）比特币和林登币的使用大大增加；（2）政府发行的电子计点的全球货币，可以用来购买食物和医疗服务，而经济实体可以用本国货币的电子点（electronic points）进行贸易。

未来的商业模式和版图将大幅改观，游戏规则也全然不同。到2025年，目前世界500强企业中有50%将不复存在，传统线性思维的企业都不得不适应数字时代几何级数的思维方式。第一，企业出售的不仅是产品，更是经历（experience）。而企业将更有动力推出节能环保产品。第二，不少企业都可能免费出售主要产品，其收入来源均为附加产品，就如Skype等公司的运作模式。第三，企业将会有极少数的核心员工，其他均为以项目为基础的短期雇佣人员。为此，企业家需要考虑产品、产业、市场、机构形式、消费形式和竞争规则的巨大变化，不断调整其生产和营销战略，通过最先进的产品和服务，培育新的客户群，保持竞争力。在这种情况下，可能出现无人拥有公司（non-owned enterprise），即在产品开放资源的情况下，没有人可以主张产品所有权，这也将导致分散式自治机构（Decentralized Autonomous Organization，DAO）的产生。DAO将结合区块链和人工智能，精确按照商业规则来进行商业运作。从这个角度来看，区块链对经济的影响将超过互联网。

四、未来的关键科技与行业

未来的30大关键行业包括互联网、人工智能等，这些行业将占到未来20年内全球经济总量的50%—60%，成为企业家、投资者、创新者的关注焦点。其中的一些关键技术包括（1）Outernet，即通过人造卫星向太空传输数据；（2）Li-Fi（light fidelity），可以提供高度地方性的双向数据传输，其理论速度可达224Gbps（当前Wi-Fi的理论速度是

8–1300Mbps）；（3）3D打印范围将扩展，4D打印技术将促使生产的对象实现自我组装，根据需要改变形状和性质（例如，根据人的年龄而强化的肢体）；（4）纳米和原子精确生产技术，将使我们能生产更强大、轻盈、安全、环保的发动机、医疗设备、医药、食品等各类产品；（5）生物合成技术可以把工程方面的成果运用于生物领域，开发低成本的药物、新材料、食物、化学和能源。（见表2.1）

表2.1 未来的关键行业

1. 技术、公民与家庭生活	
ICT	公民与家庭生活
移动网络：设备、基础设施、商业与服务	医疗创新
下一代智能，个性化网络	养老
以云为基础的运用、基础设施和服务	人类升级、身体商店
一切网络、人类网络（internet of humanity）	干净家庭用水与卫生
大数据、数据挖掘，知识自动化	智能住宅：智能设备、空调、垃圾发电
人工智能、深层学习	绿色汽车、电动车、自动或近自动汽车
区域块系统，分散式的自动组织	教育体系转型
2. 生产和社会基础设施及服务	
技术和系统生产	社会基础设施与服务
先进的机器人和无人机	新的食物和农业解决方案
3D和4D打印、先进材料	分享/循环经济方案—重新规划、再利用、循环使用、修缮
基因经济和合成生物学	智能城市基础设施和服务
仿生学运用与产品设计和工程系统	智能运输系统
快速、绿色、可持续的建设	电子政府
3. 行业转型、能源与环境	
行业转型	能源与环境
全球基础设施：道路、交通、能源、水	替代和可再生能源及能源储存
专业服务自动化：会计、法律、咨询、建筑等	先进的油气开发和发现，包括水力压裂和甲烷水合物
金融服务技术	地质工程，气候/环境保护，灾难恢复和整治

五、新兴技术预测

新兴技术不仅体现在数字经济和信息方面，还涵盖制造业和与人类生活相关的所有领域。尤其是（1）计算能力每年增加一倍；（2）绿色实践必兴起；（3）制造业体系正趋向智能化、个性化；（4）航天走向私有化。表2.2中的预测总结了TechCast项目对全球130位高科技公司CEO、科学家、工程师、学者、咨询专家、未来学家和其他专家问卷调研。

表2.2 新兴技术预测

技术（2030年市场份额）	可能年份	市场规模（10亿美元）	专家信心度（%）
数字经济			
电子政府（30%）	2019	275	68
电子商务（15%）	2017	1815	69
娱乐（50%）	2017	706	68
全球大脑（50%）	2019	1000	72
虚拟教育（30%）	2020	410	70
智能网络（30%）	2018	447	70
信息技术			
生物识别技术（30%）	2020	100	66
下一代计算（>0）	2021	579	68
智能界面（30%）	2026	1095	65
虚拟现实（30%）	2022	333	67
思考能力（30%）	2030	463	61
人工智能（30%）	2024	770	63
云/grid（30%）	2017	667	70
物联网（30%）	2021	1319	69
制造、机器人			
纳米技术（30%）	2024	642	66
智能机器人（30%）	2027	655	65
模块化建筑（30%）	2025	2165	62
能源储存（30%）	2019	736	65

续表

技术（2030年市场份额）	可能年份	市场规模（10亿美元）	专家信心度（%）
3D打印（>0）	2020	393	64
能源、环境			
替代能源（30%）	2027	2248	61
水产养殖（70%）	2025	205	60
转基因作物（30%）	2024	635	60
智能电网（30%）	2025	944	64
净水（90%）	2023	709	63
绿色经济（30%）	2021	2757	62
有机农业（30%）	2031	641	64
精耕农业（30%）	2023	790	66
气候控制（>0）	2017	570	67
医药、生物遗传学			
孩子特质（30%）	2035	246	50
基因治疗（30%）	2031	614	58
器官替换（>0）	2026	744	60
生命延长（100年）	2037	1410	62
个性化药物（30%）	2026	846	63
电子药物（30%）	2021	642	67
癌症治愈（>0）	2029	825	58
合成生物学（>0）	2022	617	62
神经技术（30%）	2034	462	57
航天			
月球基地（>0）	2034	289	59
航天旅游（>0）	2018	105	71
人类登火星（>0）	2034	438	53
星际旅游（>0）	2055	2624	58
航天商业化（>0）	2023	583	58
太阳卫星（>0）	2031	461	59
运输			

续表

技术（2030年市场份额）	可能年份	市场规模（10亿美元）	专家信心度（%）
混合动力汽车（30%）	2021	887	67
燃料电池汽车（>0）	2018	433	64
智能汽车（30%）	2022	1124	67
高速铁路（30%）	2029	344	61
电动汽车（30%）	2027	1172	63
智能汽车（30%）	2022	431	65

第三章

科技竞争与大国博弈

在近现代历史中，科技决定一国的硬实力（军事和经济）和软实力（文化、规则制定和其他影响力）。一般时期，公众大多关注科技对政治、经济和贸易的影响。20世纪90年代，国际政治格局进入后冷战时期，经济相互依赖越来越与政治目标相冲突，而科技在经济竞争力中的作用越来越重要。第一，全球经济网络集中化，导致经济要素流动呈现类似轮毂和辐条（hub-and-spoke-like）的特点，全球化没有使世界变平，反而使世界经济联系和网络关系更加不对称，而这种不对称是可以被操纵的。在数字经济下，这一趋势更加明显。第二，关键功能和基础设施的私有化加宽了国家安全的范围，经济安全被所有国家提升到了战略层面，经济被"安全化"了。第三，科技决定了经济竞争力。由于科技可以大幅提高生产率，科技在经济安全和国家安全中的作用越来越重要，日渐成为国家经济战略的核心。

历史转折时期，关键科技可以决定国家命运和国际规则，战略性领域的科技竞争一直是大国博弈的核心。当前，由于人工智能的发展，科创的性质已经发生了改变。最显著的变化是，一个国家的实力源泉已经由自然资源和财富转变为对战略核心技术的掌握，而创新可以创造新的创新。也就是说，人工智能系统可以在生命科学、材料科学、半导体制造等领域催生新的突破和创新，形成更快的良性循环。数年或数十年后可能出现的更强大的通用人工智能（AGI）还可以完成甚至超过人类的任何脑力任务，任何开发出AGI的国家将在所有的科技领域获得优势，将获得与美国在 20 世纪 40 年代末享有的一样的全球主导优势①。美国有智库提出，近年来人工智能、量子计算、5G 网络、半导体、生物等科技的影响力已经从商业和经济领域提升到地缘政治层面，属于地缘科技（Geotech），而世界已进入地缘科技时代。

一、美国与其他大国的科技竞争

百余年来，美国为获取和维持核心竞争力和霸权地位，不仅利用出口管制举措制裁其他国家，还以供应链为抓手遏制竞争对手。在与苏联、日本、欧洲的科技竞争中，美国都不遗余力地遏制对手国，并最终依靠综合经济实力及多种手段获胜。

（一）美国与苏联的全方位竞争

二战结束后，美国和苏联即进入军事、外交、经济等领域的全面竞争中，而双方在 30 年间的科技竞争更是针尖对麦芒，各不相让。20 世纪 60 年代初，美国的洲际导弹、战略核武器数量远超苏联数倍，到 20 世纪 60 年代末，美国受越战影响，国内外都比较被动，而苏联大幅增强了军事实力，在战略性武器方面基本追平美国。后来，两国军备竞赛各有胜负，常规装备和战术核力量你追我赶，还开辟了太空武器竞赛。苏联在卫星发射、载人航空等领域大幅领先的原因在于政府主导，以举国之力汇聚各方科技人才集中研发，科学家与政府决策层高效沟通，加上拥有科罗廖夫这样的领军人物，加速了太空技术等方面的突破。由于苏联卫星和载人航空的计划高度保密，而美国自身的科技创新决策和情

---

① Eric Schmit. Why Technology Will Define the Future of Geopolitics [J]. Foreign Affairs, 2023.

报体系未能预料和侦测到相关动向，这拉大了与苏联相对技术优势的距离。肯尼迪总统上台后利用美国二战后集聚各国顶尖科学家的优势，迅速实现了登月，在这一领域领先苏联。到 20 世纪 70 年代，苏联国民生产总值年均增长率仍然接近 4%，但军工研发与经济发展脱节，经济后劲不足，难以支撑对高科技的投入，也无法可持续地与美国进行全面科技竞争。美国利用经济实力、市场优势、开放的环境，在众多民用科技领域全面领先苏联。

20 世纪 80 年代，美国对苏外交进入高压阶段，里根政府更以经济制裁为抓手，一方面对其进行高技术出口管制，另一方面限制苏联的技术出口，对苏联的技术进步和经济发展进行双重打击，一定程度上导致了苏联在 20 世纪 90 年代初后者解体。1979 年，苏联出兵阿富汗给了美国所有制裁以合理的借口。20 世纪 80 年代初，苏联即面临严重的经济问题，经济年均增速下降至 1%。经济恶化增加了对西方商品和信贷的需求，尤其是西方的机械、粮食和能源设备，而美国是当时大多数石油和天然气设备的首选供应商。1980 年，卡特宣布禁止对苏联出口所有高技术产品，并进行信贷抵制。1981 年里根就任总统，美国为压制苏联的经济和科技发展，联合盟友实施能源技术设备禁运（石油和天然气设备），提高了对苏联的出口贸易管制（电子设备、计算机和高新技术），限制了信贷。1982 年，美国促使巴黎统筹委员会同意在管制清单中增加 58 项，包括浮动船坞、宇航船、太空登陆器材、超导材料、机器人、机器人控制系统、特殊合金生产技术和设备、海洋油气开采技术。此后，美国多次宣布对苏联实施能源技术设备禁运，一系列高新设备和技术转让限制拉开了美苏技术水平的差距。虽然这些措施的短期作用并不明显，但长期来看，美国的举措加剧了苏联经济困境，阻遏了苏联科技进步，间接导致了苏联解体。

值得注意的是，里根对苏联的一些制裁举措是基于对苏联经济和人民生活的判断，这也印证了综合经济实力是美国取胜的最大筹码。苏联曾号称 1975 年人均 GDP 为美国的 46%，军事支出为 GDP 的 15%；而里根命令 CIA 对苏联经济做了基于微观证据的研究，CIA 分析发现，苏联的经济数值被严重夸大，1000 个苏联人只有 18 人拥有汽车，其人均 GDP 实际上只有美国的 1/6，由此推算出 1980 年苏联的军事支出为 GDP 的 33%，远不如美国的投入。更为重要的是，在苏联的官僚和极度形式主义的体制下，人民没有竞争和创新的动力。里根基于这些判断推出了星球大战等计划，刺激苏联加大军事投入，进一步削弱经济和民生，从根本上打击了苏联的科技竞争力。

在打击苏联的同时，美国开始与中国交好，而失去中国市场更加重了苏联的财政和经济困境。20 世纪 70 年代，尼克松在越战使美国陷入国内外被动的情况下，中苏关系已经恶化，中美外交关系开始升温。这一时期，苏联经济发展速度较快，美国对苏联基本上采取缓和外交。20 世纪 70 年代末，苏联全球扩张严重损害了美国利益，美国的外交战略调整为"和中抗苏"，1978 年 1 月 1 日起中美正式建交。苏联入侵阿富汗后，中美走向了战略合作关系，美国批准向中国出售直升机、高科技电子计算机和通信设备，后来扩展到防空雷达、运输直升机、车辆和电子检测设备等辅助性军用装备，目的在于提升中国在战略和战术层面的抗苏能力。其间，中美不仅有高频、高级别互访和多类沟通渠道，而且就越南问题、第三次印巴战争、莫桑比克独立战争、安哥拉内战等重大地区危机事件，进行了以抵制苏联及其仆从国为宗旨的战略协调，实现了"联华摄苏"。同样重要的是，中美经贸关系升温加速了中苏经贸冷却，而失去中国市场也加重了苏联的经济和财政困难。可以说，中美交好对 20 世纪 80 年代的苏联有一定的牵制作用，是当年最为重要的地缘政治事件。

总体来看，美国与苏联的科技竞争可以说是经济和科技制度的竞争，美国赢在整体经济实力强，科研和教育制度效率高，并且可以动员企业等市场力量进行科研和科研成果转化。苏联解体后，大批科学家移民海外，加上俄罗斯科技与教育制度脱节、科技投入严重不足，在科技领域的竞争力很难再与美国抗衡。

（二）美国与日本半导体产业竞争

美国与日本在半导体领域的竞争是美国利用市场和非市场手段打压日本的技术领先产业、压缩其市场份额，最终导致日本企业退出、丧失产业优势和市场的典型案例。1947年，美国贝尔实验室发明了半导体晶体管；此后多年，美国的半导体集成电路领域保持全球领先，成为战略性产业。1976年，日本政府开始实施"超大规模集成电路研究计划"（VLSI），利用"官产学研"的研发模式推动了半导体产业技术创新，实现了机电一体化、计算机硬件制造、大型集成电路、高度精密加工的全球显著技术优势。由于美国英特尔等企业转向研发技术含量更高的芯片领域，日企凭借政府支持与相对低廉的劳动力价格，在半导体制造、封装、测试等方面不仅有成本优势，而且质量好于美国产品，不良率只有美国的1/10。20世纪80年代中期，日本集成电路占美国市场的30%，尖端的半导体芯片产品占到90%，即使日企自愿限制出口，也无法缓解美日贸易逆差快速增加的局面，美国半导体产业协会（SIA）指责日本在半导体领域存在市场准入障碍，美国也开始高度关注其军用产业对日本半导体的依赖。随后，美国以国防安全为由，采取了限制进口、阻碍日本引入先进技术等措施遏制日本半导体产业发展。一是以违反《国家安全机密法》和《出口管理法》为由，限制日企在美经营，其中最著名的是"东芝事件"和"IBM间谍案"[①]；二是阻碍日本通过并购等方式吸收美国的技术，限制日本电气（NEC）和富士通的超级计算机研究开发

---

① 在1987年的"东芝事件"中，美国指控东芝非法向苏联销售高技术国防产品，东芝受到终止合作及出口禁运的制裁。在"IBM间谍案"中，美国以日立公司涉嫌盗取美国IBM公司技术的理由，直接逮捕了日立公司的员工。

计划；三是施压导致日本放弃战斗机的自主开发计划，并将前期研发的技术无偿提供给美国。

由于美日贸易在半导体方面的摩擦无法改善，美国威胁对日启动"301调查"，双方于1986年和1991年先后两次签订了旨在限制日本半导体产品贸易的日美《半导体协议》，成为二战结束后美国第一次对外科技打压。一是指责日本国内市场封闭，要求日本放宽电器、通信设备、电子计算机等领域的市场准入标准，提高美国半导体产品在日本市场上所占的比重；二是要求日本通商产业省全面掌握日企信息，要求日企依据其成本价格制定海外销售价格，在美国市场的销售价格不得低于其生产成本，防止对美倾销半导体产品；三是要求日本强化知识产权保护。1984年，美国成立了知识产权委员会，美企向该委员会提出的对日本专利权诉讼均以日企败诉而告终。美国还要求在日本建立类似美国的知识产权保护体系，加快专利审查速度，扩大对知识产权权利的解释范围。同时，美国加强对日企收购美企的审查，防止与国防安全相关的生产技术泄露，强化对违反技术出口限制企业的惩罚措施。

与此同时，美国实施了"开发亚洲、打败日本"的策略，大力扶持韩国，使之成为日本的竞争对手。第一，让三星电子等韩企占领日本被迫让出的国内外半导体市场，在对日本电子产品征收100%关税的同时允许韩企在美国销售。从1990年到1992年，日本在全球动态随机存取存储器（Dynamic Random Access Memory，DRAM）市场份额由61%跌至54%，韩国市场份额则由15%涨至24%。第二，直接为三星等韩企提供技术支持，对日本有优势的半导体制造、封装与测试等领域形成打击。三星、LG等韩企由于劳动力成本较低，又有一定技术基础，在20世纪90年代与英特尔、通用电气等多家美国企业建立战略联盟，获得了前沿技术。三星电子还通过收购美国高科技公司的股权，获取了这些企业的专利使用权和研发人才。第三，美国限制日企在美收购科创企业，阻碍日本半导体技术升级，为韩企创造赶超机会。1987年，美国否决日本富士通收购美国仙童半导体。20世纪90年代，三星电子超越日本电气公司（NEC）等日企，成为最早开发出64M和256M DRAM的企业。

美日半导体冲突中最终导致日本半导体优势丧失的原因是，美国直接要求日本压缩市场份额以及日企退出半导体产业。日企的技术优势使得其市场份额无法用倾销或市场壁垒的借口来打压，美国在第二次协议中明确要求日本企业直接让出20%的全球和日本国内市场。日本政府不得不制定针对外国半导体产品的扩大进口计划，召开促进扩大外国半导体产品进口的会议。协议实施初期，日本在美国的市场占有率不降反升。直到20世纪90年代中期，日本政府的行政介入虽然降低了日本的市场份额，但也未能达到美国半导体产品占日本国内消费市场20%的目标。然而，20世纪90年代初，美国减少日本国内外市场需求的举措不仅降低了日企对中央处理器（CPU）等核心技术的研发以及设备投资，还导致日立、NEC、富士通、三菱和东芝等企业营收大幅降低，不得不退出半导体相关业务，其他半导体企业也被迫转型成为产业细分领域供应商，避开与美国半导体企业竞争。最终，日企几乎完全退出全球半导体产业竞争。日本失去了发展半导体产业的基础。（见表3.1）

表3.1 美国打击日本半导体产业主要事件

时间	事件
1985.6	美国半导体行业协会提出301诉讼 美国商务部针对日本半导体主要产品进行索赔
1985.11	美国国际贸易委员会发布了一项初步裁定，认为日本公司损害了美国工业
1985.12	美国总统正式批准进行301调查
1986年初	美国商务部和美国贸易代表办公室推进日本倾销和市场准入谈判 美国贸易代表办公室威胁将日本列为"不公平贸易者" 美国贸易代表办公室威胁对日本实施制裁
1986.7.30	美日达成《半导体协议》
1986年底	美国单方面认定日本违反已签署的协议

续表

时间	事件
1987.1	美国贸易代表办公室威胁日本,如果在4月1日前未能遵守协议条款,美国将采取贸易制裁措施予以报复
1987.3	美国经济政策委员会认定日本违反协议,建议实施贸易制裁
1987.3.21	美国宣布对3亿美元日本电器产品征收100%的报复性关税
1991—1996	日本与美国续签一项新协议,以换取美国暂停制裁

资料来源:任星欣、余嘉俊"持久博弈背景下美国对外科技打击的策略辨析——日本半导体产业与华为的案例比较。"《当代亚太》2021年第3期,第121页。

总结来看,由于日本国防方面完全依赖美国,半导体领域的胜负其实早已分明,但美日半导体之争不仅是贸易和产业竞争,更是大国的地缘政治和科技竞争,美国最终凭借其综合实力、科技创新和国际联盟取得了胜利。20世纪80年代,日本经济规模已位居全球第二,日本对美贸易顺差不断扩大,日本企业多个领域取得技术突破,是美国重拳打压日本的大背景。美国并非一味打压日本半导体产业和研发。例如,美国学习了日本科技加产业政策的做法,调整了前沿技术创新机制,鼓励政企合作、企业合作进行研发。1992年,美国在全球半导体市场的份额超过日本,夺回霸主地位。20世纪90年代后,日本半导体的产业竞争优势丧失殆尽,全球市场占有率从1990年的51%下降到1995年的31%(2015年为7%),其最具优势的动态随机存取存储器的全球份额由1986年的80%下跌至2003年接近0。同期,美国半导体产业的全球市场份额恢复到20世纪80年代初的水平并不断上升,美国企业在日本市场的份额达到20%,并在1997年达到30%。

(三)美国波音与欧洲空客的竞争

航空制造业是国家战略性产业,代表制造业最高水平和国家综合实力,美欧在波音和空客方面的关注主要集中于补贴和全球市场份额问题，背后的实质是美国的科技霸权。美国不止一位总统曾经非常直白地说，波音的利益就是美国的国家利益，要维护波音的市场和竞争力，即使对于最亲密的盟友欧洲，美国也毫不手软。实际上，美国在民用飞行器方面对欧洲基本上都是长期顺差，但自2016年起，由于美国自身原因，顺差开始缩小。在空客与波音公司的竞争中，美国先是使用WTO等世界贸易争端解决机制，当这些机制不能达到目的时，美国对欧洲断然采取霸权手段。

波音一直是民航界的龙头，而空客自20世纪70年代由英法西等国设立开始，就与波音在引入高科技（主要是合成材料）方面激烈竞争。20世纪80年代，空客率先引入数字电子操纵技术，波音则在机身减重和燃油效率方面进展迅速。20世纪90年代以来，波音与空客形成了航空领域的寡头垄断，而两家公司的利益已经成为国家/区域利益的象征。由于民用飞机行业高研发投入、高成本和高战略相关性的特点，各国政府都对该行业进行补助、国际市场竞争和国内市场保护，波音和空客在接受各自政府补贴的同时，都对对方的国家待遇耿耿于怀。例如，1989年，英法德向空客提供了共计135亿美元（按1990年不变价计算）财务支持，248亿美元借款，到次年底仅收回5亿美元。波音认为空客通过信用获取政府资助，空客则持续抗议波音的军方和政府的研究合同和税收减免。

波音和空客之争受美欧政治经济关系影响巨大。20世纪90年代初，美欧贸易关系尚可，外交上还处于冷战结束后的蜜月期，于1992年3月签署了大型民用客机的政府资助双边协议，允许政府贷款不超过飞机项目成本的33%。为避免其他竞争，该协议被写入关贸总协定。虽然协议暂时解决了欧美在飞机补贴等问题上的冲突，但双方都没有遵守协定，而随着空客市场份额扩大，矛盾更加激化。空客获得政府贷款的利息为政府债券收益率加0.25%，低于空客的市场贷款利率，而航空公司有17年时间偿付利息和收益。实际上，空客从欧洲政府获得了投资的利息，而一旦飞机在商业上盈利，空客还可以获得不确定的收益。空客认为该协议符合 1992 年的双边协议和 WTO 规则。

2001 年 9·11 事件之后，美国单极外交理念占据主流，贸易保护主义甚嚣尘上，美欧关系恶化。2003 年，波音失去了中国和英国的订单，空客的市场占有率超过波音。自 2004 年开始，欧美就补贴纠纷不断向 WTO 提出上诉和反诉，在这一受理时间最长、最复杂的诉讼中，WTO 先后裁定美欧均存在对航空企业非法补贴的问题，但未能缓和双方的矛盾。2005 年 5 月 31 日，小布什总统的政府在谈判和威胁无果的情况下，向 WTO 提起诉讼，要求欧洲政府取消对空客的补贴；欧盟第二天即向 WTO 提出反诉。2008 年，由于波音贿赂官员与总裁道德丑闻，空客获得了美国空军 350 亿美元的空中加油机合同。波音随即发起数百万美元的国会和政府游说及公关活动，并以国家安全和就业为由，迫使美国防部 2009 年重新竞标，最终将合同给了波音，这一事件加深了两家航空巨头的心结，两国陷入进一步缠斗。2011 年 5 月，WTO 宣布美欧的补贴均不合法。同年 12 月，空客报告称已完成 WTO 要求的举措，并挑战波音来年符合 WTO 的要求，但被美国拒绝，并向 WTO 上诉庭提起诉讼。2012 年 3 月，WTO 上诉庭裁定波音补贴不合法，但美国并没有改正其做法。此后多年，美欧在 WTO 就补贴问题多回合交手，虽然空客为缓和双方矛盾在美国亚拉巴马州建了装配厂，但两国在民用航空领域的根本问题未能得到解决。2018 年 5 月，WTO 裁定欧盟对空客的 A350、A380 补贴的 220 亿美元非法。2019 年 3 月，WTO 对空客诉美国政府补贴波音案进行终裁，认定美国没有履行 2012 年的裁决，要求撤销对波音的补贴。2019 年 9 月裁定美国可以对 75 亿美元的欧洲产品征收关税，特朗普即授权向欧洲征收高额关税。2020 年 2 月，WTO 裁决波音每年从政府获取的约 1 亿美元补贴不公平，欧盟也威胁将对美国实施报复性关税。当年，两架波音 737Max 坠毁，导致波音 737Max 停飞停产、高管下台和公司财务损失，美国决定取消对波音的税收减免，以缓和欧洲态度。但是，欧盟仍坚持关税计划，而特朗普为竞选利益，也促使波音与空客补贴事件上升为国家间贸易战争。

美欧在波音空客补贴方面的冲突及解决都与美国国内政治以及全球地缘政治关系高度相关。小布什处理空客补贴问题的出发点主要是竞选需要，欧洲的盟友关系不是优先考虑因素。特朗普的"美国优先"政策则不顾及他国，很难获得盟友的支持。2019年，由于波音737被禁飞，空客成为全球航空公司中营收最高的企业（789亿美元），利润为15亿美元，而波音亏损20亿美元。美政府加征空客四个制造国（法、德、西、英）的直升机、货运飞机及飞机零部件关税，并就争论长达15年的航空补贴问题再开争端。拜登上台后，将中国视为首要战略对手，欧洲被称为"合作伙伴的首选"，美欧外交和外贸对立开始缓和。2021年3月，美欧决定暂停波音和空客飞机补贴争端中所征收的所有关税，以此修复双边关系，寻求解决方案。2021年7月，美欧在G7峰会上决定搁置长达17年的波音与空客飞机补贴争端，主要原因是中国的经济规模已经超过美国的2/3，中国民用飞机C919的研发进展顺利，可能成为波音和空客的竞争对手，因此，暂停飞机补贴协议可以帮助两家公司消除前进的隐忧。

以上三个案例显示，美国在大国科技竞争中的获胜关键在于综合经济实力、综合打击手段以及扶持第三国共同应对竞争对手。第一，综合经济实力是美国的最大优势，而对手国经济实力差距是其受遏制的最重要因素。一旦对手国经济大幅放缓或崩溃，美国往往可以宣布科技战的胜利。第二，美国常以扭曲市场、违反国际规则为由进行第一轮打击，这一阶段常常会利用相关国际组织的力量。在正常手段效果不佳的情况下，美国就会诉诸霸权手段，直接要求对手国或对方企业退出。第三，美国在遏制对手国时，往往会扶持第三方来保证相关领域科技产品的供应，加速对手国的市场萎缩和企业退出。

二、美以意识形态为名，从产业链/供应链入手

（一）中美科技关系回顾

从 1972 年中美建交以来，两国科技关系经历了多次转化，从合作（1972—1989 年）、深化（1989—2001 年）走向矛盾（2001—2016 年）和竞争（2017 年至今），已经成为中美竞争的核心问题。近 20 年，随着中国加入 WTO，中美经济规模差距缩小，关于知识产权、技术转让等矛盾不断凸显。美国对华科技政策也逐渐呈现多元化的特点。中美之间的科技合作程度也在不断加深，合作的领域也在不断扩展。虽然美国对华政策整体倾向于合作，但中美科技关系在政策、实践和手段方面出现诸多矛盾。目标方面，美国一直致力于关键领域碾轧式领先，2017 年后对华科技目标逐步调整为遏制中国；中国也将科技发展的目标从跟随转向自主创新。政策方面，中美逐步在科技政策上限制对方发展，如设置出口管制等，开始逐步打压与制裁中国的科创企业，而中国随着国力提升也走向全面提高对科技研发经费的支持。实践方面，虽然中美科技合作仍在推进，但合作中有竞争，避免对方抢占科技创新发展的红利。

2001—2016 年，中美总体处于合作竞争关系。从美国《国家安全战略》报告对华科技部分的内容汇总来看，克林顿政府时期，认为中国的崛起带来了一系列潜在挑战。对华政策既有原则又务实，既扩大合作领域又坦率处理分歧。总体目标包括保持峰会和其他高层交流所开启的战略对话；鼓励中国采取更广泛、更有效的出口管制政策；通过在东盟地区论坛（ARF）和亚太经合组织论坛（APEC）等多边论坛上的积极合作，鼓励中国在国际事务中发挥建设性作用。小布什政府时期，认为美国与中国的关系是促进亚太地区稳定、和平与繁荣战略的重要组成部分。美国寻求与不断变化的中国建立建设性关系，并已经在相关领域开展了良好的合作和协调。美国与中国、印度、日本、澳大利亚和韩国共

同组建了亚太清洁发展和气候伙伴关系，以加快清洁技术的部署，从而加强能源安全、减少贫困和污染。奥巴马政府时期，继续寻求与中国建立积极、建设性和全面的关系，以便能够在双边和全球关切的问题上开展合作。全球经济日益相互依存，技术变革日新月异，正以前所未有的方式将个人、团体和政府联系在一起。这使得建立动态安全网络、扩大国际贸易和投资以及改变全球通信的新合作形式成为可能。美国寻求与中国发展建设性关系，为两国人民带来利益，促进亚洲和全世界的安全与繁荣。虽然会有竞争，但美国拒绝对抗。

2017年以来，美国从法律法规层面对中国科技发展的限制逐步系统化，内容涵盖投融资、出口管制等方面。随着中国科技竞争力的提高，2017年，美国对中国的科技合作观发生了根本性的改变，将中国视为战略竞争者，转向对中国的科技遏制。特朗普政府时期，国会（1）批准了外国在美投资委员会（CIFIUS）评估私募投资、敏感科技合资（包括半导体行业①）的国家安全风险；（2）通过了出口控制改革法案（ECRA），限制对中国出口半导体产品等关键科技和新兴科技。商务部的工业安全局（BIS）将福建晋华集成电路有限公司列入实体名单，司法部公布了新的保护美国科技、应对中国不正当行为的行动，外交部开始警告盟友中国军民融合项目及其安全风险。2018年以来，管制/制裁清单已成为美国政府遏制中国经济威胁尤其是高科技公司发展的重要工具。2020年，商业信息系统（BIS）宣布出口基础科技到中俄等国危害美国安全，对中芯国际出口需要申请国防用户执照。迄今，美国至少有13份管制/制裁清单，由美国国务院、商务部、财政部和国防部管理。其中最重要的有BIS的实体清单（EL）和拒绝人员名单（DPL），财政部的SDN、CAPTA和NS-CMIC制裁清单等②。

---

① 1975年成立以来，CIFIUS五次阻断了外国投资交易，其中三次是半导体行业的交易。
② International Trade Administration. Consolidated Screening List [R/OL].[2024-04-16]. https://www.trade.gov/consolidated-screening-list.

拜登上台后的第一类举措是调整对华科技战略和政策。拜登政府上台后，迅速明确了提升科技竞争力的原则，即美国应大力投资高科技，并建立市场民主联盟，在国际规则未覆盖的领域（国企改革、数字贸易等）制定和推行欧美的技术、贸易、投资和治理标准。2020年的《美国对华战略方针》认为，中国对美国在经济、价值观以及国家安全上都存在挑战，威胁着美国世界科技强国的地位，并出台大量政策制裁中国科技发展，例如加征关税、宣布不可靠实体清单等，中美科技关系进入了针锋相对的状态。（1）2021年2月24日，"关于美国供应链的行政令"（Executive Order 14017）要求相关行业和部门100天内完成半导体、电池、稀土和药品等领域的紧急评估，一年内完成对国防、公共卫生、信息和通信技术、能源、交通、农业和粮食生产等6个主要工业的供应链安全评估。（2）2021年6月，参议院通过《创新和竞争法案（USICA）》要求未来5年内为研发投入2500亿美元以增强对中国的竞争力，在国家科学基金（NSF）增设科技创新官，在AI、计算、制造和技术商业化方面增加项目和投资。（3）2022年1月，美国国家科学基金会（NSF）的决策机构国家科学委员会（NSB）发布了《2022科学与工程指标》，特别提到了由于中国研发投资和科技能力的快速增长，"美国在科学和工程领域的全面领导不再可能"。（4）2022年2月4日，美众议院通过《促进美国制造半导体法案》（FABS），为芯片制造设备和设施拨款和提供税收抵免520亿美元，为复原供应链和支持制造业提供450亿美元拨款和贷款。（5）2022年2月，拜登政府发布第一份《国家安全战略（NSS）》报告。（6）2022年上半年，美国参议院和众议院通过各自版本的与中国有关的竞争立法（《美国创新竞争法》和《竞争法》），焦点内容是中美高科技竞争。（7）2022年，五角大楼筹建新的数字技术和AI管理机构，整合AI中心、国防数字服务局和国防部首席数据官办公室相关专业工作，应对中俄等国的威胁。

拜登政府的第二类主要遏制手段是制裁中国科技实体，基本沿用了特朗普政府时期所有的打压中国地缘科技发展的策略和手段。拜登政府各部门在对华政策上密切合作，有关部门将中国实体列入相应的制裁/限制清单要经过部门之间对制裁/限制效果的联合评估。截至2022年2月初，共有1000多家中国实体被列入美国各种管控/制裁清单（累计1113个，有的被重复计算），其中约一半被列入BIS的实体清单（见表3.2）。

拜登政府的第三类科技遏制手段是出口管制。2021年起，拜登政府对中国实施了严厉的出口管制。2022年9月，拜登行政令对美国外国投资委员会（CFIUS）的国家安全命令和技术清单有详细规定，其中包括CFIUS评估内容及明确的技术清单。评估内容包括对美国关键供应链韧性的影响，对美国关键领域技术领先地位的影响，与可能导致美国国家安全脆弱性的其他产业投资趋势的影响，以及对美国敏感数据的风险。该行政令意在指导现有CFIUS操作的同时，向公众和私营部门表达更为清晰的政策意图。2022年10月之后，美国对半导体制造设备的管制标志着对华出口管制升级，美国还开始限制对华投资，尤其是收紧对中国初创企业的投资。鉴此，美国公司早已放慢或暂停了在华交易，风险投资基金红杉资本也剥离了中国业务。2023年8月，拜登宣布了对美国公司海外投资的新限制计划的行政命令，从2024年开始限制美国风险资本和私人股本投资中国的半导体和微电子、量子信息技术和某些人工智能系统①。美国政府的限制效果显著，2022年美国对华风险投资为13亿美元，为近10年低点（荣鼎集团数据）。

2023年，美国要求其企业向财政部等相关部门报备对华科技投资，本质上是施压企业和产业部门，加紧对华"去风险"。拜登政府2023年颁布相关行政命令，从执行层面支持科技投资报备的要求，而美国国会

---

① Georgetown大学研究报告显示，2015—2021年，美国投资者参与了401笔对中国AI公司的交易，在此期间仅来自美国投资者的投资总额就达74.5亿美元。

表 3.2 美国商务部在《出口管制条例（EAR）》下的出口管制清单

项目	未经证实实体名单（UVL）	实体清单（EL）	军用最终用户名单（MEU）	拒绝人员名单（DPL）
法律依据	EAR 第 744 条，补编第 6 号	EAR 第 744 条，补编第 4 号	EAR 第 744 条，补编第 7 号	EAR 的第 764 条的 3（a）（2）款
定义	BIS 无法核实其善意（bona fide）的实体名单。交易相对方中的一方如果出现在该名单上，则应优先处理这个警示，再继续进行交易。相当于在被列入 EL 清单前的警告	EL 列出有风险将相关商品转用于大规模杀伤性武器（WMD）计划、恐怖主义或其他违反美国家安全和/或外交政策利益的活动的外国实体	MEU 将外国相关实体确定为"军事最终用户"，其对美国出口产品的使用对美国国家安全构成不可接受的风险	被拒绝获得出口特权的个人和实体名单。禁止与 DPL 上的个人或实体进行交易
许可证要求	允许获得许可	允许获得许可	允许获得许可	不允许获得许可
影响水平	低	中到高	中到高	高
进入清单的中国实体（包括中国内地及中国香港）	目前有 139 家中国实体	目前有近 500 家中国实体	MEU 名单针对中国、俄罗斯和委内瑞拉的实体，目前约有 70 家中国实体	目前没有中国公司，只有 10 名个人被列入 DPL 名单。中美贸易战期间，中兴通讯曾于 2018 年 6 月至 7 月被短期列入 DPL

资料来源：美国商务部工业和安全局（BIS）、美国联邦公报。

也在行动，以越过政府，直接从立法层面"接管"对外投资审查政策。2023年7月，美国参议院通过了作为《2024财年国防授权法案》修正案的《对外投资透明度法案》①，要求美国企业在中国和其他"对手"国家进行科技投资前，通报美国财政部。科技投资涵盖的范围包括半导体制造和先进封装、微电子、两用大容量电池、人工智能、量子信息科技、高超音速、卫星通信、两用联网激光扫描系统、其他归美国出口管制管辖的在美国生产的技术，涉及的投资业务范围则包括收购、股权投资、设立全资子公司、设立合资企业以及技术转让等。同月，美国众议院中美战略竞争特别委员会开始调查四家美国风险投资公司对中国人工智能（AI）、半导体、量子计算公司的投资，众议院中国问题特设委员会还启动了对贝莱德和明晟（MSCI）等企业"为美国人投资部分中国公司提供了便利"的调查。（见表3.3）

（二）美国联合盟友遏制中国科技进步

拜登政府在国际上注重联合盟友，尤其是G7成员，来共同遏制中国科技发展。在2023年东京举办的G7峰会的公报中多次提及"捍卫国际原则和共同价值"，并以此为"普世价值"限制中国在全球供应链中的作用以及中国的高科技发展。根据2023年6月召开的中美经济关系委员会听证会，美欧联合是美国的重心，而联合行动的主要举措是在调整美国产业政策（即增加政府对美国半导体等高科技行业的补贴）的同时提升对中国的出口管制。欧盟专家②认为，欧美及盟国视与中国的关系

---

① 参议院还需要与众议院协调《对外投资透明度法案》的最终版本，以及它是否包含在年度授权法案之中。
② Tim Nicholas Rühlig. "Transatlantic tech de-risking from China: The case of technical standard-setting［EB/OL］.（2023-03-15）［2024-04-16］. https://www.uscc.gov/sites/default/files/2023-06/Tim_Ruhlig_Testimony.pdf.

第三章 科技竞争与大国博弈

表3.3 中美经济和安全评估委员会科创相关听证会（2002—2022年）

序号	时间	主题	美国主要观点
1	2002年1月	向中国出口军事和军民两用技术的影响	—
2	2004年2月	中国作为新兴的地区和技术大国——对美国经济和安全利益的影响	—
3	2005年4月	中国的高科技发展	—
4	2008年7月	研发、关键行业的技术进步以及与中国贸易流量的变化	—
5	2011年5月	中国知识产权与自主创新政策	· 美国支持中国通过健全的政策和有效的执法打击软件盗版。 · 中国的自主创新政策扩大和加深了美国与中国贸易关系的极不平衡。
6	2011年6月	中国的五年计划、自主创新和技术转移，以及外包	· 中国的创新政策长期看不会对美国科学技术方面的领先地位构成威胁，但短期会给美国企业带来巨大成本。 · 中国的自主创新政策的源泉是其快速目大规模地利用、设计和部署新技术的能力。 · 中美之间存在着巨大的贸易失衡，美中与中企的竞争将全面加剧。
7	2012年5月	评估中国为成为"创新社会"做出的努力	· 中国的创新不仅是过程（或增量）创新，还包括生产组织、制造技术、物流、生产、商业化和部署新技术的能力。 · 中国实力领域的支出远超过美国，有可能进一步拔战美国的网络战态势。 · 中国在云计算领域的支出远超过美国。
8	2017年3月	中国对下一代前沿科技的追求：计算、机器人和生物科技	· 中国在计算机、机器人和生物技术三个新兴领域的负面影响。由于中国在生物技术领域研发中具有的成本效益优势，中美商业及学术上的合作机会仍应继续。 · 中国在商业化方面的政策和投资可能会削弱美国在机器人和制造业方面的优势。 · 中国工业机器人方面的政策和投资可能会削弱美国在机器人和制造业方面的优势。

057

续表

序号	时间	主题	美国主要观点
9	2018年3月	中国、美国和下一代互联互通	• 中国追求新一代网络互联技术（物联网、5G等）的主导地位，给美国带来经济上和国家安全上的潜在威胁。 • 商业利益层面：美国信息技术行业的跨国公司如果拒绝向中国政府交出源代码、专有商业信息和安全信息，就将面临在华市场准入限制，这可能会降低其收入和全球竞争力。
10	2019年6月	技术、贸易和军民融合：中国对人工智能、新材料和新能源的追求	• 中国在人工智能、新材料、新能源（特别是能源储存和核能）领域技术进步的商业化，可能会对美国目前的经济产生高度破坏性、创造新的就业机会的同时取代其他工作和商业机会。中国不断发展和深化的民用经济与军事工业基地的融合，对美国构成了新的战略威胁。 • 国家安全层面的风险：美国与中国学术研究项目的合作，可能直接或间接导致涉及国家安全的关键技术流入中国。美国的大学和公司有可能毫不知情地助力中国军民融合战略。
11	2019年7月	探究美国对中国生物技术和医药产品日益增长的依赖	• 美国消费者对中国医药产品的日益依赖给美国带了经济、健康和国家安全风险。 • 医疗保健行业的中美合作机会与中国风险并存，美国应在与中国深化合作的同时保护美国的知识产权和健康数据。
12	2020年6月	从中国视角看与美国的战略竞争	• 中美之间存在经济、外交、军事、技术、创新和贸易上的激烈竞争和对抗，对美商业利益和国家安全均产生威胁。中国正试图利用其在美国供应链中的作用，将脆弱性引入美国经济体系。 • 多年来，中国公司在欧洲电信市场上占据的主导地位，形成了对美国经济和安全利益的威胁。中国支持本国企业在拉丁美洲获得市场优势，同时阻碍其西方竞争对手，迫使这些竞争对手与中国本土企业建立合作关系。 • 当中美合作符合美国国家利益时，不应忽视合作关系。

续表

序号	时间	主题	美国主要观点
13	2020年9月	2020年的中美关系：持续的问题和新出现的挑战	• 中国现阶段无法摆脱对技术进口的依赖。 • 中国人口老龄化问题、教育体系制度不平等、城乡教育质量差距、技术价值链条的上游移动。
14	2021年3月	美国在中国资本市场和军工综合体的投资	• 美国投资者对华投资可能由于中国公司的信息不透明、不真实而遭受损失。 • 中国商业制度公私界限模糊。 • 外籍管理和研发人员及归国留学生在中国科技发展过程中发挥积极力量。
15	2021年4月	对中共经济雄心、计划和成功指标的评估	• 中国数字经济高速发展。数字经济企业更容易获得全球影响力，形成"数字主权"，进而影响全球数字经济格局，对全球政治、经济和安全等方面产生重要影响。 • 中国四大新兴产业（即云计算、移动出行平台及合成生物产业）发展迅速。中国云计算企业具有较美国独特优势，但对云计算企业施行准入限制。美国电动汽车和电池依赖中国进口。中国在移动出行领域的竞争力、冲击美国优步的国际市场主导地位。合成生物学领域，华大基因等企业成为美国企业DNA测序公司的重要竞争对手。
16	2022年4月	挑战中国的贸易实践：促进美国工人、农民、生产者和创新者的利益	• 中国的全球创新政策威胁美国的创新领导地位，进而对美国国家安全产生潜在危害。 • 中国通过强制技术转让、限制性市场准入和工业补贴等实施非市场创新战略。中国利用网络、知识产权、人才招聘、美国开放的学术环境以及经济胁迫等进一步升级非市场行为。中国的政府补贴扭曲了公平竞争。
17	2022年5月	全球供应链中的中美竞争	• 中国的双循环战略意在提升供应链各环节的努力，聚焦供应链关键技术，在提高中国科技自主和信息安全的同时，提升其他国家对中国的依赖。 • 2018—2020年，特朗普政府通过出口管制、精准制裁等措施不断提升对中国科技公司的打压，尤其是有军事背景的科技公司。

有四种风险，一是供应链韧性风险，二是国家安全风险，三是价值取向相关风险（normative aspirations），四是竞争力风险。这四类风险都使欧美有意与中国科技脱钩，即使付出代价也在所不惜。

多年来，美欧在科技竞争方面立场和态度不同，但2019年以来，欧盟之所以有意遏制中国科技发展，除了俄乌冲突及相关制裁因素外，主要出于欧盟对中欧经贸关系恶化的担忧[①]。由于美国将中国更多视为战略对手，为应对中国的技术进步才推出了《2022年的芯片与科学法案》等举措，但欧盟的"数字十年（Digital Decade）"倡议在2021年出台，主要目标是使欧洲引领全球科技，并未将中美科技竞争视为主要考虑因素。2020年疫情以来，中欧贸易从平衡转向欧盟赤字超过4000亿欧元，而欧盟为绿色转型对中国的进口需求还在不断扩大。与此同时，欧盟对中国的出口增速却小于全球贸易增速，尤其是汽车、电子机械等欧盟传统拳头产品对中国的出口由于中国快速国产替代等原因出现了停滞。

2023年6月，欧盟委员会发布了"欧洲经济安全战略"，首次将经济安全列为战略性重要项目，并针对四类经济安全风险提出了保障欧盟经济安全的政策架构与工具箱。具体来说，针对欧盟经济面临的供应链韧性和能源安全风险、关键基础设施的物理和网络安全风险、与技术安全和技术泄露相关的风险，以及将经济依赖"武器化"或经济胁迫的风险，欧盟的三条政策路径包括主动提升自身经济实力、加强自我保护及建立更广泛的经贸联系。

上述三条政策路径对应了不同的政策工具箱。提升经济实力的工具箱包括（1）投资绿色与数字转型以及关键基础设施；（2）建立清洁技术、关键原材料、半导体、云计算等领域产业联盟；（3）支持"欧洲共同利益的重要项目"（IPCEI），实现重大技术突破及应用；（4）通过与芯

---

① Alicia García Herrero. "China-EU roller-coaster relations: Where do we stand and what to do? [EB/OL].（2023–03–15）[2024–04–16] https://www.uscc.gov/sites/default/files/2023-06/Alicia_Garcia-Herrero_Testimony.pdf.

片、关键原材料和净零工业相关的法案提升关键产品和原材料领域的本土产能;(5)建立欧洲战略技术平台(STEP),支持关键技术和军民两用技术。加强防御的工具箱包括十几项工具,涵盖贸易防御工具、外国补贴条例、反胁迫工具、外商投资审查条例、限制个别第三国参与由欧盟资助的研发项目、应对外国研发创新干涉工具箱、标准化战略、网络韧性法案、关键实体韧性指令、5G工具箱、网络团结法案、军民两用产品出口管制条例、启动对外投资审查等。建立更广泛经贸联系的工具箱包括(1)尽可能降低在关键领域对单一国家的依赖;(2)加强与"志同道合"国家以及与欧盟有共同利益关系国家的经贸联系,例如美欧贸易和技术理事会(TTC)、欧盟—日本高层经济对话、G7的供应链合作,依托从自由贸易协定到关键原材料联盟等合作协议以及"全球门户"计划拓展经贸合作网络,加强在G20、联合国等框架下的合作,继续推进世界贸易组织改革。欧盟对华态度的重新定位在2023年7月德国公布的"中国战略"中也有体现,该战略是德国政府对中国"合作伙伴和制度性对手"定位的具体化,一是强调价值观在德中经济关系中的重要性,二是承认德国未来需要在全球气候问题等方面继续依赖中国。

　　日本、荷兰等国也参与了美国的出口限制协议,停止向中国提供芯片制造的关键设备。实际上,日本对中国的出口管制可能更为严格。2021年,美国开始限制中国使用量子计算技术时即成立了量子战略产业变革联盟(Quantum Strategic Industry Alliance for Revolution,Q-STAR),通过欧盟、日本、加拿大等盟国的企业共同限制中国的量子计算技术发展。2023年1月,日本Q-STAR成员(如富士通、日立、三菱电机、丰田、住友商事等大型蓝筹公司)在旧金山与美、加等国通过了一项旨在限制中国的政策。

　　除了科技层面的资金、人才、生态环境等,美欧正在技术标准方面对中国发难。技术标准虽然科技竞争核心,但一直以来,科技标准属于商业竞争中非强制性的私人部门自律规则,有广泛的市场接受度才能成为标准。也就是说，有效的科技标准需要一定程度的协商和包容，且科技标准也是衡量市场主体创新的一个维度，是国家创新实力的关键来源。技术标准虽然不明确属于地缘政治内容，但与上述风险息息相关。国际技术标准制定基本上遵循美欧的实践，而中国的技术标准制定实际上早就符合国际上的一般做法，中国对国际技术标准的影响落后于中国的经贸和技术影响力。对中国技术标准框架的攻击基本上都是政治驱动的。

三、大国科技竞争的未来展望

未来的地缘政治格局必将由科技创新来决定。这是因为，美国为保持地缘政治优势已制定一系列科技发展战略，在科技创新的基础上，通过打压中国、制定相关规则来重塑国际秩序。为应对美国打压和竞争，我国亟须改革教育和科研体制，建立数字韧性的人才培养机制，争取地缘科技规则话语权。

（一）百年大变局背景下，科技影响已经从经济领域提升至地缘政治层面

美国总统和议会研究中心、大西洋委员会等智库提出，世界已经进入地缘科技时代，关键领域科技领先的国家才能在国际竞争中获胜。在近年百年大变局的大背景下，5G及人工智能、量子计算等六大关键领域的科技发展不再是独立的技术、通信和网络问题，而是涉及未来的数字基础设施和国家安全。这六大领域包括（1）通信和网络、数据科学、云计算；（2）AI、分布式传感器、前沿计算、物联网；（3）生物科技、精准药品、基因科技；（4）航天及深海科技；（5）自动系统、机器人、分散能量法；（6）量子计算科学、纳米科学、极端环境中的新材料、微

电子。这些领域的技术标准和最佳实践将影响机构和国家间的竞争与合作，改变人类生活工作、全球安全、地球健康等都是地缘政治问题，决定了未来的国际规则和秩序。

当前，地缘科技是大国竞争最激烈的领域，各国的科技实力决定了未来的地缘政治格局。地缘科技影响人类的生活、工作和社会运作，中美为争取科技优势和经济影响，大力发展 AI 和其他地缘科技。欧盟被与美国相近的价值观及与中国的经济联系撕裂，也在努力争夺数字主权，并力图使欧版数字治理理念和制度成为国际通行的规则。由于欧盟在地缘科技方面缺乏显著优势，加上缺乏统一的数字和科技外交政策，在全球地缘政治和技术竞争中定位不明确。因此，欧盟很难平衡中美竞争并从中获利，其数字治理规则也不能推广到欧盟之外。

（二）美国发展地缘科技的背景、战略与行动

美国为准备地缘科技行动和战略，对过去的经验教训进行了深刻反思。一是美国 4G 取胜的关键是技术创新与 4G 友好政策相结合。美国早年对 2G 和 3G 没有足够重视，落后于欧洲和日本，但在 4G 技术突破后的政策提升了国家的整体竞争力。4G 友好政策包括对 App 和 4G 联通赋能的共享出行、社交媒介等，由此凸显了企业在现实体验中的硬件和软件的优势，提升了劳动生产率。二是创新需要良好的生态系统。美国政府虽然没有直接参与 4G 科技突破，但促进了 4G 的采用和部署，创造了消费需求。这些政策包括法治体系、保护知识产权、鼓励公平和互利的贸易政策，以及长期对基础研究和公共教育的资助政策，支持了创新产品和人员的产生，改善了创新生态。三是对中国的高科技发展重视不够，打压不及时。这方面，美国智库的案例是，2012 年美国国会的情报委员会提出中兴和华为涉政府补贴、知识产权侵权、存在安全风险等问题。

2021年1月拜登政府上台后,形成了较为明确的缘科技战略,即在保持美国科技创新领先的基础上,保证供应链和基础设施的可靠性,并与盟友和伙伴联手,制定符合美国利益和价值观的国际高科技规则,进而决定新的国际秩序。具体包括:(1)制定反映美国利益和价值的美国数据管理和隐私标准,与外国伙伴建立协调、相容和充分的标准;(2)组织应对地缘科技挑战:政府及行业主管部门各司其职,加强与国外对口部门的协作;(3)支持研发,重视劳动力再教育;(4)与盟友和伙伴国持续进行技术政策对话,加强地缘技术外交,组织民主十国或技术十国(Tech10);(5)准备好对中国的报复(包括逮捕美国企业高管)。其地缘科技战略的目的,一是战胜中国,让中国感受来自美国的"极度竞争"(extreme competition,拜登原话),二是引领绿色经济,三是建立技术水平较高、包容性较强的劳动力市场。

由于民主党、共和党在地缘科技发展行动方面有基本共识,拜登政府的战略已经渗透美国政策的方方面面。具体包括评估地缘科技相关的国家安全问题,大规模投资和补贴研发和关键行业,强力打压中国高科技发展。

第一,评估供应链安全和与科技相关的国家安全。2021年2月24日关于美国供应链的行政令要求相关行业和部门100天内完成半导体、电池、稀土和药品等领域的紧急评估,一年内完成对国防、公共卫生、信息和通信技术、能源、交通、农业和粮食生产等6个主要工业供应链的安全评估。

第二,推出和修订法律法规,支持高科技研发和关键行业发展。2021年6月,参议院通过《创新和竞争法案(USICA)》,要求在未来5年内为研发投入2500亿美元以增强对中国的竞争力,在国家科学基金(NSF)增设科技创新官,在AI、计算、制造和技术商业化方面增加项目和投资。2022年2月4日,美众议院通过《促进美国制造半导体法案》FABS),为芯片制造设备和设施拨款及提供税收抵免520亿美元,为复原供应链和支持制造业提供 450 亿美元拨款和贷款。2022 年上半年，预计美国参议院和众议院将通过各自版本的与中国有关的竞争立法（《美国科技创新竞争法》和《美国竞争法》），高科技竞争是其中的焦点内容。拜登将签署美国《芯片和科学法案》（CHIPS and Science Act），允许政府为高科技行业提供与中国相当的补贴。未来，美国国会还将讨论"鹰法"（Eagle Act），提升美国对中国的竞争投资，并从外交层面对抗中国的"一带一路"倡议，以及 NSF 的《未来法案》（Future Act），增加科学、技术、工程和数学（STEM）教育和研究。

第三，利用实体清单和出口限制，打压我国高科技研发和关键行业生产。2018 年以来，我国在高科技方面一直面临巨大的美国压力。美国除了限制关键零部件及服务对我出口，还将我国近 500 家生物制药、光电、航空航天等领域的中国机构纳入美国商务部实体清单（EL），把 139 家中国企业和研究机构列入未经证实名单（UVL），并挑起多国针对华为等企业的制裁。总体来看，拜登政府对中国在高科技竞争、知识产权、贸易、人权、地缘政治等方面的行为持消极看法，将保持对华科技高压。

第四，地缘科技国际合作。一是美欧致力于建立"数字大西洋"，美欧共同关注的还包括下一代网络和云计算，以及制定基于价值观的数字治理方案。2021 年 6 月成立的美欧贸易和科技委员会（U.S.-EU Trade and Technology Council，TTC）旨在解决数字经济中最为紧迫的问题，包括半导体供应链、AI 标准、气候和环境倡议以及网络安全威胁。二是美日数字联盟和企业合作。美日数据联盟主要内容包括（1）两国政府的重点领域：使数据自由流动可持续且安全的国际规则，保护先进移动通信的基础设施，解决半导体行业的供应链短缺问题；（2）联盟三支柱：先进科技制造（半导体）、通信平台（5G 及超越 5G 技术）、国际数据治理。此外，两国汽车制造商保持在供应链方面的合作以及电动摩托和汽车电池的伙伴关系。三是与中国台湾合作提升美国芯片生产能力，中国台湾是芯片制造方面的主要力量,美国的对台政策不仅是保障地缘科技供应链的关键,还能牵制中国内地的发展。四是建立全球科技多边联盟,包括(1)四方安全对话(QUAD,美日澳印)建立了关键和新兴科技工作组,将成为未来地缘合作的基础;(2)五眼联盟(美英加新澳)和澳英美联盟(AUKUS),虽然是出于对安全问题的安排,但其技术合作的重点包括长距离导弹、AI、量子计算和网络科技等多个方面,主要是针对中国;(3)七国集团下设数字和科技部长会议,并于2018年建立了全球AI伙伴关系,探索AI发展的监管和机会;(4)2021年10月,拜登宣布美国要建立印太(Indo-Pacific)经济框架,削弱供应链对中国的依赖,强化出口管制,防止技术外泄;(5)与国际标准制定相关机构合作,建立AI等高科技行业的全球标准。

(三)美国未来的科技政策及遏制中国科技发展的举措

总结近年来美国智库在地缘科技方面的行动和政策,显示美国为保持未来的地缘科技全球领先地位,将在强化政策、发展科技、建立标准、国际合作四方面发力,其策略是联合私营部门和学界、盟友与伙伴国,明确重点领域,保障科技投资,制定标准和技术扩散规则。

第一,强化地缘科技的政策、政府部门合作及地缘科技人才培养。(1)明确国家和经济安全科技战略、国家网络战略,通过立法增加投资研发和高技术制造能力,支持科研及教育;(2)及时更新国家网络战略执行计划;(3)在知识产权(IP)决策中纳入国家安全的利益相关方,其中包括国防部、情报机构和其他相关机构,负责国家安全的国会机构和监管及IP立法机构应该参加听证会和其他行动;(4)改革战略关键性技术领导力的IP政策:根据AI国家安全委员会的建议,相关改革应激励美国在AI、5G和6G、量子计算等方面创新领导力;(5)在地缘科技团队组织层面,恢复白宫的协调作用。设立国家网络官,相关部门(科技政策办公室和经济顾问委员会)将地缘科技政策纳入总体政策来考量,国家安全委员会设科技官负责协调地缘科技,加强对国会的技术人员培训和技术支持;(6)增进技术人员和政策制定者的对话;(7)支持全国范围的培训和教育项目,确立持续的科技领导力;(8)通过传统和非传统方式提升数据韧性的劳动力市场。

第二,发展地缘科技。(1)加快鼓励和支持开放无线电接入网络(OpenRAN)技术的互操作性测试:加快推出 Open RAN 5G 系统,互操作性测试可以保证软件和硬件的不同供应商共同协作,提供 5G 网络服务。政策方面应支持互操作性测试实验台,创造机会与盟友和伙伴国的公司进行互操作性测试;(2)建立 6G 等下一代科技的发展战略:各国都在加快协调 6G 研发,美国需要类似的战略;(3)扩大国防工业的芯片生产基地;(4)发展量子信息科学;(5)保证供应链和系统韧性,定期评估美国及其盟友供应链韧性及可信度,提出基于风险的保障措施,建立跨政府的网络安全收购规则;(6)尽快测试新方法,以发现生化威胁;推广疫病治疗方法,配发大规模治疗方案;(7)促进商业航天科技和工业发展。

第三,建立标准方面强调知识产权保护和标准制定流程,强调对国际标准和最佳实践的影响。(1)开发美国标准,并建立与盟友及伙伴国协同的地缘科技政策和数据合作的美国标准:(i)通过美国国家数据隐私法,取代当前众多又零散的州和联邦法,使得美国可以绕过欧盟法庭对基于国家安全获取数据的反对;(ii)鼓励美国公司参加参与度和透明度高的国际论坛,即使这些论坛的成员包括美国制裁或限制的机构;(2)建立技术驱动、私营部门主导、政治中立的标准流程,重塑标准流程可以让政府在定义标准方面发挥更大的作用;(3)避免弱化对标准至关重要的专利(Standards-Essential Patents,SEPs)。

第四,国际合作不仅包括建立与发达国家地缘科技联盟,也涵盖在发展中国家运用下一代科技。(1)在与地缘科技盟友合作协议的基础上积极合作和实际检测：合作协议包括地缘科技标准、投资和更广泛的联合方法，应在实践中不断测试。这方面，美国联邦贸易委员会（负责反垄断执法）应与欧盟竞争委员会协调，在数字平台规则现代化方面取得一致，AUKUS可以加深在长距离国防和科技合作方面尽快取得成功；（2）利用盟友和伙伴调整地缘科技政策的机会加强合作：如澳大利亚和日本在面对中国挑战时，日本在整体经济安全中更加强调地缘科技；（3）制定针对发展中国家地缘科技竞争的政策：中国在与发展中国家建设地缘科技基础设施，美国及其盟友应该为这些国家提供短期或长期的融资和发展方面的其他选项，为此，需要考虑超越现有的中国科技基础设施；（4）在发展中国家竞争中应用下一代科技战略：只关注国家安全和间谍活动无法在发展中国家与中国电信公司竞争，下一代科技应用的竞争才是决定谁是连接发展中国家领袖的关键，并为数字世界带来更多的美国价值观。

与此同时，美国将继续不遗余力地制裁中国。未来，在强化和细化部分前期反制的基础上，美国将加强出口管制和投资审查机制，利用美欧贸易和技术理事会（TTC）建立新的多边投资和出口管制制度来孤立中国。具体操作方面，美国将（1）继续限制特定的创新和技术出口，将目标企业列入实体名单；（2）不让中国获得美国尖端技术，但由于供应链的相关性大，这些出口和投资限制需要小心设计，允许商业性技术互相依赖。此外，美国将联合更多国家完成对华技术创新的限制，全方位封锁对华技术投资。美国将从五眼联盟国家开始，联合欧盟，加快拉拢印度洋与太平洋沿岸国家，共同对华技术封锁，并强化和细化限制措施。

一是重塑经济领域。强化美国价值观输送，组建全球战略供应链联盟（GSSCA），与盟友进行市场融合。紧密联系相关国家经济，并掌握市场制定规则和标准，允许和优先其他国家与美国而非中国融合。考虑撤销中国永久正常贸易关系（PNTR），对中国在《全面与进步——跨太平洋伙伴关系协定》(CPTPP)、《区域全面经济伙伴关系协定》(RCEP)以及印度太平洋经济框架(IPEF)中的合作保持警惕,利用俄乌冲突破坏欧盟等与中国的合作,削弱中国与其他国家的经济联系和影响力。

美国国会已经提出加强与盟国合作、打造经济版"北约"(Economic NATO 或 ENATO),在对华贸易、投资和技术转让等方面共同行动,应对中国"在经济和科技方面取代美国"的可能[①]。具体包括严格审核、限制双向投资,禁止向中国销售先进产品和技术知识,避免在先进电信设备、半导体、机器人等所有先进技术产品和服务方面对中国的严重依赖,打造 ENATO 的关键产品供应链。虽然将供应链移出中国短期内可能导致的损失约为美国年度 GDP 的 1%,但 3～5 年后可以受益。建立反胁迫机制,有效应对中国挑战。多名国会听证会证人认为,中国频繁以对它的经济依赖为强制性武器,美国及其盟国应不断监测其对中国的依赖程度,加强政策协调,积极应对中国的经济胁迫。例如,可借鉴 2021 年 12 月欧盟委员建立的反胁迫机制,该机制旨在对欧盟成员方或欧盟进行胁迫的情况下采取反制措施,具体包括征收关税、限制进口、服务或投资,甚至采取措施限制该国进入欧盟内部市场。还可通过设立共同基金,购买被中国人拒绝的商品,并将其重新分配到其他市场,以帮助被中国制裁的国家。

二是建立新的投资和出口管制多边制度。拉拢更多盟友,在更多国家和地区建立技术生态系统,使信息技术和其他先进技术产业的全球供应链多样化,减少这些国家和地区对中国市场的集体依赖。加强 2018 年《更好地利用投资促进发展法案》(BUILD)应用,与盟国合力吸引更多的私营部门投资进入全球新兴市场。联合盟友对中国的"一带一路"和"数字丝绸之路"倡议做出更复杂、更全面的应对,包括合作性

---

① 在 2022 年 4 月 14 日,美国国会中美安全与审查委员会关于"挑战中国的贸易实践"的听证会中提出。

出口信贷产品、相互投资发展主动权以及围绕发展中国家的数字技术基础设施开发项目（即智能城市、智能电网、智能交通系统、高铁等）加强合作。

三是加强防御性措施推广。进一步通过美国—欧盟贸易和技术理事会（TTC）加强防御性措施（出口管制和投资审查），协调并促进美欧经济一体化，加强利用TTC联合制华。在与五眼联盟、欧盟合作基础上，借助外交手段寻求美国产业政策（合作研究协议、人力资本交换、基础设施发展）国际化，与更多国家在美国防御性措施以及打击中国补贴和强制技术转让等方面进行合作。建立新型数据库整合贸易、投资流动与出口管制分类、跨司法管辖区分类，与盟友合作共享以全面审查涉华业务。

四是开发制华新工具。在现有措施基础上，建议（1）利用对外投资管制引导出口管制，包括基于清单的出口管制、最终用途管制以及最终用户控制，加大对涉及知识产权流动的关注，并推广到美国以外国家。（2）启用独立的对外投资审查程序，即"反向CFIUS"，限制个人投资并采取更广泛的筛选机制，明确和完善目前《确保信息和通信技术与服务供应链安全行政命令》筛选技术进口的方法。（3）增设美国贸易代表（USTR）的创新官员。（4）提升知识产权反造假，改革美国的专利诉讼系统，要求各级法庭在专利等案件审判中考虑结果的国际影响。

此外，整合现有知识产权监管部门，加强关税工具使用，修改强化"301条款"调查以针对中国的数字、服务和其他现代贸易壁垒，利用反倾销和反补贴税进行应对。

（四）中国的应对

中国在高科技方面的努力和潜力举世瞩目，虽然美国认识到制裁加关税无法阻挡中国的科技创新，但绝不会放松以地缘科技及关键供应链为武器打压中国。中国最重要的是在维持宏观经济稳定的基础上，避免经济主动脱钩，融入全球技术创新生态系统，鼓励自主科技创新。我们不仅需要捍卫国家利益和价值，还要为人类共同应对全球性挑战寻找共同的基础。以此为出发点，我国应当平衡好国家安全和经贸影响，考虑在气候变化、疾病救治等方面的中美技术合作，同时准备好美国的极度打压以及相应的损失。

实际上，保持中国宏观经济稳定增长是应对美国打压的最好举措。美国的态度与其国内情况高度相关，如果美国经济或金融情况不佳，对华立场的松动有助于国内经济金融稳定。2023年初，美国通胀高企、银行业不稳，加上在财政赤字限额方面的不确定性，以及盟友尤其是发展中国家在对中国立场方面很难在中美两国选择，美国在某些方面软化了对中国的立场。只要我国经济稳定增长，市场不断扩大，绝大多数国家和其投资者就愿意分享中国的发展红利，其中也包括美国的投资者。

第二篇

我国大学、科研体系和企业

科技创新离不开教育，教育在国家创新系统中具有基础性、全局性、战略性地位。科技创新的关键在人才，创新型人才的培养需要大学和科研体系，推动大学和科研体系的科技成果转化对于完善国家创新体系具有重要的理论和实践意义。作为科技成果转化的重要参与者，企业尤其是具有核心竞争力的创新型企业是我国科技创新的重要微观基础。

本篇对我国的教育体系、科研成果转化机制和创新型企业特点等基础性问题进行了分析，为科创金融体系的研究奠定基础。第四章关注我国大学和科研机构的创新机制，讨论大学和科研机构在我国科技创新中的重要作用和存在的问题，并结合国际经验，从教育理念、评价机制和管理方式三个方面给出建立与新时代相适应的大学和科研体系的相关建议。第五章分析我国科技成果转化情况，并讨论人才、资金和中介对于促进科技成果转化的意义。第六章讨论我国独角兽企业的发展情况，从政府支持、人才支持和资金支持等维度讨论推动独角兽企业发展的方向。第七章以半导体行业为例，分析中美竞争背景下我国科技创新重点领域中企业面临的问题和未来的发展方向，指出只有人才才能突破技术壁垒。

第四章

我国大学和科研机构的创新机制分析

教育是民族振兴、社会进步的基石。大学和科研体系对于培养创新型人才、促进产学研的深度融合、提高科技成果转化水平都具有重要的作用。我国大学和科研体系成果的创新性不足,尤其是缺少从 0 到 1 的创新,主要问题在于教育理念缺乏创新、教育评价机制单一化、行政化管理限制较多。借鉴美国经验,可以从教育理念、评价机制和管理方式三个方面优化我国大学和科研体系的创新机制,通过弘扬科学精神、加强创新评价和激励、优化行政性管理体制,建立与新时代相适应的大学和科研体系,为把我国建设成为科技强国打好人才基础。

一、大学和科研机构在科技创新中的重要作用

科技创新的关键在人才,尤其是创新型人才。党的二十大报告指出"实施科教兴国战略,强化现代化建设人才支撑",强调必须坚持人才是第一资源。教育是民族振兴、社会进步的基石,是提高国民素质、促进人的全面发展的根本途径。教育对提高人民综合素质、促进人的全面发展、增强中华民族创新创造活力、实现中华民族伟大复兴具有决定性意义。国家创新发展离不开教育,教育和科研体系在国家创新系统中占有极其重要的基础性、全局性、战略性地位。深入实施科教兴国战略、人才强国战略、创新驱动发展战略,归根结底靠人才。人类在科技、文化、政治等领域的创新型活动在很大程度上依赖于创新型人才(裴钢,

2007)。科技竞争说到底就是科技创新人才的竞争。在很多新兴产业中，最重要的要素禀赋不是资本和劳动，而是以知识产权等为代表的创新型人才资源。

创新型人才的培养需要大学和科研体系。创新型人才是具有创造性思维的人才（邹美美和罗瑾琏，2009），依赖于后天的培养（Jamrog 等，2006）。创新型人才的很多特质及其创新活动可以通过外部环境来激发。创新型人才的成长与培育需要合适的土壤与养分，其中最重要的土壤就是教育和科研体系（佟庆伟，2008）。教育观念的更新、教育投入的增加、教育制度的完善是创新型人才培养的前提条件。2021 年 5 月 28 日，习近平总书记在中国科学院第二十次院士大会、中国工程院第十五次院士大会、中国科协第十次全国代表大会上指出："培养创新型人才是国家、民族长远发展的大计。当今世界的竞争说到底是人才竞争、教育竞争。"

大学和科研体系对于促进科技创新发挥了重要作用。大学是国家基础研究的主力军。高等学校承担了国家 2/3 以上的基础研究任务，承担了 80% 以上国家自然科学基金项目，承担了 60% 以上的国家重点研发计划基础研究，发表的论文占到全国的 80%，获得国家科技三大奖（国家自然科学奖、国家技术发明奖和国家科学技术进步奖）项目就占到全国的 70% 左右[①]。与此同时，大学、科研机构和企业的产学研合作，通过不断进行知识传递、知识消化、知识转移、知识创造的非线性的复杂过程，实现科技创新。产学研的深度融合是关系到国家产业结构调整和转变经济增长方式的重要手段。大学和科研院所是产学研的重要参与者，通过人才培养、科研成果转化提高自主创新能力，对于促进科技创新具有重要意义。习近平总书记 2020 年 8 月在科学家座谈会上的讲话中指

---

① 雷朝滋.高等学校是国家基础研究的主力军［EB/OL］.（2019-03-11）［2024-04-16］. http://sczg.china.com.cn/2019-03/11/content_40684414.htm.

出，促进产学研深度融合，要发挥高校在科研中的重要作用，调动各类科研院所的积极性，发挥人才济济、组织有序的优势，形成战略力量。总的来看，作为创新的重要推动力，创新型人才的培养、基础性研究的突破和产学研的融合都离不开大学和科研体系，因此教育和科研体系是科创发展的基础。

我国大学和科研体系成果的创新性机制仍存在不足。我国高等院校的研究成果存在创新不足的问题，主要体现为几个方面。一是创新意识不足，有较强的运用已有知识体系进行科研活动的思维定式，缺少新的思维、新的观点、新的理论；二是研究能力不足，研究成果转化的深度和广度不够，缺少新的方法、新的发明、新的技术；三是原创性成果少，国际影响力较低，发表文章的引用率低于国外优秀水平，存在简单移植和简单延伸的现象。根据《泰晤士高等教育》2022世界大学综合排名，清华大学和北京大学并列第16位，产业收入较高，但代表原创性研究的指标如论文引用得分仅为81.7和86.8，与排名第40左右的大学相当。与此同时，根据世界知识产权组织发布的《2020年全球创新指数》，中国内地的创新指数排名第14，在亚洲国家和地区中排名第4，落后于新加坡、韩国、中国香港。全球创新指数最高的三个国家为瑞士、瑞典和美国。尽管中国内地的创新指数近年来大幅提升，尤其是2013—2020年提升21位，但主要拉动因素是知识和技术产出及创意产出（分别排名第7和第12，包括本国人专利申请量、实用新型、商标、外观设计和创意产品出口）。分项指标中制度、人力资本和研究、基础设施排名等关键指标的排名分别为62、21和36，仍落后于发达经济体。

二、我国大学和科研体系存在的问题

我国大学和科研体系的问题主要存在于教育理念、评价机制和行政化管理方面。

（一）教育理念亟待更新

转变教育理念是促进科技创新的必然要求。2021年7月，中共中央办公厅、国务院办公厅印发了《关于进一步减轻义务教育阶段学生作业负担和校外培训负担的意见》（简称"双减"）。随着"双减"政策的落地，我国教育改革再次引起了社会各界的广泛关注。教育创新，尤其是教育理念的更新，是促进科创发展的关键。在科技发展日新月异的新时代，需要新的教育理念，转变我国教育理念，提高人才创新能力，对于适应和引领新时代发展具有重要意义。

新时代需要新的教育理念。我国教育体系沿用了工业时代的教育理念，主要借鉴了苏联的经验，以知识传输的"填鸭式"教学为主要学习方式，以测试评比为评价模式，主要对口培养"螺丝钉"型的服从型人才。这种教育理念可以很好地服务计划经济和工业化流水线生产。近年来，以人工智能等技术为代表的第四次工业革命席卷全球，数字化技术对传统经济的各行各业都带来了巨大的冲击。研究显示，未来15年50%的人类工作将会被人工智能所取代[1]。工业时代的教育方法培养的人才将竞争不过机器。传统的教育理念、内容、方法和目标已逐渐难以适应新时期的要求。在我国行政化管理的教育体制下，学校在课程设置方面的自主权受到很大限制，课程存在教学内容和方法陈旧，教材滞后于科学发展，重理论、轻实践等问题。"填鸭式"教育下学生大多只注重被动学习和死记硬背，缺乏灵活运用、独立思考和主动解决问题的能力。在科技发展日新月异的新时代，需要新的发展理念和教育理念。优秀的教育应该放眼未来，去适应未来变化的世界。21世纪人才必备的首要素质是"积极进取和创新的精神"。教育部

---

[1] 于盈.一篇文章告诉你，耶鲁、哈佛、斯坦福校长都认同的现代教育理念到底是什么？［EB/OL］.（2021-06-04）［2024-04-16］. https://www.sohu.com/a/742327263_119570.

1998年发布的《面向21世纪教育振兴行动计划》指出，在当前及今后一个时期，缺少具有国际领先水平的创造性人才，已经成为制约我国创新能力和竞争能力的主要因素之一。因此，培养创新型人才是新时代我国教育改革的重点。

（二）教育评价机制单一化

目前我国教育评价体系仍存在唯分数、唯升学、唯文凭、唯论文、唯帽子的顽瘴痼疾。学校的办学"唯升学"，教师的考核"唯分数"，人才选拔"唯文凭""唯论文""唯帽子"，这使教育评价体系的标准单一，缺乏综合化、个性化、差异化的科学评价机制。"五唯"问题在很大程度上遏制了创新。

"唯升学""唯分数"的应试教育体制压抑了学生的兴趣和爱好。我国应试教育体制下对学生的评价主要为以学业成绩为主的总结性评价，学习模式以考试为导向。高考和研究生考试都存在"一考定终身"的问题。在美国，学生的大学申请受多种要素影响，包括成绩单、个人论文、成果和推荐信，但是在中国，高考成绩是决定他们是否有资格上大学的唯一因素。研究生考试也注重考核基础理论知识，缺乏对学生综合素质、分析问题、解决问题和创新能力方面的考察，因此学生大多只注重对知识的记忆，而缺乏灵活运用。这在很大程度上导致了研究生的创新能力不足。学生为了在考试中取得好成绩，大多只注重被动学习和死记硬背，缺乏灵活运用、独立思考和主动解决问题的能力；只注重对权威理论的接受，缺乏批判质疑和对真理的渴望；只注重对知识的记忆，缺乏对自然的好奇和对实践的兴趣。将升学率与工程项目、学校排名、经费分配、评优评先等硬挂钩，束缚了教师创造创新活力。有学者指出，创新性的人格主要形成于青少年和儿童时期。但长期的应试性学习，高强度、超负荷的生活节奏，必然引起学生的心理紧张和压抑，大量机械化的训练在很大程度上削弱了年轻人对科学的兴趣、志向和抱负。因此，"应试教育是遏制学生创新力的杀手"（雷鸣，2011）。

"唯文凭""唯论文""唯帽子"造成人才评价标准单一化，科研人员的创新积极性不够，做了大量的无用功。很多单位选人用人"唯文凭"、重学历，大量岗位要求硕士、博士学历，造成人才浪费。高校教师评比"唯论文"，论文成为职称晋升、年终考核、人才计划、科研项目等的首要标准，导致大量论文重数量轻质量、重模仿轻创新、追热点时效性研究轻长期基础性研究的不良风气，损害了我国学术研究的国际竞争力。引进人才"唯帽子"，"国家级特级教师""千人计划""万人计划"等高层次人才备受关注，一方面加剧教育功利倾向，恶化校园学术生态；另一方面造成有限资源过分集中，加剧教育资源不平衡。

我国教育体制缺乏对创新素质的评价和激励机制。在我国教育体制的教学和选拔过程中，缺乏对学生创新素质的评价和对教师创新教育的激励。从学生来看，考核仍注重学习成绩，对学生创新实践的考核不足。例如大学阶段考核的最重要标准就是"GPA"（平均学分绩点）。奖学金、评优、研究生保送、找工作等直接依赖于 GPA。而 GPA 计算的主要依据是课程成绩，体现创新素质的研究性课程、毕业论文等在其中的权重较低。比较来看，美国教育体制对学生的评价更加多元化，个人论文等研究成果以及专家推荐信等多种体现学生创新素质的因素都占有较高的权重。从教师来看，学校缺乏相应的教师创新素质的考核和激励制度，导致学校创新学术氛围薄弱。例如许多高校的导师自身创新动力不足，把更多的时间和精力放在了有利可图的"造论文"和"拉项目"中，在很大程度上也影响了学生的创新性。同时，高校对教师和学生的评价机制过分量化，这在一定程度上限制了创新。创新是艰苦而长期的过程，各学科的研究需要长期积累才能形成优秀的创新性研究成果，用一段时期的论文发表数量来对教师和学生的学术研究水平进行定性评价,这种量化管理机制往往会形成片面追求数量的导向性行动指南,使教师和学生不愿意将过多的精力放在创新上,转而选择那些容易出成果的研究,降低了他们的创新动力和创新能力(冯晓玲和马彪,2016)。

缺乏激励阻碍了校办企业的发展。在20世纪90年代国家的大力推动下,高校掀起了兴办企业的热潮。经过30多年的改革与探索,高校校办企业经历了从无到有,到最高峰突破6000家,再到2018年清理后的不足千家。长期以来校办企业存在管理体制不科学、运营管理不规范、法人治理结构不健全、风险管控不到位等诸多问题,企业风险失控的局面不断显现。一方面高校校办企业希望享受高校品牌无形资产给自身经营带来的红利,另一方面希望通过借助高校校办企业现代企业制度改革摆脱高校的束缚。但是由于缺乏激励机制,企业在融合大学资源与市场规律方面一直存在不足。例如企业承担较多的高校科研任务难以将企业利益最大化作为目标、校方话语权的集中影响管理人决策的自主权、校方行政干预损害企业盈利的积极性。

(三)教育的行政化管理限制了创新

我国教育制度仍采用行政化管理。国家及教育部集办学权、管理权、评价权于一身,自上而下做出决策并进行管理。教育部通过法律、预算分配、政策和行政手段来管理教育机构。教育部编制了初等教育和中等教育的课程计划,制订了课程管理准则,并确定了课程和课时。此外,教育部还负责制定国家课程标准,根据课程评价体系进行试点研究。这种行政化管理在一定程度上限制了学校的创新教育。与此同时,高等院校的管理高度行政化,其主要制度特征是教育部集中控制,高校被动服从。教育部集办学权、管理权、评价权于一身,自上而下做出决策并进行管理,学校缺乏应有的自主办学和独立做出决策的权力(史文霞和张建军，2011）。

学校课程设置难以启发学生创新性。公办学校因其事业单位性质，需接受教育行政部门、编制部门、人事部门、财政部门等多部门管理。学校发展的自主性受到很大限制，在教师招聘、教师薪酬、教师管理等方面都缺乏自主权。以课程设置为例，传统的教育理念、内容、方法和目标已经越来越不适应时代的要求，普遍缺乏创造性。学校缺乏课程设置的自主性、灵活性和多样性，许多课程设置仍采用"填鸭式"教学，难以启发学生创新思维，提高学生自主学习和独立思考的能力。这种教育虽然培养了学生严密的逻辑思维能力，为学生掌握知识打下了良好的基础，但在一定程度上束缚和阻碍了创造性思维。2001年起实施的新课程改革，内容包括从以学科为中心的课程结构转变为平衡、综合和选择性的课程结构，以满足学校和学生的多样化需求；从集中的课程控制转变为中央政府、地方当局和学校的共同努力，使课程更适合当地的情况。虽然新课改取得了很大的成果，但在改进学校课程、激发学生创新性等方面效果不佳（丰雷，2015）。高等教育也存在教学内容和方法陈旧，教材滞后于科学发展，重理论、轻实践等问题，导致高校学生的学习缺乏自主性、探索性和创新性。

高校创新创业教育不足。推进创新创业教育是高校培养学生创新能力、促进毕业生创业探索的重要方式。以色列是世界公认的创新强国，这同其普及的创新创业教育密切相关。自2015年国务院办公厅颁发《关于深化高等学校创新创业教育改革的实施意见》以来，我国高校创新创业教育快速发展，但与国外发达国家相比仍存在一定的差距和不足。一是创新创业教育的课程体系还不完善，特别是与学生所学专业课程相结合的创新创业课程严重匮乏，"专创融合"课程开设率不足；二是创新创业课程内容缺乏针对性和时效性，难以适应日新月异的市场需求；三是创新创业教育的配套设施不足，资源缺乏有效整合，学生创新创业环境有待优化。

高等教育行政化导致官本位化，创新能力萎缩。我国大学的行政化管理导致人员的官本位化。学校缺乏应有的独立做出决策的权利。越来越多的大学教师主动走上行政岗位，在意"位子"而不是教学质量。中国科技大学原校长朱清时指出，现在的大学行政化管理越来越强，许多大学教授没有话语权，于是大家只好去迎合权力，或者主动去做官，导致科研人员"弃学从政"现象普遍。管理体制行政化，导致大学活力衰竭，创新能力萎缩。

三、美国大学和科研体系的经验

用知识推动世界发展的教育理念。"大学之道，在明明德，在亲民，在止于至善"。教育的最高目标在于树立学生正确的价值观。身处数字化变革的时代，我们更需要正确的价值观作为指引。耶鲁大学的校长苏必德强调，希望学生们能够永葆好奇心，用知识去推动世界的发展。美国的教育观念重视创新精神和实践能力的培养。无论是在课堂还是在公共场合，他们都能够大胆地向老师提出自己的疑问和见解。在这种教学方式下，教师实际上是处于一个辅助的地位，学生拥有更多的自由。

重视人才创新能力的社会评价体系。麦肯锡称，由于数字化、自动化和人工智能的发展颠覆了现有的工作，全球超过3.75亿人可能会被迫转换职业类别[1]。因此，批判性思维、科学推理、解决问题和处理问题等能力是新时代创新型人才必备的素质。在斯坦福大学，课程围绕着让学生能获得这些能力来设计。社会对人才的评价也应充分重视其创新能力，包括学习能力、搜集资料、发现问题、提出问题、分析问题，并最后解决问题的能力等（杨扬，2007）。

---

[1] 于盈.一篇文章告诉你，耶鲁、哈佛、斯坦福校长都认同的现代教育理念到底是什么？[EB/OL].（2021-06-04）[2024-04-16］. https://www.163.com/dy/article/GBKQ76400536MHG76400534.html.

自主性、多样化的管理和教学模式。美国的教育模式倾向于培养自由创造力和批判性思维。美国的大学教育重视学生的参与、实践和创造。美国大学教师的教学方法充满个性化和多样化。课堂上，老师采取的是一种探讨交流的教学方式，善于启发学生去独立思考。同时，美国学校课程的考查内容灵活多样，不拘泥于教材，注重实践与教学相结合的形式。教师对学生的"灌输式"教育时间约占整个大学教育的30%，剩下的时间为学生自学和讨论。在参与和实践的过程中，学生提高了自学和解决问题的能力，以及主动学习和创新能力。美国的课堂气氛非常活跃，学生可以随时提问，甚至反驳老师的观点。美国大学教育重视批判性思维，赞扬独特的见解。这一体制增强了学生的自信心和创造力。除此之外，美国大学教育重视全面提升学生素质，包括与人沟通、交流等社会活动的能力，并注重培养学生的责任感、社会意识和自我管理能力。美国大学管理制度较为灵活。学校没有班级的概念。学生可以灵活地选择各式各样的课程。同一专业的学生不一定同时上同一门课，也没有班主任。与此同时，美国学生辅导工作较为成熟，包括心理咨询、职业咨询和社会咨询等，在促进学生的心理健康成长、培养学生的求职技能、教学生如何社交和生活等方面提供了完备的服务。

四、完善大学和科研体系创新机制的相关建议

一是优化教育理念，弘扬科学精神。2020年10月13日，中共中央、国务院印发《深化新时代教育评价改革总体方案》，明确提出"改革学校评价，推进落实立德树人根本任务"。以此为抓手，需进一步加强品德教育，帮助学生树立正确的价值观。在完善品德教育的同时，需要推动形成社会共识的价值观。这是我国转变教育理念，培养创新人才的重要基础和重点方向。需转变应试教育的模式，尊重学生的学习兴趣。降低学生负担，为学生的自我探索提供空间和时间，鼓励其学习的动力和

好奇心。与此同时，我们的社会需要弘扬科学精神，拒绝"功利的实用主义"。后者只关注利益结果忽略追求过程，必然带来投机取巧和损人利己，造成学术造假、剽窃知识产权等问题，与具有的怀疑精神、批判精神和创新精神的科学思想相悖。

二是完善教育评价体系，加强创新评价和激励。需统筹中央与地方政府、学校、社会的协同关系，提高学校在课程设置、学生培养、资金分配等方面的自主权和灵活性，为教师和学生创造个性化、民主化、有弹性的学习氛围。推行启发式、探究式、参与式、合作式等教学方式，注重培养学生灵活运用知识、质疑和批判权威知识、拓展和创造知识的能力。同时，完善社会评价体系，破除人才选拔"唯文凭""唯论文""唯帽子"的评价标准单一等问题，需注重人才运用知识、解决问题的综合考察，建立综合化、个性化、差异化的科学评价机制。2020年10月13日，中共中央、国务院印发《深化新时代教育评价改革总体方案》，明确提出要破除"五唯"弊病，扭转不科学的教育评价导向。以此为抓手，需完善我国教育体制的评价体系，尤其要打破应试教育唯分数论，建立学生综合素质评价机制，提高创新素质在学校、教师和学生评价体系中的权重。逐步改革"严进宽出"的研究生培养机制，明确研究生的科研标准。改进高等学校评价，纠正片面以论文数量和学术头衔评价学术水平的做法。完善创新激励制度，例如设立专项基金，建立与学生创新成果相挂钩的导师奖励制度，提高创新型学术氛围。推进科学的人才评价标准和评价机制，促进教育评价体系的再创新、再探索、再完善、再优化，尤其是高等院校的招生、督导和人事管理要不断探索和优化。

三是优化行政性管理体制，加强课程灵活性。2019年2月，中共中央、国务院印发了《中国教育现代化2035》，提出推进教育治理体系和治理能力现代化。在此基础上，需统筹中央与地方政府、学校、社会的协同关系，提高学校在课程设置、学生培养、资金分配等方面的自主权和灵活性，为教师和学生创造个性化、民主化、有弹性的学习氛围。推行启发式、探究式、参与式、合作式等教学方式，注重培养学生灵活运用知识、质疑和批判权威知识、拓展和创造知识的能力，树立崇尚创新的教育理念。加强高校创新创业教育，推动政府、高校和产业的跨界合作和统筹规划，提高课程的"通识性""专业性"和"实践性"，打造与专业结合、与企业结合、与市场结合的创新创业平台。

第五章

我国科技成果转化情况分析

促进科技成果转化，对于完善国家创新体系、促进经济高质量发展具有现实和长远意义。本章通过理论分析、案例分析和比较分析发现，美国斯坦福大学科技成果转化的成功经验在于人才、资金和中介三个方面。人才方面，斯坦福大学推出允许脱岗创业、可通过专利获得商业利益等鼓励性措施，并拥有完备的知识产权保障体系，推动了人才与企业的广泛合作。资金方面，美国低息贷款、税收减免等政策促进了风险投资发展，成为斯坦福大学科技成果转化的重要融资渠道。中介方面，美国大学技术管理协会为科技成果转化提供了技术评估、专利申请、成果营销等完备的中介服务。比较来看，我国高校的制度环境对创新型人才的保护和激励不足，风险投资行业政策限制多、支持科技成果转化的资金较少，并缺乏科技成果评估、信息沟通等中介体系。我国应借鉴美国经验，完善对科技人才的创新鼓励和知识产权保护政策，优化限制约束加强风险投资对科技成果转化的资金支持，加快中介平台服务建设。

一、科技成果转化在科技创新中的重要意义

科技成果只有同国家需要、人民要求、市场需求相结合，完成从科学研究、实验开发、推广应用的三级跳，才能真正实现创新价值、实现创新驱动发展。促进科技成果转化，是促进国家产业结构调整和转变经济增长方式的重要手段，对于攻克产业链条中的短板，助力推动制造强

国,促进经济高质量发展具有重要的现实和长远意义。

近年来,我国科技创新研发成果不断涌现,数量逐年上升,但科技成果转化为社会生产力的效率依然较低。我国目前的科技成果转化方式主要是由企业或其他组织自主研发并转化为产品,但是高校、科研院所的技术转让与许可、技术入股、合作转化的占比较少。科技成果转化率低在一定程度上制约了我国科技成果向市场价值和商业收益的变换,成为阻碍创新驱动发展的重要瓶颈。

二、科技成果转化的影响因素

自熊皮特提出创新理论以来,学术界广泛关注科技成果转化的研究,取得了丰硕的理论成果。但总的来看,现有研究内容较为分散,尤其是对科技成果转化的关键因素缺乏系统性的梳理。在这一部分中,我们通过对相关文献的收集、整理和分析,探究科技成果转化的关键因素。

科技成果转化是一个系统性、复杂性的过程,不仅包括科技成果的转让、许可及作价投资,还包括后续对科技成果的试验、开发、应用等整个转化过程,因此需要技术、研发、市场、经营等各个主体在各个环节的合作,科技成果转化涉及科研院所、高校等转让方和企业等受让方主体,还包括参与其中的技术人员、转化平台以及转化成果受众机构等主体。科技成果转化的模式是多种多样的(Forsman,2011),包括自主研发、技术转让、委托开发和联合开发四种。不同模式并不是截然分开的,而是相互促进和相互转变的。如果把科技成果转化也看作一个生产的过程,那么根据生产函数,决定科技成果转化效率的三个元素包括人力资本、资金资本和生产效率。对于科技成果转化来说,人力资本的重要因素在于对创新人才的激励,资金资本的重要因素是金融市场的资金支持,而生产效率的重要因素在于信息、交易、管理等中介机构。因此人才激励、资金支持和中介机构是影响科技成果转化的三个重要因素。

（一）人才激励可促进科技成果转化

人才的广泛合作是促进科技成果转化的重要因素。基于因子分析的实证研究表明，科研教职人员、课题参加人数等代表了科学研究人才投入的指标，对科技成果转化的影响最大（陈辉等，2021）。欧美等科技发达国家具有完备的人才激励机制，有力的促进高校和科研机构的人员参与科技成果转化。激励方式包括薪水、专利权收益和股份等（孙凯和鞠晓峰，2008）。人才合作可以大力提高科技成果转化的效率和质量。

激励人才合作的重要基础是知识产权保护制度。通过对文献的汇总和分析发现，近年来大量研究表明知识产权保护是科技成果转化中的重要内容，完善的知识产权保护机制是激励和促进高校和科研机构的研究人员进行科技成果转化的关键。从美国的经验来看，科技成果转化发展迅速的重要推动因素是20世纪80年代初颁布的《拜杜法案》《史蒂文森－威德勒技术创新法案》《小企业创新开发法案》和《联邦技术转让法》等，完备的法律体系为知识产权保护和创新人才提供了可靠的保障。

（二）完善的金融体系有助于通过资金支持科技成果转化

金融系统的资源配置功能有助于缓解科技成果转化的资金不足。研究发现，企业科技成果转化的重要制约因素是资金支持不足。科技成果转化过程要求充足的资金支持，尤其是在企业科技产品的生产试验阶段更需要大量的资金投入，如果企业缺乏资金，面临融资困境，将在很大程度上抑制科技成果转化（Rosenbusch等，2011）。理论上来看，金融系统具有资源配置、投资融资、信息处理和风险控制的优势，有助于解决科技成果转化中的资金问题，在科技成果转化中起着重要的促进作用。

完善的金融体系有助于促进科技成果转化。金融支持科技成果转化的方式包括科技信贷、风险投资和资本市场等。改善科技信用贷款服务、扩大风险投资对科创企业的支持、建立多层次的资本市场，通过完善金融体系来扩大科技成果转化的融资渠道，将有助于提升科技成果转化的效率。

（三）中介机构在科技成果转化中起到了重要的作用

中介机构有助于降低科技成果转化的中间成本。各学科由于专业知识的差异存在沟通差距，同时研究者对市场缺乏足够了解阻碍了科技成果的商业化，因此各科技成果转化主体之间存在着信息不足等问题，这是科技成果转化的重要瓶颈（叶建木等，2021）。中介服务的作用机制包括三个方面：一是降低信息成本。中介机构可以促进供需双方的合作，有效对接供需双方的资源和信息，减少信息不对称，克服科技成果转化过程中存在的信息障碍（Rainville，2021）。二是降低交易成本。中介服务能够实现科技成果转化过程中资源的合理配置，缓解资源不足的问题，从而减少交易风险。三是降低管理成本。中介机构提供的设备支持和咨询服务可以有效降低中间成本，降低估价费用，减少管理成本，提高转化效率。

三、美国斯坦福大学模式

美国一直把科技成果转化作为促进国家经济发展的重要战略，在科技成果转化方面取得了瞩目的成就。在这一部分中，我们对美国斯坦福大学的经验进行深入的分析，发现其在人才、资金和中介方面都进行了创新性的探索，作为科技成果转化的成功案例，引领了美国科技创新的发展。

（一）鼓励人才创新的政策措施和完备的知识产权保障体系推动了科技成果转化

注重创新的人才培养模式促进了斯坦福大学的科技成果转化。斯坦福大学是全球排名前十的著名大学之一，其教育理念和教育模式注重创新。佛雷德·特曼是斯坦福大学副校长，他也被誉为"硅谷之父"。他的教育理念是，大学是科技研发、试验和应用的中心，因此要培养学生的创新精神与创造能力（刘俊梅和王海啸，2020）。在这一理念的影响下，学校通过各种方式鼓励和激励创新，在课程设置和管理上都赋予师生最大的自主权，学生可以根据自己的兴趣爱好自主选择学科专业进行学习和研究。学校培养了很多高科技公司的领导者，包括惠普、领英、雅虎、谷歌、耐克等公司的创办者都毕业于斯坦福大学，为硅谷的形成与崛起奠定了坚实的基础。

灵活宽松的鼓励性政策促进了斯坦福大学与硅谷的人才合作。斯坦福大学促进了硅谷的形成和发展。1939年，在特曼的说服下，他的两名学生威廉·休利特和戴维·帕卡德建立了一家电子公司，这便是后来著名的惠普公司。随着电子工业的发展，斯坦福大学周围逐渐形成一个富有创新活力的产业集群，这就是硅谷。此后，硅谷逐渐发展成为世界上新兴产业最为密集的地区，其中数千家高科技企业在专业和技术上与斯坦福大学开展广泛的合作。一方面，斯坦福大学出台多项政策鼓励科研人才创新，例如学校允许教授有1~2年的时间脱产在硅谷创办公司或兼职。教授通过研究获得的商业利益可自行转移专利，学校一般不提取任何费用。同时学校提供各种优惠政策促进学生创业。另一方面，硅谷为斯坦福大学师生提供了研究成果转化的基地。

完备的知识产权保障体系推动了斯坦福大学与企业的人才合作。1980年，美国出台《杜邦法案》，规定大学对政府资助所得的研发成果拥有知识产权，可以授权企业进行技术转移，相关收入在研究机构与研究人员之间分享。这一规定在很大程度上调动了大学和科研人员的创新积极性。1984年,美国出台《国家合作研究法》,促进大学与企业之间的战略研究合作伙伴关系。1991年修订《美国技术优先法》,允许知识产权在参与方之间进行交换。这些法律法规为大学和企业的合作提供了完备的法律保障,保护合作各方的合法权益,在很大程度上激励了人才的合作(孙福全等,2008)。

(二)风险投资是斯坦福大学科技成果转化的重要融资渠道

美国低息贷款、税收减免等政策促进了风险投资发展。1946年成立的美国研究与发展公司(ARD)是世界上最早的一家风险投资公司,致力于推动中小企业的科技成果转化。1953年颁布的《小型商业投资法案》及1958年设立的"小企业投资公司计划"(SBIC)进一步促进了风险投资发展。美国政府为鼓励风险投资的发展,为小企业投资公司提供低息贷款和税收减免等优惠。包括对风险企业融资提供85%~90%的政府担保(马国臣和朱海明,2003);对风险投资额的60%免税;1978年美国政府将投资收入所得税率从49%降为28%,1981又降到20%;允许养老基金进入风险投资领域。在各项政策的促进下,美国风险投资迅速发展。

风险投资是斯坦福大学科技成果转化的重要融资渠道。斯坦福大学的科技成果转化具有多样化的融资渠道,包括政府、企业、社会组织等多主体共同资助及捐赠等。多主体共同资助是美国实现高校科技成果转化的重要保障,其中风险投资是科技成果转化的重要方式。风险投资在斯坦福大学科技成果转化中占有重要地位。由于科技成果转化具有一定的风险性,相比传统融资机构,风险投资机构能够满足高校科技成果转化的融资需要。与此同时,1990年以来,美国政府设立多项风险投资基金,弥补了社会资本的不足,支持高科技领域的研究开发与产业化,在很大程度上促进了大学的创新研究和成果转化。

科技成果转化和风险投资共同发展、相互成就。斯坦福大学科技成果转化促进了科创企业的发展,并带动了硅谷风险投资的壮大,充足的创业投资资金进一步带动了科技企业的蓬勃发展。硅谷在成为科创企业中心的同时,也称为风险投资公司的聚集地,拥有全世界最优质的风险投资公司,为斯坦福大学的科技成果转化提供完善的服务。

(三)大学技术管理协会作为中介机构发挥了重要作用

斯坦福大学的技术许可办公室为硅谷企业提供了强大的技术支持。斯坦福大学1970年成立了技术许可办公室(Office of Technology Licensing,OTL),它是将技术从大学转移到企业的专门机构,不仅加强学校科技成果的转化,同时为学校的科学研究提供资金。OTL模式将高校、科研机构与企业紧密地结合了起来,将技术优势、人才优势与社会机构的资源优势相结合,实现资源共享、优势互补。OTL的主要工作包括发明披露、技术评估、专利申请、成果营销、许可谈判和收益分配等环节,大力推动高校的研究成果向社会转移,最大限度发挥科技成果的社会经济价值。通过不断地发展完善,OTL模式不仅能够对各项成果进行准确的评价,促进科技成果的转化,还能预测市场前景,有针对性地开展技术和技术服务工作,取得了很大的成功。OTL在很大程度上促进了斯坦福大学为硅谷的企业在孵化器阶段提供大量的技术支持,促进了硅谷企业的创新发展,成为美国高校技术转移的标准模式。

在OTL的基础上,随着越来越多的高校成立技术许可办公室,1989年在政府的资助下,高校创立了大学技术管理协会(Association of University Technology Managers,AUTM)(孙卫等,2006)。AUTM内设8个部门,包括倡导与联盟(负责公共政策与法律咨询)、资金管理(包括审计、金融和投资)、国际战略、市场沟通(包括信息中介)、会议管理(包括年会和网络研讨会）、会员管理、技术转移调查、专业发展等。AUTM为会员提供许多专享服务与资源，包括信息服务、专业培训、知识产权管理等。

四、我国科技成果转化的不足

近年来我国科技创新发展迅速，但我国科技成果转化率与发达国家仍存在差距，在一定程度上制约了我国的创新驱动发展。从美国经验来看，人才激励、风险投资和中介机构是科技成果转化的重要推动因素。在这一部分中，我们从这三个方面对我国科技成果转化存在的问题进行深入的分析。

（一）我国高校的制度环境对创新型人才的培养、保护和激励仍不足

我国高校对创新型人才的培养不足，主要体现为几个方面。一是缺乏创新的教育理念。高校的创新意识不足，学生有较强的运用已有知识体系进行科研活动的思维定式，但缺少新的思维、新的观点、新的理论。二是创新的研究能力不足。高校研究人员的成果转化的深度和广度不够，缺少新的方法、新的发明、新的技术。三是原创性成果少。高校研究人员的国际影响力较低。发表文章的引用率低于国外优秀水平，存在简单移植和简单延伸的现象。

我国科技成果的相关法律法规体系对人才的保护和激励仍有待改进。近年来，国家出台了一系列知识产权保护、科技成果收益分配等方面的规定科技成果转化政策，但部分地区缺乏落实细则，相关配套措施不足，一定程度上影响了政策的实施。这导致法律法规对科技人才的保护力度不足。科技成果转化协议对权责、收益分配等界定不明确，导致合作各方不重视签订协议或不履行协议问题普遍，失信成本低，维

权成本高。同时也导致科技人才的激励不足。例如《中华人民共和国促进科技成果转化法》和《中华人民共和国专利法实施细则》对科研人员奖励报酬的计算存在差异。科技成果转化涉及的多个部门对政策认识不一致、统筹协调不够，有待系统性地统一修订相关法律法规并加强政策落地。

（二）我国风险投资行业需进一步完善

风险投资对科技成果转化的支持力度不足。目前科技成果转化的资金主要包括三个方面，即政府资金、信贷资本和风险投资，其中政府资金是科技成果转化的主要资金来源，包括科研经费和财政补贴等多种方式。风险投资主要包括两种模式，一是高校成立自己的风险投资基金，二是引入外部风险投资。其中第一种模式自有资金有限，投入能力不足，专业化、市场化运作经验不足；第二种存在收益分配问题，对人才的激励可能存在不足（邱冬阳和彭欢，2015）。

我国风险投资行业发展存在困难。我国风险投资行业存在多方面问题。一是政策限制多，我国在投资领域、项目投资方式以及资金退出等方面存在较多限制，包括限制产业和出资比例、募集活动、基金投向（例如需符合国家战略及产业政策要求）、资金退出等。二是法律法规不完备。目前风险投资的监管框架不断完善，但法律法规仍不完善，存在监管职责不明确、差异化监管不足、穿透监管困难、信息披露制度错配等问题。三是资金来源有限。与美国相比，国内风险投资的资金来源以政府投资基金和国有企业为主，市场化机构的资金来源不足。

资金不足限制了企业的科技成果转化。一是限制了企业对于科技创新的长期规划。由于缺乏长期资金支持，企业和高校、研究机构的合作缺乏长期战略规划，合作目标短期化、缺乏对重大创新的长期性合作和实质性合作，许多基础性、共性的问题成为制约产业升级的短板。二是限制了企业的中试阶段发展。中试是科技成果转化的难点。近年来,国家加强中试试验基地建设,但企业的中试具有资金投入大、风险高的特点,资金不足在很大程度上限制了企业中试的发展。三是限制了中小企业的科技成果承接能力。中小企业虽然创新的需求和动力强烈,但资金实力有限、科技成果承接能力弱,很难将科技成果推向市场。

(三)我国促进科技成果转化的中介服务体系不完善

目前我国促进科技成果转化的中介服务体系不完善。一是缺乏科学系统的科技成果评价中介。我国科技成果评价仍以同行评议的定性评议为主,缺乏开展科技成果评价的专业化、权威性、规范性的中介机构,缺乏系统、定量、分类的科技成果评价体系,对科技成果的创新性和成熟度评价不足。目前知识产权等无形资产评价仍以学术委员会初步估值为主,难以准确估算其真正价值,缺乏无形资产评价体系。二是缺乏有效的信息中介,使企业与科研机构缺乏有效沟通,科技成果的信息不够透明,成果共享不理想。促进产学研结合的中介服务体系不完善,服务水平不高。三是缺乏成熟的科技成果转化平台。我国目前的科技成果转化仍以企业向大学、研究机构一对一地委托项目为主,组织形式较为松散。以项目为载体的合作关系多,以技术导向的持续性合作较少。企业与高校、科研院所的合作呈现单一化,缺乏多元的系统合作,面向产业长远发展的跨学科、跨领域、跨行业的合作较少,这一形式越来越难以适应当前科技创新的发展。

五、完善科技成果转化的政策建议

人才、资金和中介是科技成果转化的重要因素。斯坦福大学的人才鼓励性措施、宽松的风险投资政策环境以及完备的中介服务机构,极大地推动了其科技成果转化。比较来看，我国高校的制度环境对创新型人才的保护和激励不足，风险投资行业政策限制多、法律法规不完善、资金来源不足，对科技成果转化的支持力度不足，并且我国缺乏科技成果评估、信息沟通等中介体系。借鉴美国经验，我国需在人才、资金和中介三个方面提升，进一步促进完善科技成果转化。

（一）完善创新型人才的激励和保护机制

我国需在制度环境上加强对创新型人才的培养、保护和激励。首先，需建立科学合理的科研评价体系，细化科研成果转化的考核激励，完善对大学和科研机构的评价考核政策，加强科研成果评价标准，加强评价体系在科技成果转化中的作用，引导建立鼓励成果转化的内部评价考核体系。其次，需建立高水平的人才交流机制。政府可以通过各种形式鼓励企业和大学的人才交流。一方面，支持企业牵头组建创新人才基地，联合高校、科研院所共同建立联合实验室、研发基地、协同创新中心等研发平台。针对企业的关键性技术难点，鼓励和支持企业积极加强科技成果应用。另一方面，鼓励高校和科研机构的人才参与重点产业的创新性研究等。探索多种模式，加强人才交流合作的深度和广度，创新和完善合作模式。同时，需完善法律法规，打通科技成果转化的政策赌点。完善知识产权归属、利益分配、科研人员奖励、促进技术转移等方面的法律法规，提高高校和企业科研成果转化的动力。加强政策解读和细化，推动政策落实，强化促进成果转化政策落实的监督，切实保护科技成果转化各个主体的利益。

（二）加强风险投资对科技成果转化的资金支持

风险投资在科技成果转化中发挥了重要的作用，需积极探索和完善我国风险投资市场。一是优化限制约束。适当放宽在投资领域、项目投资方式以及资金退出等方面的限制，在政策和制度性支持方面为行业提供帮助。持续推动私募二级市场发展，提高流动性，降低 LP 退出的难度和缩短 LP 退出的时间。降低投资机构隐性交易成本，推动"募投管退"的良性循环。二是完善法律体系。为风险投资行业发展创造良好的法治环境和外部条件。理顺监管职责，更新监管理念，创新监管方式，有效促进差异化监管和穿透式监管。警惕头部机构的垄断、监管套利和规模效应等问题，激发风险投资行业的竞争性和整体活力。三是扩大资金来源。吸纳更多长线投资者参与，比如政府引导基金、险资、信托、养老金等长线投资者，同时鼓励大型国有企业继续积极出资参与优质科技创新投资基金。健全长期资金供给制度安排，鼓励内部创新，在考核机制上提高容错度和延长考核期限。

（三）加快中介平台服务建设

参考国际经验，应加快我国中介机构建设。首先是推动信息中介平台建设。建立具有权威性和公信力的国家级科技成果信息集成平台，汇集各类科技成果资源并开放共享，加强信息对接。为产学研结合提供知识产权信息检索、分析、加工和再开发等服务。探索建立成果转化平台企业，打通企业和高校之间的通道。其次是建设评估体系和评价中介机构。建设中试、分析、测试、技术鉴定和评估等技术支撑中介，缩短企业需求和科研供给之间的距离。鼓励和支持高校、科研院所聘请中介机构全面参与科技成果转化工作，包括前期技术分析，知识产权的布局、申请、保护，科技成果推广中试熟化及与需求方对接，成果转化过程中涉及的金融、法务、政策咨询，以及商业策划与谈判等。另外，需促进科技成果转化平台建设。发挥中介机构信息沟通、技术评估、法律咨询、组织协调、知识产权服务等作用，提高服务水平。发挥行业协会的优势,加强组织和协调本行业内的科技成果转化。突破科技成果转化目前"点对点"的合作模式,建立高校和企业双方组建一种长期的、稳定的、制度化的合作平台,推动科技成果转化向全方位、多模式、深层次、规范化的方向发展。

第六章

我国独角兽企业分析

近年来,我国独角兽企业蓬勃发展,数量大幅增加,行业领域扩展,城市分布广泛,但估值有所下降。基于生命周期理论的分析,股权投资在独角兽企业发展中发挥了重要作用。独角兽企业多采用VIE(可变利益实体)架构,在国内上市过程中拆除VIE架构面临较多困难。未来需进一步完善创新生态建设、关注创业群体、加强对初创企业的金融支持,从而推动独角兽企业发展。

一、独角兽的基本概念

"独角兽"的概念是2013年由美国Cowboy Venture(一家从事种子轮和早期风险投资的机构)的华裔投资人艾琳·李(Aileen Lee)提出的。她将成立于2003年之后并且在公开或私有市场估值超过10亿美元的美国软件公司称为"独角兽"。根据Aileen Lee公布的榜单[①],第一批独角兽共有39家企业入选,在初创软件公司中占比为0.07%(解树江和闫德利,2023),非常罕见。这类企业具有成长周期短、创新性强、获得投资者青睐等特征,像神话传说中的独角兽一样稀有和高贵。进一步划分,估值超过100亿美元的独角兽企业称为"超级独角兽"(super-

---

① Aileen Lee.Welcome To The Unicorn Club: Learning From Billion-Dollar Startups [EB/OL].(2013-11-02)[2024-04-16]. https://techcrunch.com/2013/2011/1002/welcome-to-the-unicorn-club/.

unicorn），也有研究将估值超过 100 亿美元和 1000 亿美元的分别称为十角兽（Decacorn）和百角兽（Hectocorn）。近年来，新冠疫情、产业变革、资本市场等因素导致全球独角兽企业的竞争格局发生改变，更新率约 30%（解树江和闫德利，2023）。在退出榜单的企业中，约 60% 的独角兽企业在竞争中估值降低被淘汰出局，40% 的企业成功上市。

独角兽企业是新兴产业的开拓者和新经济的引领者，是衡量创新的重要方面。独角兽企业代表着爆发式的成长，而这种爆发式成长颠覆了传统产业模式，带动了产业的全新变革，一般会带动产业的爆发式增长和新业态的出现，因此独角兽企业在引领产业新业态升级、产业变革以及行业创新中都起到了举足轻重的作用（胡峰等，2016；刘程，2016）。独角兽企业的生产率可能比普通企业高 4~5 倍，而且这一优势正在扩大[①]。新产业的辐射带动作用会促进上下游产业发展，从而拉动区域经济，成为一个地区经济发展的新引擎，带动地区经济的快速增长。因此，独角兽企业已经成为衡量一个国家和地区创新能力、经济发展和企业发展生态建设水平的重要指标。

国内外众多机构公布独角兽榜单。继 Aileen Lee 之后，国内外涌现出一批关注独角兽企业的研究机构，例如国外的 CB Insights、Crunchbase、Pichbook 和 Dealroom 等，中国的长城战略咨询、胡润研究院和 IT 桔子等。各机构的界定标准存在差异，主要包括几个方面：一是成立时间，如 CB Insights、Crunchbase 解除了成立时间不超过 10 年的限制，长城战略咨询和胡润研究院等保留了成立时间的限制。二是公司类型，如 Dealroom 要求企业需为科技公司，CB Insights 和 Dealroom 不包括分拆出来的子公司，例如 CB Insights 排除了蚂蚁集团、京东科技等公司。三是获取信息方式的差异，包括新闻报道、市场调研、机构估算等。例如

---

① Yusuf S.. Can Fast Growing Unicorns Revive Productivity and Economic Performance?［EB/OL］.（2023-05-01）［2024-04-16］https://www.cgdev.org/sites/default/files/can-fast-growing-unicorns-revive-productivity-and-economic-performance.pdf.

长城战略咨询的信息包括企业自主申报、公开数据收集、重点高新区推荐、第三方数据支持等。(见表6.1)

表6.1 独角兽企业评选机构

机构	国家	最新榜单企业数量（家）	评选标准
CB Insights	美国	全球 1215 美国 656 中国 171	估值超过10亿美元的私营公司，不包括子公司
Crunchbase	美国	全球 1460 美国 721 中国 262	估值在10亿美元以上的私人公司
Pitchbook	美国	全球 1280 美国 682 中国 243	融资后估值超过10亿美元的风投支持公司
Dealroom	荷兰	全球 2671 美国 1430 中国 325	1990年以来成立的科技公司，目前估值超过10亿美元，不包括子公司，包括目前市值可能低于10亿美元，但退出时市值超过10亿美元的公司
长城战略咨询	中国	中国 357	在中国境内注册的，具有法人资格的企业，成立时间不超过10年，获得过私募投资且尚未上市，估值超过10亿美元
胡润研究院	中国	全球 1361 美国 666 中国 316	成立于2000年之后，估值10亿美元以上的非上市公司
IT桔子	中国	全球 1400 美国 650 中国 347	估值在10亿美元及以上，或其最新一轮融资额在2亿美元或10亿人民币以上

资料来源：数据截至2023年5月。

二、独角兽企业的现状

（一）全球独角兽企业发展情况

以 CB Insights 的数据为基础进行分析，2017年以来全球独角兽企业的数量、估值、区域、领域等都呈现显著的变化。第一，从数量来看，独角兽企业数量大幅增长。2017年独角兽企业有269家,2018年385家,2019年491家,2020年563家,2021年为959家,2022年2月2日突破1000家[①],2023年5月底为1215家。其中2021年在创业投资繁荣发展的大背景下,独角兽企业增长了70%。第二,从估值来看,公司估值上升显著。2017年总估值约7450亿美元,2019年3月达到10862.3万亿美元,2022年2月达到3.3万亿美元,2023年5月底为3.86亿美元。从估值分布来看,2019年底,有25家企业达到十角兽。2021年9月,一家企业(字节跳动)达到百角兽,另有37家企业达到十角兽。2022年2月,两家企业(字节跳动和SpaceX)达到百角兽,另有46家公司达到十角兽。2023年5月,三家企业(字节跳动、SpaceX和SHEIN)达到百角兽,另有50家公司达到十角兽。第三,从地区来看,中国占比下降,印度占比提高。美国、中国、印度和英国是独角兽企业数量最多的4个国家。2019年底,美国占比50%,中国占比25%,印度占比4%,英国占比5%(连一席,2020)。2021年9月底[②],美国占比50%,中国占比19%,印度占比5%,英国占比4%。2023年5月底,美国占比54%,中国占比约14%,印度占比6%,英国占比4%。与此同时,独角兽企业的分布具有城市聚集性。截至2023年5月,拥有独角兽企业最多的前五个城市依次是旧金山(14.1%)、纽约(9.8%)、北京(5.1%)、上海(3.5%)和伦敦(3.4%)。第四,从领域来看,金融科技领域占比提高。独角兽企业的主要行业包括金融科技、电子商务和互联网软件行业等。2019年底,金融科技占比14.0%,互联网软件和服务占比11.9%、电子商务和零售占比12.8%。2021年9月,金融科技占比19.5%,互联

[①] CB Insights. 1,000 Unicorns: Global Billion-Dollar Private Companies Hit A Four-Digit Milestone[EB/OL].(2022-02-02)[2024-04-08]. https://www.cbinsights.com/research/1000-unicorns-list/.

[②] CB Insights. The Unicorn Report: Visualizing The Increasingly Crowded Billion-Dollar Company Club[EB/OL].(2021-09-23)[2024-04-08]. https://www.cbinsights.com/research/unicorn-club-global-trends-infographic/.

网软件和服务占比 16.7%，电子商务和零售占比 10.6%。2023 年 4 月，金融科技占比 21.2%，互联网软件和服务占比 18.9%，电子商务和零售占比 9.0%[①]。（见图 6.1、图 6.2）

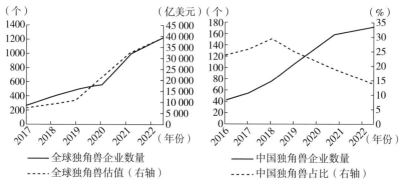

图 6.1 全球独角兽发展情况

数据来源：CB Insights

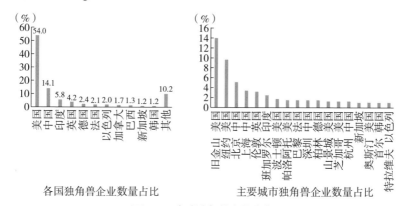

图 6.2 全球独角兽企业分布

数据来源：CB Insights，数据截至 2023 年 5 月。

印度独角兽迅速发展。2021 年和 2022 年印度连续两年成为排名第三位拥有独角兽数量最多的国家。截至 2023 年 5 月，印度共拥有 70 家

---

① CB Insights. $1B+Market Map: The World's 1, 206 Unicorn Companies in One Infographic [EB/OL].（2023-04-11）[2024-05-06]. https://www.cbinsights.com/research/unicorn-startup-market-map/.

独角兽企业，仅次于中美两国。印度独角兽崛起的原因在于四个方面。一是国家重视科技创新。印度非常重视以创新引领新经济发展（解树江，2020），在国家"十二五"规划（2012—2017年）中明确了科技创新的具体目标和指标，对重大关键技术领域的遴选和资助具有战略持续性。印度政府还出台了七大国家级旗舰计划：印度制造、数字印度、技能印度、绿色印度、智慧城市、清洁印度和基础设施建设等。二是经济高速增长吸引外资投资。印度的经济近年来高速增长、人口红利以及背后可能蕴藏的市场潜力引起投资者的广泛关注。2022年印度实际国内生产总值（GDP）增长6.7%。在中美竞争加剧的背景下，大量美元基金涌入印度等新兴市场国家。2022年苹果在印度扩产，可能调整其全球供应链和销售市场的重心。三是人口红利推动消费领域发展。2022年，印度的人口跃居世界第一位。联合国的《世界人口展望》预测印度人口在2060年之前将持续增加。快速增长的人口数量带来的消费需求使生活服务领域的企业快速发展。四是互联网红利推动初创企业发展。2020年印度新冠疫情暴发以及随之不断推进的数字技术，成为印度在2021年独角兽企业爆发式增长的关键原因。疫情推动了互联网消费的快速发展，推动了印度的独角兽热潮（钱小岩，2022）。印度独角兽企业集中分布在金融和电商零售两个领域，约占总体数量的37%[1]。印度独角兽企业从支付、外卖、网约车、游戏运营、送药、电商、社交到电动汽车等，基本复制了中国的同类模式。根据IT桔子的统计，印度共有4家超级独角兽，第一是被称为印度亚马逊的Flipkart，估值370亿美元；第二是在线教育平台Byju's，估值达220亿美元；第三是外卖送餐平台Swiggy，估值107亿美元；第四是网约车服务商Ola Cabs，估值100亿美元。（见图6.3）

---

[1] IT桔子. 2023. 印度、巴西等国独角兽正悄然崛起［EB/OL］.（2023-05-10）[2024-04-18］. https://www.thepaper.cn/newsDetail_forward_23027279.

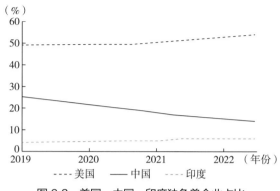

图 6.3 美国、中国、印度独角兽企业占比

数据来源：CB Insights。

（二）中国独角兽企业的发展情况

根据长城战略咨询的数据，2016 年以来我国独角兽企业迅速发展，从 2016 年的 131 家增加到 2022 年的 357 家，保持稳定增长的态势。总的来看，具有三个特征。

一是估值有所下降。2016 年总估值为 4867 亿美元，平均每家独角兽估值 37.3 亿美元。2021 年总估值 11559 亿美元，平均每家独角兽估值下降至 36.3 亿美元。2022 年受风险投资市场低迷的影响，总估值下降至 11338 亿美元，平均每家独角兽估值下降至 31.8 亿美元。

二是行业领域扩展。2016 年独角兽主要行业包括电子商务、互联网金融、文化娱乐、交通出行等。四大行业独角兽企业数量占比高达 56%。其中互联网金融的估值最大，占总估值的 28%；电子商务行业的估值占 14%。2022 年，前沿科技领域的独角兽企业数量增加，占比达到 60.5%。其中占比较高的行业包括集成电路、新零售、创新药、数字医疗、数字文娱、智慧物流、网红爆品、人工智能、自动驾驶等。

三是城市分布更加广泛。2016 年中国独角兽企业主要分布在京津及中国南方省会城市等，共计 16 个城市，其中北京市、上海市、杭州市及深圳市是中国独角兽企业主要聚集地，企业总数占比88%。2022年中国独角兽企业分布于22个省级地区，其中，北京、广东、上海、江苏、浙江5个地区独角兽总数及新晋独角兽数量均居前列。

（三）2022年中国独角兽企业的主要特征

一是数量规模呈金字塔特征。2016年以来不同估值区间对应的中国独角兽企业数量和估值具有相似的分布规律。虽然100亿美元及以上水平的独角兽企业数量较少，但在此区间企业的估值占中国独角兽企业总估值的比重较高。而估值为10亿—19亿美元的独角兽企业虽然数量较多，但其估值占中国独角兽总体估值的比例较低。可见，中国独角兽企业的数量规模呈金字塔结构，而其估值呈倒金字塔结构。2022年共357家独角兽企业，总估值为11338.1亿美元，其中，100亿美元及以上的超级独角兽企业共11家，这一层次的估值总量占总估值的39.2%，可见超级独角兽的企业数量虽然较少但其估值较高，占据着重要的地位。估值处于平均估值31.8亿美元以下的独角兽企业占比85.2%，占大多数。（见图6.4）

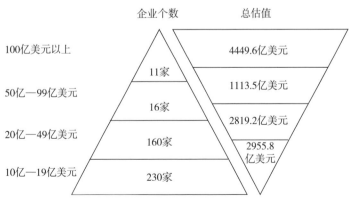

图6.4　2022年中国独角兽企业数量分布与估值分布

数据来源：长城战略咨询。

二是行业集中于前沿科技领域。从数量来看，2022年排名前十位的行业分别为集成电路、新零售、创新药、数字医疗、智慧物流、网红爆品、数字文娱、人工智能、自动驾驶和企业数字运营。从估值来看，排名前十位的行业分别为数字文娱、新零售、集成电路、金融科技、智慧物流、网红爆品、新能源汽车、自动驾驶、创新药和数字医疗。在新晋独角兽企业中，主要行业包括清洁能源、新材料、新能源汽车、动力电池等。2022年，农业科技、合成生物首次出现独角兽企业。（见图6.5）

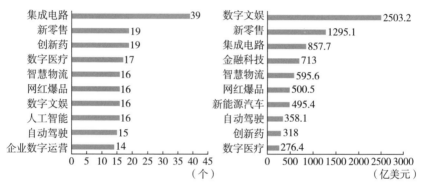

图6.5　2022年中国独角兽企业数量和估值前十的行业

数据来源：长城战略咨询。

三是从区域来看，约一半分布在北上深。2022年中国独角兽企业分布于50个城市。从数量来看，前十位城市分别是北京（76家）、上海（63家）、深圳（36家）、杭州（24家）、广州（23家）、苏州（16家）、南京（14家）、长沙（8家）、天津（8家）和合肥（8家）。从估值来看，前十位城市分别是北京、深圳、上海、南京、广州、杭州、苏州、长沙、合肥、天津。10座城市总估值达到9614.9亿美元，占全部企业估值的84.8%。尤其是北京、深圳、上海三大城市，拥有的独角兽企业多，估值高，企业数量占比49.0%，估值占比达到59.9%。除此之外，石家庄、厦门、通化、滁州、盐城、楚雄、黄石等15座城市首次出现独角兽企业。（见图6.6）

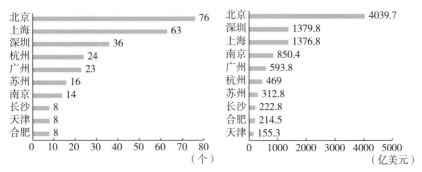

图 6.6 2022 年中国独角兽企业数量和估值前十位的区域

数据来源：长城战略咨询。

三、独角兽企业的融资方式与股权投资的作用

（一）企业生命周期理论

从生命周期理论看，独角兽企业是从初创期成功跨越鸿沟高速成长的企业。Haire（1959）首次提出企业的生命周期理论。基于生物的生命周期，他认为企业的发展也具有自己的生命周期。这一理论提出后，得到了学者的广泛讨论。研究者对企业生命周期的划分不同，包括3—10个不同的阶段，例如 Adizes（1988）认为企业的生命周期包括3个阶段10个周期，成长阶段（孕育期、婴儿期、学步期、青春期）、成熟阶段（盛年期、稳定期）和老化阶段（贵族期、内耗期、官僚期和死亡期）。陈佳贵（1995）认为企业的生命周期包括孕育期、求生存期、高速成长期、成熟期、衰退期和蜕变期六个阶段。总的来看，目前研究普遍认为企业生命周期可分为四个阶段，即初创期、成长期、成熟期及衰退期。根据杰佛里·摩尔提出的技术产品生命周期定律（也称为"新摩尔定律"），创新技术在从早期采用到大众接纳的过程中有一个鸿沟，大部分技术产品无法跨越鸿沟，从初创期之后就迅速衰退了，结合独角兽企业的实际情况，刘瑞雪（2022）认为独角兽企业是从初创期成功跨越

鸿沟，实现高速成长的企业。(见图6.7)

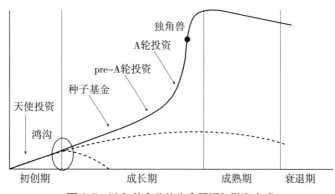

图6.7 独角兽企业的生命周期与融资方式

企业不同生命周期的融资需求不同。研究认为（Berger 和 Udell，1998），企业的规模、资金需求和融资结构等都会随着生命周期的变化而发生变化。在不同的生命周期，企业所面临的外部经济环境、内部经营情况、财务和资本需求各有差异，因此企业融资方式的选择、融资规模的大小、融资的质量不同。研究认为（Brown 和 Wiles，2015），随着初创企业的成长，企业的融资能力越来越强，融资成本越来越低，融资渠道也越来越多样化。

初创期企业更多依赖股权融资。初创期企业的创新技术处于发展初期，市场范围较小。企业的投资金额较大，主要用于技术开发等研发创新、设备厂房等基础设施以及品牌知名度等市场营销方面。这一阶段，由于企业通过经营创造资金的能力尚未形成，面临很强的不确定性，存在的风险较高，利润空间较低，核心资产多为无形资产，一般难以获得银行贷款支持，而且债务融资会增加企业的财务负担，因此企业大部分会选择股权融资。

成长期企业仍以股权融资作为主要融资方式。经历初创阶段后，企业快速成长，市场范围扩大，销售收入增加，品牌影响力增强，因此资金实力相对较强。与此同时，企业为了扩大市场占有率实现企业的快速扩张，投入成本进一步增加。这一阶段，企业的融资主要用于将企业现有的科技成果转化为可以盈利的产品以及寻求更大的市场。这也是商业模式构建的过程。由于资金需求大，企业风险高，因此股权融资仍是企业主要的融资方式。

成熟期企业可选择银行、资本市场等多种融资方式。企业在成熟阶段利润达到较高水平，资本规模较大，面临的市场竞争也更加激烈。这一阶段企业可选择内源融资，利用当前充足的资金为将来的发展出路多做准备，从而降低外部融资的成本。同时企业还可选择银行贷款、债券等方式进行资金周转，也可通过 IPO 上市在资本市场融资。

衰退期企业更多依赖内源融资。衰退期企业利润下降，创新能力减弱，整体运营情况较差。这一阶段企业的负债率较高，财务具有较大风险，需大量资金用以企业调整结构来实现蜕变发展。企业优先选择内源融资，使用企业沉淀现金储备来进行再生产，其次可通过多种方式通过外部融资。

（二）股权投资在独角兽企业融资中的重要作用

股权投资市场发展助推了独角兽企业发展。从企业生命周期理论来看，企业的初创期和成长期的主要融资方式都是股权融资。独角兽企业是从初创期成功跨越鸿沟高速成长的企业，因此在独角兽企业的初创期、跨越鸿沟的成长期都离不开股权投资的支持。近年来全球股权投资市场蓬勃发展，在很大程度上推动了独角兽的崛起。在 2020 年私募股权和风险投资的推动下，以色列诞生了 10 家独角兽企业。

股权投资对独角兽企业的支持分为多个层次。

一是天使投资人。初创独角兽企业从 0 到 1 的过程一般都需要大量的资金，通过"烧钱"来实现扩张。外部融资的能力较弱，往往面临资金短缺的问题。40% 的高增长小企业认为它们没有足够的资金来实现目标。与机构投资者相比，天使投资的程序相对简单，获得资金更加容易。许多天使投资人入驻在众创空间、孵化器等区域主动寻找可能会成功的企业并为它们投资，甚至会同时投资几十个企业，一旦有一个成功就可以收获巨大的投资回报。天使投资人对企业发展起到很关键的作用，因为他们不仅投入现金，还向创业者提供他们的经验、指导以及商业关系网络。按照美国国家经济研究局的数据，创业公司在接受了天使投资后，能够存活18个月或以上的概率将增加14%。有天使投资的公司平均多雇用了40%的员工，而且天使投资使企业成功退出的概率至少增加了10%（史蒂文·霍夫曼，2020）。有天使投资的公司还更有可能吸引后续的融资。

二是种子基金。种子基金是天使投资人和较大的风险投资之间的重要桥梁。种子基金往往会专注于早期的创业公司，规模常常不到1亿美元。种子资金的用途是孵化、培育初创企业。在这个阶段，许多初创企业的科技成果尚未走出实验室，急需种子基金的培育来进入市场。

三是成熟的风险投资基金。进入成长期以后，企业的规模扩大，资金需求进一步提高，需要成熟的风险投资支持。风险投资可分为多个层次。首先是pre-A轮投资，即较大的风险投资公司在A轮投资前对企业进行的投资。此后是A轮、B轮等多个阶段的融资。顶级的风险投资公司如红杉资本、凯鹏华盈等通常在创业公司进入A轮融资的时候才会开始介入。除机构投资者外，政府投资基金也在股权投资中发挥了重要作用。政府投资基金的成本较低，对企业来说风险较小。政府引导基金为中国独角兽企业发展提供了强有力的资金支持（周锦昌和钟昀泰，2017）。

四、独角兽企业上市存在的问题

（一）独角兽企业多采用VIE架构

VIE，全称Variable Interest Entities，即可变利益实体。VIE架构是

一种针对两个以上企业的非股权控制方式的特殊结构设计，通过一系列协议安排实现境外发行人对境内经营实体的控制[①]。VIE架构产生于21世纪初期，中国第一批互联网企业，例如新浪、阿里巴巴、百度等均采用VIE架构。研究发现，获得风险投资的全球独角兽企业中，中国企业占到30%–40%，集中在电子商务、人工智能、汽车与交通、硬件和移动通信等行业。在这些独角兽的成长过程中，VIE作为联通中国企业和境外市场的渠道发挥了不可或缺的作用。

采用VIE架构有利于企业在美国上市。企业采用VIE架构的主要原因在于三个方面。第一，获得境外融资。早期国内上市标准较高、市场规模不足、审批流程烦琐，很多企业难以达到国内市场的上市条件。国外上市条件相对宽松，企业通过VIE架构可以更好地满足美国资本市场的监管要求，从而实现境外上市，满足企业的融资需求。除上市外，VIE架构有助于企业获得境外风险投资和私募股权投资。第二，规避外资准入限制。VIE架构可以规避国内法律对外资在境内经营范围的限制，通过协议而非股权来控制企业从事限制外资进入的行业，例如有外商投资的互联网企业难以获得ICP许可证[②]批准，VIE架构可规避这一限制。第三，迎合公司战略。采用VIE架构在美上市可有效地提升公司的国际知名度，相对成熟的资本市场上市可强化公司的治理能力，更好地满足

---

① VIE架构一般包括三个主体，一是外商独资公司（OPCO），通常在中国持有外商投资营业执照；二是国内运营实体（WFOE），通常从事技术、咨询服务和其他不受外商投资行业限制的行业；三是海外特殊目的载体（SPV）。VIE的典型结构是由创始人单独或与海外投资者共同注册一家离岸公司作为主要上市实体，注册地一般选择开曼群岛等低税地区。该离岸公司在香港地区成立全资子公司，该港资企业在中国内地成立国内运营实体。创办人则建立外商独资公司，与国内运营实体签署一系列涉及公司利益分配、运营管理、股权质押、投票权代理等协议，使国内运营实体能够完全控制外商独资公司。使用VIE协议来合并外商独资公司和海外SPV报表，以达到分享可变利益的目的，完成海外上市。

② ICP许可证全称为《中华人民共和国电信与信息服务业务经营许可证》。我国对经营性互联网信息服务实行许可制度，未取得许可不得从事互联网信息服务。

公司的战略需求（Bris 等，2007）。同时境外风险投资和私募股权投资的参与可以为企业提供更多的技术和市场资源，有助于企业的进一步发展。另外，VIE 架构下企业能够进行合理避税。VIE 架构已成功帮助一大批中国的高科技企业在美国上市融资并逐步发展壮大。数据显示，截至 2022 年 9 月，在美国上市的 262 家中国企业中约 2/3 采取 VIE 形式（潘圆圆，2023）。

（二）近年来越来越多的 VIE 架构企业倾向于国内市场

随着中国资本市场的发展完善，越来越多的 VIE 架构企业重返国内市场，主要有以下几个方面的原因。一是国际局势发生深刻变化。随着中美大国博弈加剧，美国不断强化涉及中概股的监管政策，扩大证券交易限制名单，推出并加快实施《外国公司问责法案》，提高对 VIE 架构企业限制和信息披露要求。中概股市场的监管环境发生了深刻变化，不确定性显著提升，致使多数中概股面临退市压力，也使 VIE 架构公司越来越倾向于国内资本市场。二是国内资本市场逐渐成熟。与外部动荡的环境相比，我国资本市场制度体系和投融资环境的逐渐完善，《外商投资准入特别管理措施（负面清单）》在 2019 年修订后进一步放宽了对外资的限制，增强了 VIE 架构企业的回归意愿。同时中概股企业在国外上市存在低估问题。比较来看，国内市场市盈率较高，吸引了在海外上市的中概股企业返回国内资本市场。2015 年暴风科技拆除 VIE 架构并重返 A 股后出现股价暴涨现象，进一步激发了中概股企业重返国内上市的热情。三是海外上市成本高昂，风险较高。虽然中概股在美上市可以获得更多融资，但是美国资本市场对公司上市和信息披露的要求比较高，公司在 IPO 期间和公司上市后都需要支付各种高昂的费用。同时，中概股自身特性以及信息不对称等因素使中概股面临较大的做空危机。

（三）VIE 独角兽企业在国内上市存在的问题

拆除 VIE 架构存在难度。由于 VIE 架构的监管存在不确定性，大部分企业选择拆除 VIE 架构上市。根据境外投资者是否退出以及境内上市主体的选择，VIE 架构拆除可以分为两类。第一类是以境内运营实体作为拟上市主体。首先需获取人民币基金，通过直接收购或者增资的方式取得外商独资企业的股权，外商独资企业的收购价款回流至海外公司，实现境外股东的退出。其次，拟上市主体合并外商独资企业及其他附属公司，以明确其股权控制关系。最后，解除境内经营实体与外商独资企业签订的所有 VIE 协议。这一方式可以降低实际控制人变化的风险，但需要找到合适的有意愿的人民币基金，同时与境外投资者进行谈判。第二类是以境内外商独资企业（WFOE）作为拟上市主体。首先，境内人民币基金或者创始人对外商独资企业进行收购，使其成为内资企业，实现境外投资人的退出。其次，外商独资企业与境内运营实体约定解除所有的控制协议，使二者的关系由协议控制关系变为股权控制关系。最后，境内业务重组，以 WFOE 为主体进行上市。这一方式可避免境外股东退出，但只适用于非外资限制性行业和已经对国外投资者进行了解禁的行业。

拆除 VIE 架构还存在多个方面的问题。一是时间周期长。在拆除 VIE 架构时与境外投资者的谈判需牺牲大量的时间成本去磋商，因此拆除 VIE 架构一般要花费 12 个月左右，例如暴风科技拆除 VIE 架构花费了 18 个月。例如天涯社区在拆除 VIE 架构时为回购股东谷歌的持股进行了长达 10 个月的谈判，错失了上市的最佳时机。二是财务成本高。由于境内资本市场的市盈率较高，在境外投资人的退出过程中需要支付高昂的股权转让溢价款。另外，VIE 拆除的成本还包括投行咨询服务费、会计师事务所审计费、律师事务所服务费等。三是税负负担重。拆除 VIE 架构过程中，境内投资人可能直接或间接收购外资股东的股权，该股权转让所得需要缴纳 10% 的预提所得税。此外股权转让双方还需要各自按合同约定的股权转让金额的 0.5% 缴纳印花税。在选择 WFOE 作为此后的境内上市主体时，由于身份的转变需补缴税收优惠部分。四是存在法律风险。企业拆除 VIE 架构在境外投资人的保留、VIE 协议终止、境内拟上市主体的选择、境外员工股权激励计划的终止和境内回落等步骤面临诸多法律风险（韩开钰，2022）。

科创板为 VIE 企业上市提供了便捷通道。2018 年 3 月 30 日，国务院办公厅公布了《关于开展创新企业境内发行股票或存托凭证试点的若干意见》，2018 年 6 月 6 日，证监会发布了《存托凭证发行与交易管理方法（试行）》等 9 个文件，明确指出参与试点的高新技术[①]独角兽企业可通过 VIE+CDR 的方式上市。2019 年科创板的设立为 VIE 企业在境内以 CDR 的形式直接上市提供了便捷通道。CDR（China Depository Receipts）指中国存托凭证[②]，是一种境外投资者参与境内证券市场投资的金融衍生工具。VIE 企业可在境外发行股票作为 CDR 的基础证券，将新发股票通过证券公司交由当地保管银行，承销机构按照比例为 VIE 企业发行 CDR 并在境内市场上市流通。2020 年 10 月 29 日，九号公司成功在科创板上市，成为 CDR+VIE 第一股（吴秀波和杨一傲，2021）。

VIE+CDR 上市仍存在不确定性。虽然 VIE+CDR 上市可节省拆除 VIE 结构的时间和财务成本，但存在诸多风险。一是监管不确定性。虽然科创板允许 VIE 架构企业以 CDR 的形式上市，但九号公司历时一年半才成功上市，而且目前只有九号公司一家上市成功案例。同为 VIE 架构的依图科技 2020 年 9 月 15 日在科创板递交申请材料，上交所对其协议控制架构等问题质疑，由于在股权穿透审查过程中遇到了困难等，最

---

① 参与试点的企业必须是符合国家战略，属于互联网、高端制造、人工智能、大数据应用、精密医疗等高新技术四新产业中的企业。
② 在境外上市公司将部分已发行上市的股票托管在当地保管银行，由中国境内的存托银行发行、在境内 A 股市场上市、以人民币交易结算、供国内投资者买卖的存托凭证。

终在 2021 年 7 月 2 日放弃科创板上市申请。由于监管的不确定性，大部分企业仍选择拆除 VIE 架构上市。二是外汇风险。资本项目下人民币自由兑换的严格限制对 CDR 模式运行构成了法律上的障碍，这种障碍主要体现在境内存托银行发行 CDR 所筹人民币资金无法兑换成外汇，CDR 与基础股票在交易价格及市盈率等方面会呈现同股不同价，形成两种证券市场的分割，引发投机炒作和短期套利。三是法律风险。CDR 参与主体包括委托人（发行人）、存托银行、存券信托公司和存托凭证持有人（投资者），其间交织各种法律关系，而且 CDR 的实际发行主体、基础证券、第一上市地等可能分布在英属维尔京群岛（BVI）、开曼群岛、美国以及我国香港等多个法域。由于 CDR 涉及国家地区和主体众多，当产生法律争议时，会涉及复杂的多地法律适用问题。四是价格波动风险。CDR 是一种市场新兴产品，涉及的法律主体较多，结构较为复杂，科创板的价格决定机制也尚未成熟，CDR 的交易活跃程度、价格决定机制、投资者关注度等均存在较大的不确定性，其交易价格可能存在大幅波动的风险。此外，存托凭证持有人与境外基础证券发行人股东之间在法律地位、享有权利等方面存在一定的差异。存托凭证持有人为间接股东，其投票权、收益权受到一定限制。

五、推动我国独角兽企业发展的政策建议

独角兽企业是新兴产业的开拓者和新经济的引领者，对于引领产业升级、推动经济发展发挥了重要的作用。大力推动独角兽企业发展，对于推动我国科技创新和经济高质量发展具有重要意义。

一是加强对初创企业的金融支持。进一步完善股权投资市场，加强风险投资和私募股权投资对初创企业的资金支持。同时加强平台型企业的培育，加强初创企业与平台型企业的合作，支持大企业为创业团队提供平台资源、投资孵化等方式孵化瞪羚企业和独角兽企业，提升独角兽

孵化水平。

二是推动多层次资本市场建设，合理引导中概股回归，鼓励独角兽企业通过拆除VIE架构及VIE+CDR等多种模式上市。

三是完善创新生态建设。完善创新战略体系设计、税收等优惠政策、相关制度保证，提升产业创新能力，促进初创企业发展。为初创企业、瞪羚企业、潜在独角兽企业和独角兽企业提供一对一的、量身定制的专项政策，实现一企一策，有针对性地解决初创企业发展面临的问题。尤其是在高新技术园区，通过多种方式挖掘潜在独角兽企业并实行专项支持。

第七章

我国半导体行业分析

我国半导体产业起步较晚,是我国科技领域被"卡脖子"的重点,但仍然存在可观的发展前景和机遇。在这一背景下,实现半导体领域的赶超尤为重要,而赶超的关键正是在于突破人才壁垒。本章基于我国半导体产业的发展现状,分析了当前半导体产业发展落后的原因,认为当前高校培育不足、高端人才留不住、科研团队不稳定、产学研未实现一体化等是其主因。最后,本章结合比利时微电子研究中心发展经验,对我国半导体产业下一步发展提出了政策建议,具体包括以新型举国体制促进核心技术攻关、优化学科建设、吸纳海内外高端人才、改进科研人员激励机制以及改进政产学研合作机制等。

一、半导体行业在大国博弈中的重要性

半导体是我国科技领域被"卡脖子"的重点,也是中美博弈的关键。2022年8月9日,美国总统拜登正式签署《2022年芯片与科学法案》(以下简称"芯片法案"),计划为美国半导体产业提供高达527亿美元的政府补贴,其中500亿美元拨付给"美国芯片基金"计划。9月6日,美国商务部发布"芯片法案"实施战略。值得关注的是,美国"芯片法案"包含了"护栏条款",即接受资助的公司至少10年内不能在中国或其他"令人担忧的国家"进行新的高科技投资,除非它们生产的是技术含量较低的成熟制程芯片,且只为当地市场服务(周武英和熊茂伶,

2022）。"芯片法案"将财政补贴与投资"护栏"捆绑，对芯片企业形成了"补贴杠杆"效应。未来，美国也将继续在半导体关键设备出售、先进制程生产线建设、产业投资等多个领域，持续推出对我国业界的打压措施，并在关键材料、人才、技术研发等方面对我国设置诸多限制（史冬梅等，2022）。

我国半导体产业起步较晚，但我国占据全球半导体终端产品市场近29%的份额，在中低端产品方面具有一定的积累，存在凭借人才突破技术壁垒的赶超机会。半导体关键技术的突破需要专家团队长期积累和跟踪研究，需要发挥新型举国体制优势，创新政产学研合作机制。因此，当务之急是解决留学生和高端人才不愿回国效力、核心科研团队不稳定等问题，形成人才优势，并构建恰当的产学研组织模式以促进各方融合，充分发挥政府、科研机构和企业优势以突破外部环境的打压。

二、我国半导体产业发展现状

（一）我国半导体产业起步晚但近年发展较快

20世纪80年代，世界半导体产业开始飞速发展，而我国最早的半导体企业——中芯国际2000年才成立，布局半导体产业落后于发达国家近20年。近年来，受国内需求加大和美国制裁的影响，我国自主意识得到进一步提升，刺激了半导体产业的高速增长[①]。2021年我国芯片

[①] 根据彭博社提供的数据，过去四个季度的平均数，全球20家增长最快的芯片公司中，有19家来自全球第二大经济体中国。相比之下，去年同一时期只有8家。那些对芯片制造至关重要的设计软件、处理器和设备的中国供应商，营收增长速度甚至是台积电或ASML等世界级龙头企业的数倍。行业机构Semi数据显示，随着中国芯片工厂产能的扩大，来自海外供应商的芯片制造设备订单去年增加了58%，而这反过来又推动了本地业务。

制造和设计公司的总销售额首次突破 1 万亿元[①]。美国半导体行业协会（SIA）预测，中国企业在全球半导体市场的销售份额将从 2020 年的 9% 增加到 2024 年的 17%。

（二）我国半导体产业全方位落后国际先进水平

我国半导体产业在设备、材料、软件等领域全方位落后，芯片制造落后国际领先水平三代。

在设备方面，关键设备缺失制约着我国半导体产业的发展。半导体工艺流程复杂，涉及设备种类繁多。半导体设备一般分为前道设备和后道设备，其中光刻机、刻蚀机、薄膜沉积设备是前道设备中的三大主设备。

在材料方面，半导体材料主要包括半导体制造材料与半导体封测材料，就单一半导体化学品而言，仅有少数几家供应商可以提供。整体来看，我国材料的整体对外依存度超过 60%，特别是大硅片、高端光刻胶等半导体材料对外依存度高于 90%，半导体材料的国产化率仍然较低[②]。近期美国商务部工业和安全局发布了一项临时最终规则，规定从 2022 年 8 月 15 日开始，将金刚石、氧化镓两种半导体材料，用于 GAAFET（全栅场效应晶体管）架构集成电路所必需的设计自动化（Electronic Design Automation，EDA）软件等列入商业管制清单，对其出口进行管控。我国半导体材料供给未来或将面临压力。

在软件方面，我国在 EDA 软件领域占全球的市场份额几乎为 0。目前全球 EDA 软件主要由 Cadence、Synopsys 和 Mentor 等三家美国企业垄断，美国占据了全球超过 70% 的市场份额。EDA 位于半导体产业链的上游，是芯片设计中的关键环节，也是所有半导体公司进入先进制程

---

① 数据来源于中国半导体行业协会。
② 集微网.芯观点：国外依存度超 60%！半导体材料国产化替代之路任重道远［EB/OL］.（2020-06-15）［2024-04-06］.https://laoyaoba.com/n/751679.

后都无法避开的一个环节。此外，我国半导体行业核心技术 IP 占比仅为 2%，远低于美国的 52%。

在芯片制造方面，我国仅实现 14 纳米芯片自主设计和量产，以及 7 纳米芯片的初步制造，而三星电子 2022 年 6 月底已官宣量产 3 纳米芯片，台积电 2 纳米制程芯片也预计于 2025 年量产[①]，并开始向 1 纳米芯片技术领域进发。相较之下，我国芯片制造落后国际领先水平三代。

（三）半导体产业人才缺口巨大

2020 年数据显示，我国只有 50 万半导体专业人才及熟练技工（美国至少有 300 万～400 万人），预计 2022 年半导体行业对专业人才的需求为 74.45 万人，缺口近 25 万人[②]。半导体属于高精尖产业，垄断性生产特征明显。另外，半导体专业人才培养需要时间，技术突破更需要长期积累。即使专业对口的硕士毕业生也需要三年以上的实践经验才能上生产线，高端软件设计则需要电子、计算机专业博士经过长期培训和实践才能完成。任何细分领域的技术突破都需要稳定的团队 5—10 年的不断努力，部分领域甚至需要 15 年的积累。

我国半导体产值的全球占比不高，但是作为全球最大半导体市场，如果能用好市场优势，并非没有追赶机会。2021 年，我国半导体产值仅占全球市场份额的 7%，不足美国（46.3%）的 1/6，但我国已有 7 万家芯片制造和设计相关企业，中低端产品已经具备一定基础。美国国会资料显示，99% 的半导体终端用户为消费者和通信、计算机、自动化等企业，政府采购占比仅为 1%，政府的话语权有限。我国半导体产品销售额在全球的占比高达 28.9%，以万计的中国企业和以亿计的中国消费者

---

① 据台媒《经济日报》2022 年 9 月 12 日报道。
② 数据来自《中国集成电路产业人才发展报告（2020—2021 年版）》。

是半导体产品的终端用户，若能用好大市场的优势，可以倒逼国际生产厂商施压美国政府放松封锁。

三、我国半导体产业落后的原因

当前，我国难以突破发达国家技术壁垒的根本原因是人才问题，具体包括高端人才招不来留不住、科研团队不稳定、产学研没有实现一体化等。

（一）设置集成电路相关专业学科的高校较少

半导体行业对专业人才要求较高，但我国培养人才的重要机构——高校却缺少针对性的专业学科，仅有几所重点高校成立了集成电路学院，或设置了集成电路专业，难以满足市场需求。除高层次人才外，半导体产业发展还需要大量的熟练技工，技术工人需要花大量时间积累经验，其培养需要较长时间。据《华尔街日报》报道，当前全球芯片制造商都面临熟练工人的"用工荒"，这一问题因更广泛的劳动力短缺、电子产品需求上升及各国政府竞相提升芯片制造能力而变得更加严重。

（二）留学生不愿回国，有经验的人才引进来却留不住

虽然我国有大量留美学生学习半导体相关专业，但这些专业90%以上的博士毕业生都选择留在美国。这是因为国内相关产业不够发达，毕业生在美企的薪酬水平和经验含金量远高于国内。此外，受国内企业文化、人事制度等方面影响，在国外工作多年的专业人士担心回国后不适应国内工作环境，得不到信任和尊重，多数选择长期在国外发展。近期，国内多家半导体企业还出现了引进人才中核心技术人员或高级专家离职事件，凸显国内公司治理、管理模式、考核机制等方面的不足。

（三）地方恶性竞争导致研发团队不稳定

地方政府重复布局半导体产业，影响行业效率，并导致研发团队不稳定。目前我国半导体园区建设多由地方政府规划主导，缺乏整体统筹。一方面，半导体行业专业化程度极高，地方政府缺乏相关人才，不能较好地开展项目评估和论证，给了部分企业借此套利的机会。另一方面，各地政府纷纷建厂，出台各类人才政策吸引专业人才，甚至不惜花高薪从其他省市或项目挖人，导致核心团队不稳定，无法长期潜心研究。虽然相关部门建立了窗口指导制度，但并不能解决根本问题。另外，当前许多地方财政困难，部分人才项目和补贴难以为继，也是人才不稳定的因素之一。

（四）产学研合作机制不健全，科研人员积极性受挫

我国半导体企业与高校、科研院所相互独立，一方面企业不愿过多承担大量的战略先导性、前瞻性、基础性研究工作，另一方面高校及科研院所的某些研究成果虽已达到世界领先水平，但无法与产业生态有机结合，无法产出有竞争力的产品。更重要的是，考核机制、激励机制等问题恶化了科研生态。科研工作者疲于应付考核要求，为完成考核指标而申课题、写文章、做实验，难以沉下心来做研究，存在重复投入、简单拼凑和碎片化成果堆砌等现象（陈凤等，2019），难以产出高质量且有竞争力的研究成果，与实际需求存在较大的差距或者很难投入实际运用。

四、半导体产学研合作国际经验

有效利用已有科研人才是我国提升半导体研发的关键所在。这方

面，比利时微电子研究中心（Interuniversity Microelectronics Centre，IMEC）的经验值得关注。

比利时微电子研究中心成立于 1984 年，是由政府投资建立的非营利性组织，总部设在鲁汶，并在美国、中国内地、荷兰、中国台湾等地的许多大学设立了研发小组（柳卸林等，2021）。IMEC 的战略定位为纳米电子和数字技术领域全球领先的前瞻性重大创新中心，其研究方向多为前瞻性、战略性领域，领先工业界 3~10 年，深耕半导体行业未来 15 年左右的前沿交叉方向，与英特尔（Intel）和 IBM 并称为全球微电子领域"3I"。通过案例分析，发现 IMEC 运行机制具有以下特点。

（一）不断提升国际化水平，打造全球行业和学术网络生态系统

IMEC 依托鲁汶大学微电子系而建立，并获得了当地其他大学微电子系的支持，因此 IMEC 一直同高校保持着密切合作，并逐渐将合作范围扩展至全球。IMEC 不断提升国际化水平，根据其官网数据，目前已拥有来自 95 个国家和地区超过 5000 名研发专家，同时建立起了由 600 多个世界领先的行业合作伙伴和全球学术网络组成的生态系统，其合作伙伴几乎涵盖了半导体全产业链的所有知名企业，如三星、英特尔、台积电和 ASML 等，这也使得 IMEC 逐渐发展成为世界级微电子研究中心，具有不可比拟的优势。

（二）经费来源多样化，打造政产学研合作前沿平台

IMEC 具有独特的管理架构，设立董事会并赋予其监督职能，董事会成员来自政府、高校和企业，多元化的董事会管理架构使其成为独具特色的政产学研合作平台。IMEC 经费来源较为广泛，其收入主要来自地方政府经费支持、合作伙伴项目资助以及技术成果转化三方面。自

1984年至今，比利时的弗拉芒地区政府每年都会给予IMEC资金资助且资助费稳步增长，弗拉芒地区政府要求IMEC将至少10%的拨款经费用于与科研机构和大学等合作，开展基础研究，将研究方向瞄准为领域前沿性、先导性技术。依靠政府和大学资源的支持，IMEC积累了丰富的研究成果，为产业合作打下了良好基础（张嘉毅和原长弘，2022）。

（三）通过产业联合项目同业界开展合作

IMEC凭借强大的研究力量和坚实的科研基础，充分考虑现实市场需求，瞄准半导体产业未来发展方向，焦点行业关键共性问题，以产业联合项目（Industrial Affiliation Program，IAP）的形式同各方开展合作。项目各方共享科研人员和知识产权，共担研发费用和风险。IAP项目合作伙伴包括核心成员和一般成员，两者在项目经费的支付和参与深度方面有所区别，合作伙伴可以根据自身需求选择以何种形式加入。这一独创模式通过集合各方优势力量，攻克行业共性技术瓶颈，曾取得多个突破性进展。

（四）创新知识产权分享机制和成果转化机制

IMEC将知识产权创造性地分为背景知识产权（IAP项目启动以前IMEC拥有的知识产权）和前景知识产权（在IAP开展过程中产生的知识产权），其中前景知识产权又可细分为三类：一是IMEC独自研发、独家拥有并且不与合作伙伴分享所有权的知识产权；二是IMEC与某合作伙伴共有的知识产权，其他合作伙伴可获得免费使用许可或进行选择性分享；三是某合作伙伴独有的知识产权（李红和左金萍，2018）。通过与项目合作方签订双边协议，明确知识产权归属，IMEC吸引了大量合作伙伴，满足了各方的利益诉求。当某一项技术或知识产权较为成熟时，IMEC 可通过一次性技术买断的方式进行成果转移，或通过成立孵化公司的形式进行成果转化，IMEC 拥有这些孵化公司 5%~15% 的股权，以此来获取收益。截至目前，IMEC 已经孵化了数百个企业。

五、发展我国半导体行业的政策建议

以新型举国体制促进核心技术攻关。当务之急是由国家统筹安排，保证部分关键领域科技攻关项目核心团队的稳定性。国家相关部门应优化对地方新建半导体项目的窗口指导，从制度上避免对核心团队人才的恶性竞争。在引领尖端技术突破上，进一步完善和激活国家创新体系，发挥包括央企在内国家力量的创新研发优势。

优化学科建设，吸纳海内外高端人才。一是完善学科体系，打造"产学融合"的"新工科"。从产业需求出发，吸引企业深度参与高校人才培养，实现企业与高校协同育人、协同创新和成果转化，为产业稳步发展培育和储备更多高质量人才。二是由业内技术人士向海内外相关专业毕业生宣传国内的发展机会和发展前景，消除海外有经验技术人才的顾虑，为其提供落户、签证等方面的便利。要留住高端人才还应尊重其个性，要认识到个性与创新力息息相关，个性被磨平的人不可能实现从 0 到 1 的科研突破。三是提升公司治理水平，改进考核机制，切忌外行领导内行，增强引进人才的归属感和获得感。

改进科研人员激励机制。改革对研究机构的考评机制，更多关注研究机构前沿性技术创新、科研成果转化、提供技术解决方案等方面，淡化论文发表、申请专利数量等指标。同时遵循市场规律，制定明晰、科学的知识产权分享机制和人员考核评价机制，改善科研生态，满足各方（包括科研人员自身）的利益诉求。

改进政产学研合作机制。半导体行业的产学研发展应以国家战略需求为主导，整合政府、科研机构和企业的资源，改进政产学研一体化创新机制，形成"需求—研究—成果—转化和应用"的良性迭代闭环。一方面解决全链条协同创新力不足的问题，开展产业界不愿过多介入的战略先导性、前瞻性技术研究。另一方面在探索市场经济条件下，以新型举国体制集中力量办大事的有效途径，以企业为主导，整合产学研力量，统筹各方资源，聚焦市场需求，合作研发、合作转化，共享知识产权和科研成果，实现贯通式创新。

第三篇

我国科创金融体系

科技创新离不开金融体系的支持，构建促进科创企业发展的金融支持体系，对于推动企业科技创新，提高国家核心竞争力至关重要。

我国改革开放40余年，但企业、居民部门拥有金融财富的时间并不长，加上分业监管和分业运营，我国金融体系仍然是以间接融资为主。我国科创金融体系涵盖股权投资、资本市场、银行和保险等多个方面。虽然直接融资在科创金融中至关重要，但银行在科创企业外源性融资中仍占主导地位。本篇结合国际经验，对我国科创金融体系的现状和问题进行深入和系统的分析，并提出完善我国科创金融体系的相关政策建议。本篇分为五章。第八章介绍我国政府引导基金的发展情况，并结合国际经验，提出了我国政府引导基金应调整战略定位、完善募投管退各环节的相关政策建议。第九章梳理我国股权投资市场的特征，基于文献综述、国际经验、历史回顾、现状分析与实地调研讨论我国股权投资市场存在的问题，并提出政策建议。第十章分析我国资本市场支持科创企业发展的实践，讨论我国多层次资本市场中科创板和创业板对科创企业发展的重要作用和不足之处，提出优化我国资本市场结构、加强资本市场对科创企业的支持的建议。第十一章研究我国银行支持科创企业发展的情况，在对相关理论、国际经验进行系统梳理的基础上，基于我国科技信贷的发展历程和典型案例，分析我国科技信贷的发展特点和存在的问题。第十二章基于美国科技保险的经验，讨论我国科技保险目前的发展情况和未来的发展方向。

第八章

政府引导基金

政府引导基金是科创金融的重要组成部分,对发展核心和新兴科技至关重要。国际经验显示,政府引导基金主要投资于早期小企业及高技术企业,政府可以通过法律制度、税收优惠等方式全方位支持引导基金发展,并完善让利机制和资本市场结构,拓宽政府引导基金的退出渠道。我国政府引导基金运作有近 20 年的历史,管理和运作逐步完善和成熟,但在募投管退四个环节均存在不足。本章在总结国际经验的基础上,提出了我国政府引导基金应调整战略定位、完善募投管退各环节的相关政策建议。

一、政府引导基金的基本运作方式

政府引导基金是科创金融体系的重要组成部分。政府引导基金是一种政府设立的按市场化方式运作的投资基金,旨在利用财政基金支持创业企业发展。科创企业发展资金投入的需要大、周期长、风险高,融资较为困难,多数国家均由政府的长期资金支持科技创新。政府引导基金一般通过出资母基金的方式,实现用 20%~30% 的财政资金撬动 70%~80% 的社会资本参与科创企业股权投资,通过政府对市场资金的直接撬动和间接引导作用,支持科创企业发展。

政府引导基金具有诸多优势。一是为科创企业提供长期稳定资金。由于高研发费用和不确定的长期回报,专注于新兴和基础技术的公司往往难以从私营部门筹集资金。社会资本投资者更青睐投资期短、回报快的领域,国家战略领域很难得到关注。科技投资一般需要更长时间的发展,资金需求超过收入,所以需要长期的财政支持。政府引导基金可以为科技初创企业提供稳定、长期的投资资金,使其集中精力开发高质量技术。二是引导社会资本。政府引导基金可以缓解信息不对称和研发活动外部性造成的市场资金配置失灵,通过亏损补偿机制更容易提高企业创新。政府引导基金相关政策和基金本身提高了国有资本的可获得性,能够有效提升民营资本对所投企业的创新增值效果。国有资本的参与增加了创投行业整体规模,有效扩大了对科技创新企业的资金支持。三是采用市场化方式实现财政资金的杠杆作用。传统财政补贴和其他传统产业政策工具存在效率低、大量资金浪费、逆向选择和道德风险等问题。政府引导基金采用更市场化的方式发挥财政资金的作用,更好地实现了政府部门和市场化基金管理机构的合作,一方面,可以通过政府相关部门的沟通渠道,使子基金和被投资公司获得各种地方优惠政策和相关利益,例如优先推荐被投企业申报科技计划、人才计划,落实企业认定备案政策,协助拓宽创业企业的债权融资渠道,提供创业培训,强化孵化服务等;另一方面,也可以借鉴市场化机构的优势,包括市场化的管理机制、专业的基金管理人等。四是有助于打造区域生态系统。政府引导基金与地方产业政策的配合有助于打造全产业链的区域生态系统,提供综合的支持生态系统,促进当地的规模经济。政府引导基金成为区域金融集聚和金融创新的重要载体,在位置空间、行政服务、政策补贴、资源链接、人才招聘等方面为企业提供全生命周期服务,并提供税收、租金减免,产业政策等资源。

政府引导基金的运作过程包括募投管退四个环节。一是募资环节。大多数政府引导基金的目标是从社会筹集70%~80%的资金,剩下的再由政府引导基金提供。政府引导基金的有限合伙人既包括国有资本(如国有企业、国有银行等),也包括私人资金和国外资金。二是投资环节。

根据政府引导基金的要求，子基金的投资需满足投资阶段符合性（如需投资创业阶段企业）、投资地域符合性（如需投资当地企业）和投资行业符合性（如需投资战略性新兴产业）。以国家级引导基金为例，投资领域方面根据不同的发起主体确定。例如国务院国有资产监督管理委员会（简称国资委）主要投资国企改革，中华人民共和国国家发展和改革委员会（简称发改委）主要投资战略新兴产业，中华人民共和国工业和信息化部（简称工信部）主要投资先进制造业，中华人民共和国科学技术部（简称科技部）主要投资科技成果转化，中华人民共和国国家互联网信息办公室（简称网信办）主要投资互联网。在投资环节，政府引导基金在投资决策过程中由财政部门或国资监管部门担任观察员或有投资决策的最终审批权。三是管理环节。投后管理包括风险监控和增值服务两部分。政府引导基金所提供的增值服务主要涉及三个方面。第一个方面是对接项目、有限合伙人、第三方中介资源，第二个方面是提供政策相关的专业意见和建议，第三个方面是争取政策性福利或必要时推动政府出台相关优惠政策，这也是政府引导基金的优势所在。此外，为降低资金管理风险、确保政策目标实现，政府引导基金针对投资、投后管理设置相对完善的风控措施，包括建立健全的内部财务管理制度，提供多方位的投后增值服务、设置信息披露制度等以增强对子基金的控制。四是退出环节。目前政府引导基金多采用"5+2"模式，即5年退出，2年缓冲。对于政府引导基金参股子基金投资模式，常见的退出方式包括股权转让（即转让给其他有限合伙人，是目前常见的退出方式之一）、国有股公开转让、清算退出等。政府引导基金秉持利益共享、风险共担的收益分配原则。为了吸引社会资本投资者，政府引导基金的政府发起人可以放弃自己收益，承担其他投资者的损失，或提供其他激励。除让利之外，由于政策目标大于经济目标，政府引导基金往往不设置或设置较低门槛收益率。在收益分配时，政府引导基金的参股子基金遵循先回本后分利，先有限合伙人后基金管理人的分配顺序。

二、政府引导基金的国际经验

（一）美国 SBIC

美国 SBIC 计划旨在推动小企业发展。在 1953 年《小企业法案》实施的背景下，美国国会创办了小企业管理局（Small Business Administration，SBA），并在 1958 年诞生了小企业投资公司（Small Business Investment Company，SBIC）计划（唐翔，2012）。该计划旨在解决小企业融资难问题，通过刺激和补充私人股本与长期贷款推动小企业发展。SBIC 采用融资担保模式，即政府为企业提供担保，帮助企业通过股权、债权等融资方式获得资金。

SBIC 通过引入财政担保资金并以市场化机制进行运作，以贷款、股权投资或者是股债结合的方式向小企业提供长期资金。符合条件的私人资本可以向 SBA 投资部门提出申请，得到 SBA 的监管许可后，可以成立一项 SBIC 计划。SBA 可通过两种方式为 SBIC 提供资金。一种方式是债权担保融资（debenture SBIC），即 SBIC 发行长期债券，申请 SBA 为其提供债权担保。另一种方式是股权融资担保（participating securities SBIC），即 SBIC 以有限合伙权益的方式发行有担保的参与证券来获得杠杆融资，参与证券包括可回售股份、优先股或者是特殊债券（根据盈利情况偿还利息）。在这两种方式下 SBIC 可获得的配套资金一般为私人资本总额的 2~3 倍。

SBIC 采用市场化运作方式。SBIC 具有独立决策及管理权，由专业的基金管理人负责制定投资策略、管理运营基金和退出分配收益。近十几年来，SBIC 稳步发展，规模不断扩大，向其投资者提供的回报与市场上其他私募股权基金的回报相符，已成为多家知名公司的融资来源，例如苹果、英特尔、特斯拉等（王燕，2010）。（见表 8.1）

第八章 政府引导基金

表 8.1 SBIC 的主要特征

类型	债券 SBIC			参与证券 SBIC
	债券 SBIC	影响力投资债券 SBIC（至少 50% 投向欠发达市场和地区中融资困难的企业）	早期债券 SBIC（至少 50% 投向早期小型企业）	
私人资本要求	最低 500 万美元	最低 500 万美元	最低 2000 万美元	最低 1000 万美元
SBA 杠杆	私人资本的 200%（最多可申请 300%），每个 SBIC 最高 1.75 亿美元；两个或两个以上受共同控制的 SBIC 最高 2.5 亿美元	私人资本的 200%，最高为 1.75 亿美元；在 12 个月内限制为私人资本的 100%	私人资本的 100%，最高 5000 万美元	私人资本的 200%，每个 SBIC 最高 1.75 亿美元；两个或两个以上受共同控制的 SBIC 最高 2.5 亿美元
利润	支付利息和 SBA 年度费用			SBA 通常会获得大约 8% 的利润

（二）以色列 YOZMA 基金等

以色列政府于 1993 年 1 月出资 1 亿美元设立 YOZMA 基金，资金的 80% 用作母基金和国际知名风险投资机构合作成立的 10 只子基金，其余 2000 万美元直接投资于高科技初创型企业（Avnimelech，2009）。子基金的资金规模大约为 2000 万美元，其中政府出资占 40%，社会资本和国际资本占比达到 60%。国际资本包括美国、德国、日本等国家的创业投资机构。通过这种方式，以色列政府撬动了将近 1.5 亿美元的资本投资通信、生命及生物科学、医药技术等行业较早阶段的技术创新企业。

YOZMA 基金通过让利实现有效退出。为激励私人投资者，YOZMA 基金允许私人投资者在子基金成立 5 年内以成本价购买政府在子基金中的份额（最终 10 只基金中有 8 只行使了该项权利），并承诺向私人投者让渡未来利润。这一让利方式极大地调动了私人投资者的积极性,有效地防止了政府资本对民间资本的挤出,而且有利于政府资本的有序退出,实现引导基金的良性循环。从1998年开始,政府采用拍卖的方式对基金进行私有化,到2000年政府资本已经完全退出。(见表8.2)

YOZMA基金采用市场化投资方式,资金回报高,发展迅速。YOZMA的所有子基金均为有限合伙制基金,政府为有限合伙人,不参与日常决策。YOZMA与几个大型学术机构和技术孵化器建立了紧密的合作关系,并从中寻找有前景的投资机构。YOZMA参股设立的10只子基金共对164家创业企业共217个项目进行了投资,其中112个项目经过IPO或并购方式成功实现退出,退出率达到56%。10只子基金中的6只内部收益率超过100%,并且迅速发展。到2000年大多数子基金已经发展成为3只或更多的基金,基金总规模接近32亿美元。

YOZMA基金激发了以色列风险投资产业的活力。YOZMA的成功运行使风险投资产业在以色列成为一个极其重要的产业。1993—2000年,以色列私募和风投的募资年均增长率达85%。第一批外国风投公司开始直接投资以色列初创企业,有效推动了以色列创新型企业和高科技产业的发展。

(三)欧洲政府引导基金

德国ERP/EIF基金采用参股模式支持高科技公司发展。ERP/EIF基金由承担欧洲复兴计划(European Recovery Program,ERP)的德国联邦经济和能源部(German Federal Ministry of Economic Affairs and Energy)和欧洲投资基金(European Investment Fund,EIF)共同设立,旨在加大对德国成长期高科技公司的风险投资支持。ERP/EIF的主要项目是ERP-EIF风险投资基金(The ERP-EIF VC fund of funds,即Dachfonds),主要通过参股的方式投资于风险投资基金。

第八章 政府引导基金

表 8.2 YOZMA 及其子基金情况

名称	成立时间（年）	资金规模（亿美元）	国外 LP	国外 LP 区域	投资项目个数	退出项目个数	跟进投资后基金数目（只）	跟进投资后基金规模（亿美元）
Eurofund	1994	0.2	Daimler–Benz	德国	14	7	2	0.72
Gemini	1993	0.36	Advent Venture Partners	美国	25	13	3	3.46
Inventech	1993	0.2	Van Leer Group	荷兰	33	16	2	0.4
JVP	1993	0.2	Oxton	美国	12	10	3	2.78
Medica	1995	0.15	MVP	美国	10	5	2	0.7
Nitzanim（Infinity, Concord）	1994	0.2	AVX, Kyocera	日本	13	7	3	1.91
Polaris（Pitango）	1993	0.2	CMS	美国	19	13	5	6.55
Star	1993	0.2	TVM Siemmens	德国	27	15	14	9.78
Vertex	1996	0.39	Vertex Int., Singapore Tech	美国	29	16	3	2.46
Walden	1993	0.33	Walden International	美国	21	10	3	1.84
Yozma	1993	0.2	无		16	10	3	1
合计		2.63			219	122	43	31.6

数据来源：Avnimelech（2009），跟进投资截至 2000 年。

澳大利亚 IIF 基金采用参股模式支持小企业发展。澳大利亚创新投资基金（Innovative Investment Fund，IIF）于 1997 年 3 月设立，致力于投资处于发展早期的小企业，鼓励研发成果商业化。IIF 通过参股的模式参与和支持创业投资机构，通过发起设立子基金吸引社会资本，政府资金起到了让渡收益并缓释风险的作用（房汉廷等，2004）。IIF 基金建立了完善的申请和审批程序，包括基金发起人需按照《IIF 计划指南》准备申请书，委员会对申请者进行全面的评估，包括初评、尽职调查和答辩等深入评审及最终评审三个阶段。澳大利亚政府为 IIF 计划提供了 2.21 亿澳元资金，分两轮建立了 9 只创业投资子基金。在第一轮投资中，政府提供了 1.3 亿澳元资金，建立了 5 只规模在 4000 万澳元左右的子基金，政府资金与私人资金的匹配比例最高是 2 : 1。第二轮约为 9100 万澳元，参股设立的子基金为 4 只。

苏格兰联合投资基金（SCF）采用跟进投资模式。2002 年，苏格兰企业局（Scottish Enterprise）设立了苏格兰联合投资基金（Scottish Co-Investment Fund，SCF），旨在对创新型、高成长型的中小企业提供权益资本扶持（林卡，2013）。基金由苏格兰企业局管理，由苏格兰政府（Scottish Executive）和欧洲地区发展基金（the European Regional Development Fund）共同出资设立，设立时的资金总额为 4800 万英镑。苏格兰企业局设有一个投资咨询委员会和投资组合管理团队来对其下设的各基金进行管理，同时基金设有一个执行团队来负责合作伙伴的筛选等工作。基金采用被动跟进投资模式，不进行项目筛选和尽职调查，而是由其选定的合作伙伴来管理基金，并按其投出资金的 2.5%～3.5% 向合作伙伴支付管理费。基金对其合作伙伴提供的资金不超过总融资计划的 50%，每个项目最高 150 万英镑。

新西兰国家创业投资引导基金采用"参股+联合"投资模式。2002 年，新西兰国家创业投资引导基金计划开始启动，政府斥资 1 亿新元，建立新西兰创业投资基金有限公司（New Zealand Venture Investment Fund Ltd.，

NZVIF）。NZVIF 下设创业投资引导基金（VIF）和天使投资引导基金（SCIF），分别采用参股基金模式和联合投资模式。其中 SCIF 与 NZVIF 和认定的天使投资合作伙伴合作，向种子期和初创期的企业进行股权投资。NZVIF 虽然在投资企业中占有股权，但不直接参与投资管理或占有董事席位，而是委托天使投资合作伙伴代为管理。

（四）亚洲政府引导基金

日本的大财团模式。大财团是日本独有的资本模式。创业投资多由大型金融机构投资设立。例如超大规模集成电路计划（Very Large Scale Integration，VLSI），1976 年由日本通产省组织富士通、日立、三菱、日本电气和东芝五家骨干企业，以及日本工业技术研究院电子综合研究所和计算机综合研究所组建研究联合体共同设立。VLSI 总投资规模约为 737 亿日元，其中政府投资约占 39%，企业投资约占 61%。1976—1980 年，VLSI 为日本半导体产业的研发提供了充足的资金支持，有效支持了日本半导体产业的发展（赵鑫，2020）。

韩国的公司模式。为支持新技术的发展，韩国成立了新技术支持金融公司。新技术支持金融公司承担了国家的战略任务，专门对具有一定风险性的技术公司提供支持，包括发放贷款、提供租赁和代理、认购公司发行的股票和可转让债券等。

印度的委员会模式。1992 年，印度中央直税局和证券交易局进行协调制定了关于风险投资基金的全国性政策。证券交易局成立了"风险基金委员会"，并提出了一系列促进创业投资发展的改革，包括创业投资需将其 70% 的资金投向未上市的资产等。政策调整与改革给创业投资发展提供了更为宽松的环境，促进了印度创业投资的发展（房汉廷，2003）。

(五)对我国政府引导基金的启示

在投资战略上,明确基金管理中政府和市场的职能。目前国际上政府引导基金主要有三种模式。美国 SBIC 通过融资担保扩大对企业的资金支持,以色列 YOZMA 基金等作为母基金参股设立子基金,英国 SCF 基金等采用联合投资模式,被动跟进合作伙伴的投资项目。从国际经验来看,政府的职能在于担保、参股和跟投,市场才是投资的主体。目前我国政府引导基金逐渐成为股权投资市场的第一投资人,可能"挤出"私人部门的投资。借鉴国际经验,我国政府引导基金在投资策略方面应从引导转为跟投,充分发挥市场在股权投资中的主体作用。一方面,通过政府跟投加强股权投资市场的活跃程度;另一方面,合理划清政府与市场的边界,政府不宜对子基金日常运作过多干预,防止越位。

在管理模式上,探索符合我国国情的模式,提高市场化运作水平。从国际经验来看,各国采用了符合本国国情、各具特色的政府引导基金管理模式。美国资本市场发达,采用市场主导的组织模式;以色列吸引外资,打造国际风投市场;欧盟采用集中管理和分散管理相结合的模式;澳大利亚通过完善的申请和审批程序设立子基金;英国支付管理费由合作伙伴管理基金。各国政府引导基金采用符合国情的多样化管理模式,市场化程度较高。目前我国各级别、各地区的引导基金管理模式单一,运作方式不够灵活,应结合本地股权投资发展的情况,探索适用、规范、灵活的运作模式,例如地方与中央的政府引导基金可采用分散与集中管理相结合的模式,适当放松对境外合格投资者的限制加强吸引国际资本等。与此同时,我国政府引导基金仍采用行政化管理模式,政府或其下属机构以及中央或地方国资控股平台公司作为基金管理公司的比重较高,市场化水平有待提高。可借鉴国际经验,完善组织架构,建立基金管理公司、政府监管机构、托管机构的三重监管体系,全面、客观、准确的绩效评价体系,以及完善、及时、有针对性的信息披露体系，提高专业化和市场化水平。

在投资方向上，加强对初创企业的资金支持。国际经验普遍认为，种子期的项目是股权投资市场中"市场失灵"的主要领域，也是政府引导基金的重要支持方向。美国SBIC主要投资一定规模以下的小企业。以色列YOZMA基金主要投资通信、生命及生物科学、医药技术等行业较早阶段的技术创新企业。澳大利亚IIF主要投资处于发展早期的小企业，鼓励研发成果商业化。英国SCF基金主要投资创新型、高成长的中小企业。新西兰SCIF主要对种子期和初创期的企业进行股权投资。国际普遍将初创企业作为政府引导基金的重要支持领域。目前我国政府引导基金仍主要与大型基金管理机构合作投资较成熟的项目，缺乏与规模较小的基金管理机构以及初创企业的合作。应建立风险补偿和激励机制，鼓励子基金投资风险较高的种子和初创期项目，例如对初创企业投资基金给予融资担保或超额收益让渡等。

在配套政策上，通过法律制度、税收优惠等方式全方位支持引导基金运营发展。美国政府通过发布《小企业投资法案》和《促进小企业权益法》奠定了中小企业投资和产业引导基金发展的法治基础。同时美国SBIC对参与的投资者给予税收等优惠，鼓励社会资本投入。以色列政府通过法律规范完善、金融市场发展、汇率制度改革和金融市场开放等举措，完善股权投资市场的基础设施，同时通过税收优惠鼓励资金进入股权投资市场。可见各国均通过法律制度、税收优惠等方式全方位支持引导基金发展。目前我国政府引导基金的配套政策仍不足。借鉴国际经验，可根据我国各地区股权投资发展的不同情况，尝试建立权益担保、税收优惠、风险补贴、人才培养、信息服务和法律制度等多种方式的配套政策。同时，完善股权投资市场的监管政策，推动形成规范、成熟、有竞争性的市场生态。

在退出机制上，优化多层次资本市场，建立多样化退出机制。从以色列YOZMA基金来看，它推动政府资金退出的方式主要有两种。一是建立让利机制、鼓励私有化；二是完善资本市场，加强 IPO 和并购。相较于美国的成熟资本市场和并购市场以及以色列完善的让利机制，我国政府引导基金的退出渠道仍不完善，产权交易所发展滞后，资本市场中的中小板、创业板和科创板的作用并没有充分显现。因此，应优化多层次资本市场体系结构，充分发挥资本市场在引导基金退出时的作用；同时完善让利机制，鼓励社会资本购买政府份额；通过多样化的退出渠道提高政府引导基金的流动性，并降低财政资金长期占用带来的潜在风险。

三、我国政府引导基金的发展历程

（一）我国政府引导基金的发展情况

2002 年，中关村创业引导基金作为我国第一支政府引导基金成立，开创性地采用股权投资的方式运作政府财政资金。经过几年尝试，这一试验得到推广。2005 年 11 月 15 日，中央十部委颁布了《创业投资企业管理暂行办法》，规定"国家和地方政府可以设立创业投资引导基金，通过参股和提供融资担保等方式扶持创业投资企业的发展"。为了促进创业投资引导基金的规范设立与发展，2008 年国务院发布了《关于创业投资引导基金规范设立与运作的指导意见》，将创业投资引导基金定义为"由政府设立并按市场化方式运作的政策性基金，主要作用是扶持创业投资企业发展，引导社会资本进入创业投资领域"。随着市场的发展，引导基金的法律法规也不断完善。2015 年财政部颁布《政府投资基金暂行管理办法》，指出"政府投资基金指由各级政府通过预算安排，以单独出资或与社会资本共同出资设立，采用股权投资等市场化方式，引导社会各类资本投资经济社会发展的重点领域和薄弱环节，支持相关产业和领域发展的资金"。由此，政府对企业的资金支持由财政直接补贴完全转变为以政府投资基金为主的市场化运作方式。

第八章 政府引导基金

近年来我国政府引导基金管理逐步完善。随着国家关于政府引导基金的管理细则逐步完善,部分省市修订了引导基金管理办法。与国家级引导基金相比,部分地区的政府引导基金政策更加灵活,导向性更加明确。2018年以来多地对引导基金管理办法进行了修订,不断完善政府引导基金"募投管退"各环节。

募资方面,一是放宽引导基金出资上限,例如深圳市政府投资引导基金将子基金中财政资金和国有成分资金出资总额上限由49%提升至70%,广州市科技成果产业化引导基金去除"国有资本占比不超过子基金规模的深圳市政府投资引导基金50%"的限制,对于新设立专门用于投资科技型中小企业的子基金放宽或不设定对单个子基金的财政出资资金规模限制。二是放宽子基金管理机构的注册地限制,例如深圳市政府投资引导基金放松子基金管理机构需在深圳市注册的限制,改为可指定其在深圳市注册的管理方出资并承担相应的法律责任,并增加境外管理机构的申请条件。三是建立与返投和退出挂钩的让利机制,例如青岛市新旧动能转换引导基金让利与返投和退出速度挂钩,与投资策略挂钩。基金清算退出时整体年化收益率超出清算年度一年期银行贷款基准利率(单利)的,可将超额收益的60%(市级以上重点项目)或70%(初创期、早中期科技型创新性企业)让渡基金管理人和其他社会出资方。

投资方面,一是明确投资定位。例如成都市政府投资基金将投资明确为重点围绕成都市"5+5+1"产业体系。二是放宽投资范围与方式。例如深圳前海产业投资引导基金扩大了投资范围,深圳市政府投资引导基金将投资方式从单一的股权投资扩大为并购、夹层、PIPE等方式。三是返投比例及认定标准放宽。返投比例是要求子基金对特定区域(主要是本地区注册企业)的投资规模不低于引导基金对子基金出资额的一定倍数。深圳市政府投资引导基金、厦门市产业引导基金、广州市科技成果产业化引导基金将返投比例从2倍下降为1.5倍,青岛市新旧动能转换引导基金下降为1.1倍,珠海横琴新区政府投资基金下调到1倍。同时返投的认定标准有所放宽,深圳市政府投资引导基金、珠海横琴新区政府投资基金等将符合一定条件的域外投资也认定为返投范围。

投后管理方面,一是强调政策性与市场性平衡。例如深圳市政府投资引导基金等将子基金划分为强调政策目标的"专项子基金"以及与市场紧密结合的"市场化子基金",其中,"市场化子基金"引导基金管理公司的自主决策权更大。二是精简管理架构和审批流程。例如深圳前海产业投资引导基金投资决策流程从"投委会预审+前海管理局投决"精简为"引导基金管理公司独立决策。三是完善绩效评价。例如青岛市新旧动能转换引导基金、广州市科技成果产业化引导基金建立全过程绩效管理,绩效评价按照基金投资规律和市场化原则,从整体效能出发,对引导基金政策目标、政策效果进行综合绩效评价,不对单只母(子)基金或单个项目盈亏进行考核。

退出方面,建立容错机制。青岛市新旧动能转换引导基金、广州市科技成果产业化引导基金提出,如因不可抗力、政策变动或发生市场(经营)风险等因素造成投资损失,不追究决策机构、主管部门、引导基金管理机构的责任。江苏省政府投资基金提出,投资营运遵循市场规律,合理容忍正常的投资风险,不将正常投资风险作为追责依据。

表8.3 我国政府引导基金的主要架构范例

厦门市产业引导基金		
引导基金架构	职责	负责单位
管理委员会	引导基金决策,制定年度资金安排计划,对引导基金进行绩效评估和考核	厦门市财政局等
出资平台	落实管理委员会决策,代表出资方形式权利	厦门市金圆投资集团有限公司(股东为厦门市财政局)
专家评审委员会	引导基金投资方案评审	由政府部门、行业协会和社会专家共同组成
基金管理机构	负责基金日常运营,拟定投资方案	厦门市创业投资有限公司、红杉资本等

目前我国政府引导基金的运作框架较为成熟。政府引导基金的管理经历了多次调整，大部分采用有限合伙（LP）结构，通过出资母基金参与股权投资基金（普通合伙人，GP）。母基金由基金管理委员会、出资平台和专家评审委员会进行管理，并委托基金管理机构进行子基金的实际投资与运作。（见表8.3）

（二）我国政府引导基金的主要特点

我国政府引导基金已经成为股权投资市场的重要出资人。2012年以来，我国政府引导基金迅速发展。截至2023年底，国内已设立政府引导基金2086只，目标规模达12.19万亿人民币，已到位规模为7.13万亿人民币[①]，成为股权投资市场的重要出资人。

我国政府引导基金进入存量优化阶段。我国政府引导基金发展分为三个阶段。一是起步阶段（2002—2014年）。部分地区试点政府引导基金，并不断发展，基金的数目逐渐增加，规模逐步扩大，法律法规不断完善。二是迅速发展阶段（2015—2018年）。2015年《政府投资基金暂行管理办法》出台后，政府引导基金高速增长，尤其是省级、市级、区县级引导资金发展迅速。一方面政策的完善及相对宽松的监管环境推动了政府引导基金发展，另一方面国家对战略性新兴产业的支持也推动了国有资本投向股权投资领域发展。三是存量优化阶段。2019年以来，数量和自身总规模增速逐步放缓。政府引导基金发展重心已由"遍地开花"的增量发展逐渐转向"精耕细作"的存量基金高质量发展，其运营管理、绩效考核等机制的规范化调整已成为各省市乃至国家级引导基金的关注重点。（见图8.1）

---

① 本章中我国政府引导基金的数据均来源于清科研究中心，数据截至2023年底。

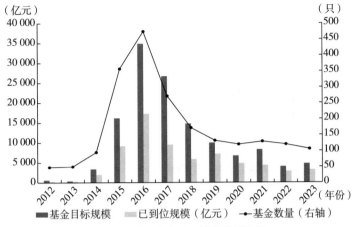

图 8.1 我国政府引导基金发展情况

数据来源：清科研究中心

四、我国政府引导基金存在的问题

（一）募资难、效率低

募资受到财政资金限制，更难撬动社会资金。2018 年以来政府引导基金退坡趋势明显，2020 年新设基金目标规模降低 45.3%。股权投资市场普遍认为从政府引导基金募资的难度逐渐增加。另外，政府引导基金对社会资本的引导作用不明显。截至 2023 年 12 月底，政府引导基金资金到位率为 68.2%。

政府引导基金可能挤出社会资本，撬动社会资本作用不明显。一些观点认为，政府引导基金的"引导作用"不明显，反而存在"挤出作用"（Cumming 和 MacIntosh，2006）。基金管理公司从私人投资者获得资金较难，而获得政府引导基金的资金就容易多了。因此政府引导基金对私人资本形成挤出效应。另外，受到激励不足等因素影响，政府引导基金可能难以完成政策目标和促进科技创新。政治目标和政治利益的干扰会引发政府风险投资行为的扭曲，甚至"挤出"私人部门的投资。分析发现，我国政府引导基金撬动的社会资本很多仍是国资控股投资平台或国有企业。例如山东省政府在其2018年审计报告中指出，在4只省新旧动能转换基金的认缴出资中，政府投资和省属国有企业出资占比为80.52%，民营企业、省外企业参与程度较低[1]。

资金募集和使用效率仍需提高。审计署的审计结果显示[2]，2016年底抽查的16个省设立政府投资基金235只，但实际到位资金中引入社会资本仅占15%；至2019年底[3]，抽查8省47只政府投资基金，实际到位的1272.74亿元，其中有32.4%（411.37亿元）未开展投资，110.74亿元超过2年未实际投出，35只基金的管理公司仍按筹资全额计提管理费20.95亿元。抽查18个城市及开发区设立的中小企业创业投资基金发现，有40.1%（4.6亿元）长期未使用。

政府引导基金募资难的原因包括财政资金统筹管理政策、基金让利机制不完善、资管新规等。一是2019年下半年以来国家对引导基金的统筹管理加强，2019年10月26日，国家发改委等六部委联合发布《关于进一步明确规范金融机构资产管理产品投资创业投资基金和政府出资产业投资基金有关事项的通知》。2020年2月12日，财政部发布《关于加强政府投资基金管理 提高财政出资效益的通知》，要求加强对设立基金或注资的预算约束，提高财政出资效益，促进基金有序运行。2021年4月13日，国务院发布《国务院关于进一步深化预算管理制度改革的意见》，提出加强国有资本资产使用绩效管理，提高使用效益。这显著降低了政府基金规模。二是考核激励和让利机制不完善，对社会资本吸引力不

---

[1] 山东省审计厅，"山东省审计厅关于我省新旧动能转换重大工程政策落实和省重点项目建设情况的审计调查结果"，http://www.yishui.gov.cn/info/8965/154604.htm., 2019-07-25。

[2] 审计署，"国务院关于2016年度中央预算执行和其他财政收支的审计工作报告"，http://www.gov.cn/xinwen/2017-2006/2023/content_5204961.htm., 2017-06-23。

[3] 审计署，"国务院关于2019年度中央预算执行和其他财政收支的审计工作报告"，http://www.npc.gov.cn/npc/c30834/202006/202858f202628fa202008f205432cb202003f202517ddfd202001c202020b.shtml., 2020-06-20。

强。政府引导基金与社会资本在风险承受能力和盈利诉求上不同，但仍然在同股同权的原则下共同承担收益和风险，缺乏对子基金的收益让渡和激励。三是股权投资市场的整体活跃程度降低，受资管新规影响，银行等金融机构向基金出资基本终结，市场缺少支持股权投资的长期资金。

（二）不敢投、不会投、不易投、不能投

从投资战略来看，我国政府引导基金没有引导市场投资科创企业的能力。

一是规避风险"不敢投"。政府引导基金不追求营利而注重安全性的资金性质与股权投资高风险的特征存在根本矛盾，激励约束机制不足使得引导基金不敢承担风险，限制了其投资范围。政府投资基金行业主管部门的低风险偏好使政府投资基金更多地投向成熟型企业或项目，而初创型企业难以获得政府投资基金的关注。分析发现[1]，截至2018年，政府引导基金投资企业中6.41%处于种子阶段，约18.69%处于启动阶段，42.30%处于扩张阶段，31.21%处于成熟阶段。

二是专业性欠缺"不会投"。政府引导基金在设立阶段统筹不够、项目储备不足，部分基金管理公司的市场认知能力与投资的专业能力都有所欠缺，缺乏对优质项目的识别能力，难以及时落地形成有效投资。近年来，省级和地方政府设立了数百个引导基金，其中许多都有重叠的政策目标。过度投资不仅对社会资本产生挤出效应，也导致管理人才的短缺，使政府引导基金之间形成竞争。一些地区跟风建立人工智能产业发展基金，但是本地却很少有人工智能领域的相关公司，造成资金的闲置。

三是流程烦琐"不易投"。目前政府引导基金在基金公司遴选、投

---

[1] 金融界. 政府引导基金规模3.7万亿 需建立评价体系［EB/OL］.（2018-11-12）［2024-04-19］. https://baijiahao.baidu.com/s?id=1616863638916585406&wfr=spider&for=pc.

资项目审查、资金审计等方面都需多个部门的层层审核，流程烦琐，申请周期长，相对影响了运作效率。另外政府引导基金可能存在寻租和腐败行为，一些基金未能有效投资目标产业。

四是限制较多"不能投"。多数政府引导基金都对其投资项目的地域性具有一定的限制，返投比例高，产生了"择地不择优"的现象，导致可投项目较少。战略设计的不足影响了引导基金的投资效率。调研显示，超过50%的政府引导基金管理机构认为现阶段引导基金的投资压力主要来自缺乏符合条件的项目及较高的返投比例[1]。

（三）管理缺乏规范性和标准化流程

一方面，规范性不足，存在违规风险。部分政府引导基金可能涉及寻租、腐败、国有资产流失等问题。审计署抽查发现，至2019年底，部分基金支持的1925家企业中有489家（占25.4%）不属于中小企业[2]；部分资金用于补贴资源充足的地方企业，便利地方政府非法举债，或使用资金来保障社会资本投资者的回报。山东省审计署2016年报告称，近20亿元的政府引导基金资金已被用于发行委托贷款、购买资产管理计划等[3]。

另一方面，缺乏标准化流程。例如在基金管理公司的遴选阶段，直接指派现象严重。审计署2016年底抽查的16个省235只政府投资基金中，122只基金的管理公司由政府部门直接指定，103只基金的管理公司的高管

---

[1] 清科研究.政府引导基金已到位4.69万亿元［EB/OL］.（2020-02-22）［2024-05-05］. https://www.sohu.com/a/374936908_99917889.

[2] 审计署.国务院关于2019年度中央预算执行和其他财政收支的审计工作报告［R/OL］.（2020-06-20）［2024-05-06］. http://www.npc.gov.cn/npc/c2/c30834/202006/t20200620_306610.html.

[3] 山东省审计厅.关于山东省2016年度省级预算执行和其他财政收支的审计工作报告［R/OL］.（2017-07-25）［2024-05-06］. https://www.audit.gov.cn/n5/n1482/c121170/content.html.

或投委会成员由政府部门直接指定或委派，不利于引导基金市场化运作[①]。根本原因在于政府引导基金的行政化管理模式与市场化运营方式不适应。

（四）退出渠道有限，退出周期长

引导基金存量较多，规模较大，但退出渠道有限，导致存量资金占用问题。2019年9月深圳市政府投资引导基金共清理25只子基金，涉及资金140亿元[②]。主要原因在于，一是缺乏容错机制。股权投资市场本质上是高风险行业，投资失败是业务的常态，存在"10%赚钱、90%赔钱"的一九定律。目前引导基金缺乏必要的容错机制，影响了基金的有序退出。二是资金退出渠道有限。目前国内股权投资的退出主要以IPO和并购为主，但近年来主板、创业板和科创板上市监管均趋于严格，监管制度的不确定性增大了上市退出难度。三是退出周期长。引导基金作为财政资金在退出时需履行国资程序，协议转让或回购大都需进场交易，不能按照市场化的流程完成退出，增加了交易成本，运作效率较低，退出周期长。

五、完善我国政府引导基金的政策建议

（一）调整战略定位

为提升政府基金对科创企业的支持，必须先明确政府基金的战略定位。一是财政资金不能急功近利，锚定短期化的目标。否则，政府引导

---

① 审计署.国务院关于2016年度中央预算执行和其他财政收支的审计工作报告［R/OL］.（2017-06-23）［2024-05-06］.https://www.audit.gov.cn/n5/n26/c96986/content.html.
② 深圳市创新投资集团有限公司.关于公示深圳市政府投资引导基金清理子基金及缩减规模子基金名单的通知［EB/OL］.（2019-09-12）［2023-09-30］.http://www.szvc.com.cn/main/a/20190912/20192843.shtml.

基金可能并未充分发挥"引导"作用,反而"挤出"私人部门的投资。二是减少投资限制。针对产业特点,做好引导基金顶层设计和投资规划,灵活调整对于项目注册地、出资金额、返投比例、行业阶段等投资限制。三是政府引导基金的投资策略一般应该是跟投好的风险基金和私募基金,而不应该以撬动私募基金作为投资出发点。

(二)操作层面,需要完善引导基金的"募投管退"各环节

一是在引导基金规模和增速合理化的前提下,完善让利机制。首先,做好财政资金统筹,使政府引导基金增速保持在合理水平,与科创企业的发展相匹配。其次,应当完善让利机制,明确让利原则、对象、方式和比例,通过向基金管理公司和社会资本让渡收益来加强对社会资本的吸引力。

二是完善绩效考核和激励机制,提高政府引导基金的投资效率和支持效果。针对股权投资市场的特点和引导基金及子基金全生命周期的不同特征,建立标准化、系统化和实用性的考核体系,提高政府引导基金的社会效益和经济效益。同时建立风险补偿和激励机制,鼓励政府引导基金投资风险较高的种子和初创期项目。

三是提高政府引导基金的市场化管理水平。改善行政化、条款式管理模式,优化在基金公司遴选、投资项目审查、资金审计、资金退出等方面的监管规定和操作流程,提高标准化、专业化、市场化水平,提高资金运作效率。同时重视投后管理,对投资项目提供政策解读、产业链扶持、项目对接等的政府支持。

四是完善容错机制和上市标准,拓宽退出渠道。对高风险项目的亏损给予一定的容忍,建立科学性、包容性和可操作性的容错机制。适当放宽科创板上市标准,积极推动科创企业上市融资。支持企业再融资和并购重组,拓宽资金退出渠道。

第九章

股权投资市场

由于科创存在复杂性和偶然性，特别需要股权投资的长期支持。股权投资主要包括风险投资（Venture Capital，VC）和私募股权投资（Private Equity，PE）两种形式。从发展历程来看，我国股权投资发展大体经历了以海外机构为主、配套制度不足、监管框架逐步完善、国有资本主导、出台顶层设计规范发展五个阶段。目前中国已成为仅次于美国的全球第二大股权投资市场。但研究发现，我国股权投资市场在募投管退四个方面仍存在不足。一是在资管新规限制、长线资金配置比例低、国际资金减少等影响下募资难；二是国有资本主导、市场化资金不足、地方政府替代市场职能存在隐忧；三是审批式监管导致限制过多，监管措施需优化、细化和简化，与税收等相关的优惠政策落地存在难度；四是退出渠道不畅，上市趋紧，并购退出占比低。下一步，需从完善长期资本投资机制、健全政府性基金管理运作机制、优化监管与考核、畅通退出渠道四个方面进一步完善我国股权投资市场，加强对科创企业的资金支持，并探索试点高净值人群理财产品进入股权投资市场缓解募资难问题。

一、股权投资的特征

科技创新需要股权投资的支持。在当前和未来的地缘政治格局下，美国必然不断加强对我头部科技企业和战略性新兴产业的精准和持续打压，提升金融对科创企业的支持具有战略意义。由于科创存在复杂性和偶然性，科技创新项目具有高风险与高收益特征，需要股权投资的长期支持。从我国当前的市场规模来看，股权投资中的风险投资约占三成，私募股权投资约占七成。股权投资是促进创新的金融模式，可以成为高科技企业发展的助推器。

风险投资主要投资初创期企业。按照美国风险投资协会的定义，风险投资是将创新的想法和基础性研究转化为改变世界的产品和服务的一种权益资本。研究认为，风险投资有几个主要特征。第一，风险投资是一种金融模式，风险投资机构是金融中介机构。通过资本投入和运作获得资本增值。第二，风险投资一般投资尚未公开发行股票的企业。风险投资的投资对象不是股票、债券或期货，而是企业，尤其是新兴企业。风险投资的本质是帮助创业者建设企业，因此也称为创业投资。第三，风险投资一般投资新兴的创业企业，尤其是具有巨大增长潜力的企业。风险投资参与企业的创新和发展过程，目的是通过促进企业进行新的研发生产和商业模式运作等内生增长获得资本增值。风险投资退出的方式包括股权转让、并购退出、公开发行上市等（刘曼红等，2018；Metrick 和 Yasuda，2021）。

私募股权投资主要投资扩张期和成熟期企业。私募股权投资是指对非上市企业进行的权益类投资，并以投资者的身份积极参与公司经营，通过公司上市、并购或管理层回购等方式实现退出并获利。私募股权投资主要有三种组织形式。一是信托制，类似有限合伙制度，资金往往需要一步到位，且需要借助信托等第三方机构共同运作，增加了运营成本，但该种模式下公司可免税。二是公司制，其股份可以上市，投资收益可以留存继续投资，该种模式下公司和投资者均需缴税。三是有限合伙者，普通合伙人（GP）与有限合伙人（LP）共同组成有限合伙企业，其中私募股权投资公司作为 GP，发起设立有限合伙企业，并认缴少部分出资，而 LP 则认缴基金出资的绝大部分。GP 承担无限责任，负责基金的投资、运营和管理，并每年提取基金总额的一定比例作为基金管理费；LP 承担有限责任，不参与公司管理，分享合伙收益，同时享有知情权、咨询权等。

近年来，全球股权融资市场迅速发展，对科创企业发展的支撑作用日益显著，尤其是 2021 年整体投资规模大幅提高。但是 2022 年，在美联储加息等宏观因素的影响下，全球股权投资市场的基金募集和投资规模大幅下降。投资总规模为 6540 亿美元，与 2021 年超过 1 万亿美元的投资规模相比大幅下滑。募资规模为 3470 亿美元，为近 4 年最低水平[①]。

从 1985 年中国成立第一家风险投资公司开始，股权投资在中国发展 30 余年，在推动科技创新方面起到了重要的作用。但与发达国家相比，中国股权投资市场在资金来源、市场化程度和配套设施等方面仍存在不足。本章基于文献综述、国际经验、历史回顾、现状分析与实地调研，分析我国股权投资市场的特征和存在的问题，并为进一步发展股权投资市场，加强对科创企业的资金支持提出政策建议。

二、股权投资与创新的关系

（一）理论分析

股权投资对于创新具有重要的促进作用。近年来，股权投资的资金规模迅速发展，对科创企业发展的支撑作用日益显著，在加速创新资本形成、支持科技成果转化、培育科技创新企业、促进产业结构升级等方面发挥重要作用，成为科创型中小企业发展的重要助推器。股权投资的核心是创新。基于美国和欧盟的实证分析，股权投资活动增加了企业的

---

① Bain & Company. Private Equity Outlook in 2023: Anatomy of a Slowdown［EB/OL］.（2023-02-27）［2024-05-06］. https://www.bain.com/insights/private-equity-outlook-global-private-equity-report-2023/.

专利申请数（Kortum 和 Lerner，2000），股权投资在很大程度上能够促进企业创新（Faria 和 Barbosa，2014）。对我国的实证分析也表明，股权投资促进了企业获得专利（张学勇和廖理，2011；杨晔和邵同尧，2012；蒋殿春和黄锦涛，2015），加强了企业中高层管理人员的认知能力（龙勇和时萍萍，2012），提高了企业的风险承担水平（刘娥平等，2022），因此风险投资确实可以促进创新，股权投资进入企业时机越早对企业的创新激励作用就越有效（苟燕楠和董静，2013），而且与其他方式相比风险投资促进企业创新的效率更高（付雷鸣等，2012）。

股权投资对于创新的支持包括多种方式。一是拓宽融资渠道。股权投资的对象多为高科技型中小企业，在成立初期，投资回报前景尚不明朗，且缺乏优质合格的抵押品，难以获得银行信贷等资金支持。而股权投资较好地匹配了科创企业发展所需资金周期长、风险高和投入大等特点，为其提供种子轮、天使轮直至 Pre-IPO 等融资服务，满足多样化融资需求，拓宽了企业的融资渠道，并帮助初创企业进一步扩张规模、提升生产和服务能力。股权投资是商业化的催化剂，缩短创新商品化的时间，通过创新的商品化，实现了创新的价值，从而推动了创新的实现（Zider，1998；Hellmann 和 Puri，2000）。二是完善治理结构。股权投资协助早期初创企业理顺规范，指导并督促企业明确权责，形成相互配合、相互制衡的机制，协助企业建立起具有约束力的治理结构。在带来资金的同时，股权投资也为企业增加了管理经验（Rosenstein 等，1993），改善企业的信息披露和绩效水平（Timmons 和 Bygrave，1986），为企业提供了创新激励（King 和 Levine，1993），分散了创新风险（武巧珍，2009），提高创新人才水平（Hellmann 和 Puri，2000），提供行业相关资源（陈思等，2017），从而促进企业创新。三是优化资源配置。股权投资发挥专业优势，引导资金流入具有成长性和发展潜力的新兴行业，以实现优胜劣汰，提高资源配置效率。VC/PE 还为科创企业的产权流动和重组提供了高效率、低成本的转换机制和灵活多样的并购方式，有助于促进资源要素流动，增强要素价值创造能力。

股权投资和科技创新共同成长。股权投资和科技创新是一对孪生兄弟，二者共同成长。股权投资为了追求高回报，对于风险有较高的容忍度，往往投入那些高收益高风险的创新型企业。而创新型企业在商品化和市场化的过程中，需要大量的资金支持。因此，股权投资促进了科技创新，同时科技创新也带动了风险投资的发展。从历史经验来看，风险投资起源于二战后的美国。伴随着二战后军用科技民用化的创新，1946年世界上第一家风险投资公司美国研究发展公司（American Research & Development，ARD）成立。20世纪50年代，在斯坦福大学科技成果转化的促进下，美国硅谷迅速发展，并带动了硅谷风险投资的壮大，充足的创业投资资金进一步带动了科技企业的蓬勃发展。硅谷在成为科创企业中心的同时，也称为风险投资公司的聚集地（张雪春和苏乃芳，2023）。20世纪70年代的微型计算机、80年代的生物工程技术、90年代的信息产业、20世纪末的网络经济等，都离不开股权投资的身影。分析发现，美国股权投资的热点基本反映了科技发展的最新趋势（刘曼红和兹维·博迪，2002）。

（二）美国股权投资支持科创企业发展的经验

美国股权投资行业发展历史悠久，在支持科技创新企业发展中发挥了关键作用。从萌芽、快速发展、繁荣到成熟，美国VC/PE至今已有近80年的发展历史。1946年，全球第一家现代意义上的风险投资公司美国研究与发展公司（American Research and Development Corp，ARD）成立。经过80多年的快速发展，美国VC/PE市场逐渐繁荣。2022年，美国VC/PE市场规模占据全球近一半。统计数据显示，1965—1992年，美国企业使用风险投资资金取得的专利数目是同等金额传统研发费用的3～4倍；1983—1992年，风险投资激发了美国15%以上的创新专利；

2000—2013年，美国市场IPO企业中有风险投资支持的占49%（上海市科技创业中心科技金融部，2018）。微软、谷歌、苹果、亚马逊等一批高科技企业的崛起，与美国股权投资行业的发展密不可分。分析发现，美国股权投资迅速发展的成功经验主要在于以下四个方面。

1. 募资：养老金入市扩充了长期资本来源

养老金的参与对于风险投资的发展具有里程碑式的意义。美国养老体系改革和养老金入市，刺激了风险投资基金募资规模的增长和机构投资者的发展，美国VC/PE在发展之初主要以个人投资者为主，资金量有限且无法形成规模效应，行业发展缓慢。20世纪70年代末，美国发布新规允许养老基金的5%进入风险投资市场，此后，法人机构逐渐成为风险投资的主要资金来源，1978—1980年，VC行业募资规模从4.27亿美元提高至12.45亿美元，个人资金占比从32%降至16%，1998年，养老金投资额已占到全美风险投资总投资额的60%左右。

养老金入市为私募股权市场提供了源源不断的长期资本来源。1974年，美国劳工部发布《雇员退休收入保障法案》，明确在不危及整个投资组合安全性的基础上，不再禁止养老基金和企业年金投资私募股权。此后，养老金基金中私募股权投资的占比稳步增长，2021年5月，美国洛杉矶雇员退休协会基金表示会将其私募股权配置目标从10%上调至17%。截至2021年6月，美国公共养老金体系中约有11%的资金分配给了私募股权投资。这主要是因为私募股权投资回报率较高。美国一家数据统计机构对165个美国养老金基金的年度财务报告进行了调查，结果显示，在过去21年里，165个机构的私募股权投资净年化回报率为11.0%，而公开市场投资的净年化回报率只有6.9%。在过去10年里，私募股权投资的平均汇报率高达10.2%，超过了公开市场的8.5%和房地产的4.8%[①]。

---

① 海投全球.美国一级市场回报碾压二级市场［EB/OL］.（2022-07-29）［2024-05-06］. https://baijiahao.baidu.com/s?id=1739666559421683681&wfr=spider&for=pc.

2. 投资：专业化程度高

一是投资策略灵活。美国私募市场的商业环境成熟，除了创投资本和成长资本，其发达的经济环境为市场提供了丰富的并购资源，这为私募股权基金提供了多元化的投资策略。

二是运作流程规范。美国投资管理人的专业化程度较高，投资流程更为规范合理，更加注重风险控制，通过多样化的风控手段进行在前期的项目筛选和尽职调查，并使用合理的估值模型及通过各种契约对被投资企业进行控制权与股权的分离，从而确保投资收益的实现。

三是投后管理完善。美国大的私募股权投资公司会成立专门的投后管理部，负责帮助被投资企业的运营改善。例如全球历史最悠久且经验最为丰富的私募股权投资机构之一KKR集团于2000年成立了Capstone部门专门负责并购基金的投后管理业务。Capstone拥有超过60个运营经理专门为被KKR集团投资的企业提供投后服务。

四是投资新兴产业比例高。在美国，私募股权基金具有投资集聚的效应，投资的对象集中在加利福尼亚州和马萨诸塞州等汇集了大量创业企业和大学的地区。投资主要集中在高科技行业，计算机、生物医药、通信等行业占据投资总额的90%左右。

3. 管理：配套设施完善

税收优惠政策。美国在税收监管方面制定了相对明确的规范要求，为跨境投资者和基金管理人等相关主体提供税收确定性。具体来看，美国税收优惠政策主要包括三种形式。一是税收抵免，美国税法允许企业在某些情况下将捐赠给风险投资和私募股权基金的资金作为税收抵免，这一政策激励企业将自有资金投资于VC/PE，丰富了资金来源渠道，使得资金规模大幅增加。二是税收豁免：美国税法允许某些采取有限合伙制的风险投资基金和私募股权基金免除缴纳部分联邦所得税和州所得税，这一政策刺激了高净值投资者和机构投资者的投资意愿。三是资本收益税优惠政策。1978年，美国颁布新的税收法案，决定将风险投资基金的税率由49%降至28%，1981年税率进一步降至20%，低税率的政策激励使美国VC/PE进入了高速发展的快车道（张运东等，2022）。

监管框架完善。美国对风险投资和私募股权基金有完善的监管框架。2022年以来，美国证券交易委员会（SEC）大幅改革私募基金行业监管制度。2023年1月26日，SEC发布了对私募基金监测报表（PF表）报告要求的拟议修正案。2023年2月9日，SEC进一步根据1940年《投资顾问法》提出了一系列新规则和规则修订（简称"拟议规则"），并公开征求意见，旨在加强对18万亿美元规模的对冲基金和私募股权基金市场监管，提高透明度，防范利益冲突。"拟议规则"是自《多德-弗兰克华尔街改革和消费者保护法案》（《多德-典兰克法案》）通过以来，对对冲基金和私募股权基金实施的最严格的监管规定，标志着SEC监管导向发生了巨大变化。

4. 退出：资本市场和并购市场完备

纳斯达克证券交易所（NASDAQ），全称为美国全国证券交易商协会自动报价表（National Association of Securities Dealers Automated Quotations），成为美国科创板拓宽股权投资退出渠道。美国最初只有两大全国性股票交易所——美国证券交易所和纽约证券交易所，两大交易所的上市门槛都较高，大部分硅谷科创企业并不满足上市门槛，因而在美国VC/PE发展之初，股权交易规模较小，流动性较差，且退出渠道单一，这极大地限制了美国VC/PE的发展。1971年2月8日，美国全国证券交易商协会为了规范场外交易，为科技创新企业提供融资平台，创建了纳斯达克，成为全球最大的科技创新证券交易所。经过30多年的发展演变，纳斯达克股票交易所形成了具有差异化上市标准的三个层级市场，分别是全球精选主板、国际主板和标准主板。纳斯达克则吸引了大量信息科技公司，拓宽了美国科技型中小企业上市的渠道。苹果、微软、英特尔、思科、雅虎、ebay、亚马逊、谷歌等互联网企业都在纳斯达克成功上市。纳斯达克为风险投资的有序退出提供了途径，形成了风险投资从企业上市获益退出的良性循环。

并购是美国私募股权投资基金最主要的退出方式。并购包含战略并购和财务收购两大类。2000—2019年退出事件中，85.57%属于并购退出（于淼，2021），其中战略并购占比69.59%，财务收购占比15.98%。并购类退出的金额占总金额的92.92%，其中战略并购退出金额占总退出金额的77.53%，财务收购占总金额的15.39%，排名第一；排名第二的退出方式是通过股权转让退出，总金额占比3.65%；排名第三的为上市退出，总金额占比3.15%。

美国并购退出发达的主要原因在于法律、环境和中介三个方面。一是透明的法制环境。企业并购的市场化要求有完善、有序的法律环境作为保障。美国拥有完善的企业并购法律基础。虽然美国政府没有对企业并购制定专门的单项法律，但在一些重要的经济法律中对企业并购的重要事项作了相关的规定。包括《谢尔曼法案》《克雷顿法案》《公司法》《证券法》等法律都对企业并购的操作提出了明确的要求和标准。二是成熟的商业环境。美国成熟的商业基础为并购市场提供了基础，成熟的公司治理制度及诸多的创新创业公司，为并购市场提供了广阔的运作空间。三是完善的中介服务。中介组织在企业并购中扮演重要角色。会计师事务所会帮助企业拟定并购的策略、投资银行和证券公司会并购企业进行融资支持，通过资产评估提供企业并购的参考价格。美国的投资银行、会计师事务所、标准认证机构等特殊中介机构较为发达，可以提供评估与谈判服务，在很大程度上减少信息不对称（陈志敏，2007）。

三、我国股权投资发展历程

1985年，中国第一家由政府出资的风险投资公司成立，中国的股权投资由此拉开序幕。目前，中国已成为仅次于美国的全球第二大股权投资市场。回顾30余年的发展历程，我国股权投资发展大体可以划分为四个时期。

（一）酝酿期（1985—1997年）：海外机构是我国股权投资市场的主要力量

1985年中国第一家风险投资公司成立。1985年1月，中共中央发布《关于科学技术体制改革的决定》，指出"对于变化迅速、风险较大的高技术开发工作，可以设立创业投资给以支持"，这标志着我国风险投资事业的开端。1985年9月，国务院正式批准成立中国第一家风险投资机构——中国新技术创业投资公司（简称"中创"），其股东包括国家科委（持股40%）和财政部（持股23%）等，注册资本为2700万元。中创的主要业务是通过投资、贷款、租赁、财务担保、咨询等方面的业务为高新技术企业提供有效的资金支持。在计划经济的大环境下，我国金融市场尚不完善，缺乏相关的政策环境配合，缺乏投资的退出机制，同时政府资金的稳健性与风险投资的高风险不匹配，因此中创实际上并未从事风险投资，而是主要从事贷款、债券回购等银行业务，其投资领域也从长江三角洲和珠江三角洲的高新技术企业转向股票买卖、房地产等。在1997年亚洲金融危机的影响下，中创出现巨额亏损，最终在1998年6月因违规炒作房地产和期货关闭。

1989年开始，我国积极探索风险投资机制。1989年6月，经国务院、外经贸部批准，国家科委、国防科工委和香港招商局共同出资组建中国科招高技术有限公司（简称"中国科招"），是中国第一家中外合资的创业投资机构，主要负责国家高技术计划成果的产业化投资。中国科招在风险投资方面进行了有益的尝试，在生物医药、环保新材料等高技术领域开展了探索性投资。1991年，国务院在《国家高技术产业开发区若干改革的暂行规定》中指出："有关部门可以在高新技术产业开发区建立风险投资基金，用于风险较大的新技术产品开发，条件成熟的高新技术开发区可创办风险投资公司。"1991年2月，国家科委、财政部和中国工商银行联合发起成立国家科技风险开发事业中心。这一阶段，一些地方性的风险投资机构，如江苏省高新技术创业投资公司、广州技术创业公司等也相继成立。1995—1998年，国家科委多次开展国内外调研，深入推进风险投资机制的研究工作。

外资逐渐成为我国股权投资市场的主要力量。从20世纪90年代初开始，受到高回报率吸引，境外投资者设立的一些中国投资基金开始投向我国境内。1993年，第一家中美合资的风险投资企业太平洋技术风险投资（中国）基金（PTV-China）成立，其后发展成为中国风险投资市场的领军机构——IDG资本。据统计，从1993年到2002年，IDG在中国投资了120个项目共计2.5亿美元，其中有30个已成功退出，回报率高达55%，而同期该公司在美国的回报率为45%，欧洲为35%（李波，2010）。此后，软银、高盛等著名的国际风险投资机构先后进入中国，成为外资机构进驻中国的第一批探索者。

（二）兴起期（1998—2003年）：由于配套制度不完善，股权投资发展缓慢

1998年的"一号提案"揭开了我国VC/PE发展的序幕。随着改革开放的推进，发展风险投资的条件逐渐成熟。1998年3月，时任全国政协副主席的成思危代表民建中央在全国政协九届一次会议上提交了《关于尽快发展我国风险投资事业的提案》。这一提案凝聚了成思危对美国风险投资的深入调查研究，提案建议应把发展风险投资作为推动科技和经济发展特别是高科技产业发展的基本政策，提出风险投资经营公司可采用"官民"合办的模式，并指出应健全股票市场和产权市场作为风险投资运行机制的基础。该提案因立意高、分量重，被列为"一号提案"，

成思危也因此被誉为"中国风险投资之父"。提案提出后,各级政府和组织积极参与,上海、北京、深圳等地推出多项政府投资基金。如 1999 年深圳市政府出资 5 亿元建立了深圳创新科技投资有限公司(简称"深创投")。

由于配套制度不完善及国际环境不利,我国 VC/PE 发展缓慢。在成思危"一号提案"的影响下,各方积极探索设立创业板。1998 年 8 月,时任中国证监会主席的周正庆视察深圳证券交易所,提出要在证券市场设立高科技板块。1998 年 12 月,国家计划发展委员会向国务院提出"尽早研究设立创业板块股票市场问题"。2000 年,深圳市政府曾推荐了 23 家预选企业在创业板上市,其中 80% 的企业都有风险投资机构的支持。但 2000 年下半年,受美国互联网泡沫的影响,整个科技行业和风险投资业遭受重创,创业板的退出暂时搁置。由于项目难以成功退出,风险投资机构受到了很大的影响。由于融资渠道不通畅、资本市场欠发育、契约关系不健全、分配制度不合理、知识产权不明确等原因,致使我国的风险投资公司退出困难,发展缓慢。许多公司不再将从事高科技企业投资作为主业。例如这一时期深创投的主要收益来自国债买卖,浙江天堂硅谷创业有限公司主要从事股票投资。同时风险投资市场逐渐萎缩。2001 年,深圳设立的创业投资机构有 190 多家。但 2006 年,深圳有经营活动的创投机构仅剩 27 家(陈友忠等,2011)。另外,在国有机制下,我国风险投资公司在市场化程度、专业化程度和激励机制等方面与外资风险投资相去甚远。

这一时期,受国际互联网泡沫破灭、世界经济发展减缓的影响,外资股权投资机构在国内的投资快速萎缩,给我国风险投资市场带来了冲击。尤其是 2001—2003 年,外资风险投资基金的募集基金数和募资金额大幅下滑,2003 年仅为 7 只,募资金额 62.36 亿元,不足 2000 年的 37

只基金募资 441.84 亿元的五分之一[①]。

(三)繁荣期(2004—2017年):资本市场发展和监管框架完善推动了股权投资市场发展

法律、监管及税收框架不断完善。法律方面,2006年实行的《创业投资企业管理暂行办法》从官方层面对"创业投资""创业企业""创业投资企业"等概念做出法律界定,从多个方面对创业投资企业提供特别法律保护,明确了创业投资企业的政策扶持措施。与此同时,我国1997年推出的《合伙企业法》并没有关于有限合伙企业的相关规定,有限合伙制私募股权基金缺乏必要的法律基础。2007年新出台的《中华人民共和国合伙企业法》专章规定了有限合伙企业和合伙企业制度,规定了作为基金管理者的普通合伙人和投资者的有限合伙人在有限合伙制私募股权基金中的不同权利,为合伙型私募股权基金的设立提供了法律基础,有限合伙制私募股权基金逐渐成为风险投资市场的主流形式(王起,2017)。2012年12月28日,《中华人民共和国证券投资基金法》修订,将"非公开募集基金"纳入规定,私募基金取得法律身份。监管方面,2013年6月27日,中央编制办公室印发《关于私募股权基金管理职责分工的通知》,明确中国证监会负责私募股权基金的监督管理,国家发改委负责组织拟订促进私募股权基金发展的政策措施,明确了私募股权基金的监管架构。中国证券投资基金业协会和证监会分别于2014年1月和6月正式对私募基金进行明确界定,监管对象进一步细化,监管全面加强。2014年8月21日,证监会发布《私募投资基金监督管理暂行办法》,对私募基金登记备案、合格投资者、基金募集、投资运作等

[①] 清科研究.外资创投在华攻略,清科《2019年中国股权投资市场外资发展与运作研究报告》发布[R/OL].(2019-11-04)[2024-05-06].https://news.pedaily.cn/201911/448106.shtml.

做出规定。2015 年《政府投资基金暂行管理办法》《关于设立保险私募基金有关事项的通知》等私募基金行业自律规则密集发布。2016 年出台的《国务院关于促进创业投资持续健康发展的若干意见》为风险投资市场明确了政策方向。2017 年《私募投资基金管理暂行条例》出台，促进市场走向规范化。税收方面，财政部在 2018 年出台《财政部 税务总局关于创业投资企业和天使投资个人有关税收政策的通知》，加强对创业投资的税收优惠。

资本市场推动了 VC/PE 市场发展。一是 2004 年中小板的设立和 2005 年股改全流通推动了 VC/PE 的成功退出。2004 年深圳证券交易所正式设立中小板。2004 年 6 月 25 日，中小板首批 8 家公司在深交所挂牌上市，股权投资终于实现在国内资本市场上市退出，对市场发展起到了积极的推动作用。例如深创投投资的同洲电子在中小板挂牌上市，2007 年 7 月 27 日深创投所持股权解禁，市值达到 1.2 亿元，收益达到 15 倍。同洲电子案例标志着中国本土创投在国内资本市场迎来了首个真正意义上的成功退出。据统计，2004—2009 年，20% 的上市企业有股权投资的支持（陈友忠等，2011）。2005 年 4 月 29 日，中国证监会发布《关于上市公司股权分置改革试点有关问题的通知》，宣布启动股权分置改革试点，也称为"股改全流通"，打通了一二级市场通道，使股权投资项目可以逐渐在二级市场退出，畅通了风险投资项目的退出渠道。二是 2009 年创业板正式推出，促进了 VC/PE 市场的发展。经过多年的筹备，2009 年 10 月 30 日，创业板正式开启。首批 28 家公司在深圳挂牌上市，其中 20 家有风险投资的支持，包括 4 家深创投投资的企业。2010 年，深创投投资的企业中有 26 家上市[①]。深创投成为国内风险投资的领军企业。创业板的推出为风险投资公司的投资退出提供了新渠道，鼓舞了国

---

① 清科研究.《中国股权投资发展历程研究报告》正式发布：盘点股权投资历程 解析行业格局变迁［EB/OL］.（2023-04-20）［2024-12-01］.https://mp.weixin.qq.com/s/R10UHehmZ17ogXlhQnGPFAQ.

内风险投资企业的发展,并激发社会资本进入风险投资市场,促进了我国风险投资市场的崛起和繁荣。三是新股发行体制改革,使 VC/PE 更注重投资价值。2012 年 11 月 16 日,在宏观经济环境和监管收紧等背景下,A 股 IPO 暂停,VC/PE 的退出再次受阻。2013 年 11 月 30 日,中国证监会发布《关于进一步推进新股发行体制改革的意见》,启动了新一轮新股发行体制改革。在新的发行机制下,一二级市场的套利空间逐步缩小,IPO 退出回报率逐步回归理性,股权投资更注重价值投资。2014 年 1 月,A 股 IPO 重启,股权投资市场得到了飞速发展。这一时期,移动互联网、半导体、人工智能、大数据等产业蓬勃发展,进一步推动了股权投资市场的繁荣。

从 2012 年下半年开始,随着监管逐渐放松,资管管理业务蓬勃发展。银行理财资金通过结构化配资以及资金池错配等方式经过资管通道进入 VC/PE,逐渐成为 VC/PE 重要的资金来源。在理财资金的推动下,2016 年 VC/PE 募资规模同比增长 74.7%。

2004 年之后,外资股权投资大规模进入中国。2004 年,美国的资本市场逐渐回暖,风险投资也随之活跃,包括红杉资本、凯鹏华盈(Kleiner Perkins Caufield & Byers,KPCB)等美国风险投资企业大规模进入中国。这一时期,我国风险投资市场主要以外资为主。以 2008 年为例,外币基金募集金额 3059.46 亿人民币,占总募资金额的 34.6%。外资风投呈现"两头在外"特征,即资金来源于海外,投资的企业大量在美国纳斯达克上市,如 IDG 投资的携程网于 2003 年 12 月在美国纳斯达克上市。外资风投的主要投向是互联网企业,例如空中网、前程无忧等。

(四)调整期(2018—2022 年):资管新规后市场不断调整,国有资本占据重要地位

2018 年后监管趋严,VC/PE 市场进入调整期。由于资管行业结构

化、复杂化,风险不断加剧,大量理财资金涌入股市,引发了2016年股市和汇市剧烈动荡。2018年4月27日,《关于规范金融机构资产管理业务的指导意见》(以下简称"资管新规")出台,禁止期限错配、抑制通道业务及消除多层嵌套,银行等金融机构资金进入股权创投基金受到严格限制。同时出台的商业银行理财业务、证券期货经营机构私募资产、商业银行理财子公司相关管理规定,使VC/PE监禁趋严。2018年VC/PE募资总额同比下降约13%。2022年VC/PE的投资金额降至9076.79亿元,基本倒退至2015年水平。2019年私募基金备案新规出台,私募基金的管理更加规范化。2020年,证监会出台《关于加强私募投资基金监管的若干规定》,私募基金监管进一步加强,严控私募基金增量风险。这一阶段,互联网行业逐渐进入尾声,人工智能、先进制造、5G、集成电路等高科技制造业迅速崛起,风险投资市场的投资范围逐步调整。2023年2月24日,基金业协会发布《私募投资基金登记备案办法》,对于私募产品备案的规模门槛、管理人限制,监管提出了更高的要求。在5月1日私募新规正式施行后,5月新增股权投资基金环比下降57.4%。4月28日,基金业协会发布了关于就《私募证券投资基金运作指引(征求意见稿)》(简称《指引》)公开征求意见的通知,《指引》对私募证券投资基金募集、投资、运作管理等环节提出了更加严格的规范要求。

国有资本在VC/PE市场占据重要地位,募资规模分化。2015—2016年,我国政府引导基金飞速发展。尤其是2018年"资管新规"后,VC/PE募资陷入困境。以政府引导基金、国有企业为代表的国有资本在我国股权投资市场的占比持续上升。不少省市级政府引导基金经过整合成为大型集团,如2018年成立的杭州市国有资本投资运营有限公司(简称"杭州资本")拥有杭州产业投资有限公司、杭州高科技投资有限公司、杭州投资发展有限公司等多个重点企业。2020年在中基协备案的股权投资基金包括国资控股和国资参股的 LP 达到 79%[①]。国有资本的重要地位还体现为 VC/PE 募资规模分化。政府和政策性基金规模增长较快，中小基金市场份额快速萎缩。大额政策性基金、基建类基金受财政出资"拨改投"和"债转股"模式转变影响，2022 年新增备案数量和规模实现双增长，百亿元以上基金比重达七成以上。这类基金并非完全市场导向，政策限制较多，撬动市场资金作用有限。但是，中小股权创投基金普遍反映，募资面临逐渐升级的监管要求，难以获得大型国企或金融机构的资金支持。2022 年，募资规模不足 1 亿元的小规模基金数量占市场整体近六成，总募资规模不到 10%[②]，单只基金平均募资规模仅约 3.06 亿元，较 2021 年同期下降 3.6%，延续下滑趋势。募资规模分化也折射出社会资本参与度走低。2022 年政府引导基金作为重要出资人对子基金的出资规模保持稳定，但子基金管理规模出现大幅下滑，因此政府引导基金的出资占比快速上升，接近 1/3，这表明社会资本参与度显著降低。

（五）规范期（2023 年至今）：《私募条例》出台，市场进入规范发展阶段

近年来，我国私募基金快速发展，对于服务实体经济、支持科技创新等方面发挥了越来越重要的作用。在私募基金蓬勃发展的同时，我国一直缺少一部属于私募基金专属的上位法。2023 年 7 月 9 日，国务院正式发布《私募投资基金监督管理条例》（简称《私募条例》），并于 2023 年 9 月 1 日正式实施。这是我国目前关于私募投资基金监管第一部正式出台

---

① 清科研究.资管新规背景下，国资 LP 和 GP 的行为模式探讨 [EB/OL].（2022-02-01）[2024-04-16]. https://mp.weixin.qq.com/s/QJtoVw1gIsgdnCIDUvAh1g.

② 清科研究.清科 2022 年度盘点：全国募资总量达 2 万亿元，市场迎新机遇、新挑战 [EB/OL].（2023-01-16）[2024-04-16]. https://mp.weixin.qq.com/s/jJh_xlKSp7d-Jvt0mRfKZQ.

的行政法规。作为国务院发布的行政法规,《私募条例》确立了私募股权和私募创投基金的法律地位,成为明确私募基金监管顶层制度设计、全方面统筹各类私募基金业务的最高位阶的立法。

1.《私募条例》具有重要的法律意义

《私募条例》填补了私募基金行业在行政法规这一立法层面的空白。在《私募条例》出台之前,2012年12月28日全国人大常委会修订并发布的《中华人民共和国证券投资基金法》为最高层级的法律,就公募基金和私募证券基金的财产独立性做了明确的规定,仅在有限的篇幅内对私募基金监管做出框架性要求。关于私募基金行业的主要核心规定为证监会颁布的部门规章,以及中国证券投资基金业协会作为自律组织发布的自律规则。包括证监会于2014年8月颁布的《私募投资基金监督管理暂行办法》、2020年颁布的《关于加强私募投资基金监管的若干规定》、中国证券投资基金业协会同步发布的《私募投资基金管理人登记须知》、《私募投资基金备案须知》、相关问答以及2023年5月1日生效的《私募投资基金登记备案办法》。这些部门规章、规范性文件和自律规则囿于规范层级的限制,监管和处罚力度较为有限。《私募条例》填补了私募基金监管体系中行政法规的空缺,完善了私募基金的制度规则体系,也为监管机构进一步完善私募基金的部门规章、规范性文件和自律规则夯实了基础。

《私募条例》明确和细化了私募行业各主体的法律责任。《私募条例》是对于私募基金行业监管进行了系统性的总结和归纳,确立了法律监管的基本逻辑,厘清了市场主体之间的法律关系,对私募基金的合规性进行了全面系统的规制。《私募条例》规定的法律责任不再局限于私募基金管理人在基金募投管退这四个基本环节的合法合规,而且扩展至基金管理人自身法律、财务的合规运作,乃至其股东、从业人员也均应按照《私募条例》合法合规开展经营活动。《私募条例》提高了相关规定的效力层级,可以被援引为认定当事人之间民事法律行为效力的直接依据。

2.《私募条例》强化了对私募行业的监管

《私募条例》是对此前证监会及基金业协会颁布的相关规定的汇总，但考虑到《私募条例》系上位法，而且私募行业经过十余年的发展更加成熟，因此《私募条例》对于原先的规定内容进行了优化和改进，主要体现在几个方面。

一是管理人职责，明确了管理人的具体职责，特别是管理人的诉讼主体地位。《私募条例》第11条对基金管理人的职责进行了原则性的规定，系统性地罗列了私募基金管理人的法定职责，对私募基金管理人的职责边界予以明确，违反规定职责的行为属于违反行政法规的行为。《私募条例》还特别明确了契约型基金的民事行为能力需要通过其管理机构以自己的名义代为行使。

二是显名化，明确了契约型基金应当以基金自身名称对外投资。《私募条例》第21条首次强调了私募基金应当以自身名义进行投资，即契约型基金对外投资的法律逻辑并非基金管理人代契约型基金持有被投资企业的权益，而是契约型基金自身持有的自有财产。目前除深圳等地外的大部分地区不允许契约型基金以自身名义作为显名股东登记为市场主体的股东和/或合伙人，随着《私募条例》在未来正式实施，监管机构、商业银行等相关机构需出台配套文件，保证立法和技术上实现基金的显名化。

三是投资范围，明确了私募基金财产不得用于经营或者变相经营资金拆借、贷款等业务。《私募条例》明确了私募基金的投资范围，与证监会现有规定基本一致。需要注意的是，《关于加强私募投资基金监管的若干规定》第8条第1款规定了除外情形，即私募基金可以以股权投资为目的，按照合同约定为被投企业提供一年期限以内的借款、担保。《私募条例》未增加任何除外情形，未来股权性质的可转债、未备案的合伙企业间接持有被投企业股权以及特定情况下的资金拆借及贷款事项是否属于合法投资范围有待进一步讨论。

四是嵌套，首次对私募基金的嵌套进行了规定。《私募条例》第25条明确了私募基金应当受到资管新规的限制，对于投资除私募基金外的其他私募资产管理产品的层数不能超过2层。这在实践中存在一定的争议。考虑到私募基金的特殊性和灵活性，除创业投资基金和政府引导基金已在资管新规中取得了投资层级的豁免外，《私募条例》对"主要基金财产投资于其他私募基金的私募基金（即母基金）"予以豁免。未来可能会针对母基金出台相应的细则，其他基金投资可能会受到投资层数的限制。

五是差异化监管，新增创业投资基金的差异化监督管理等特殊机制。《私募条例》第37条明确了中国证监会对于创业投资基金差异化监管的几个方向，包括简化创业投资基金的登记备案手续、对创业投资基金在资金募集、投资运作、风险监测、现场检查等方面实施差异化监督管理、对创业投资基金在投资退出等方面提供便利。未来需进一步关注创业投资基金的特殊监管要求细则。

六是处罚，强化监管手段，加大处罚力度，加速出清风险。《私募投资基金监督管理暂行办法》仅有3条法律责任条款，处罚金额上限为3万元，在处罚力度以及处罚事项上均与目前私募基金的行业现状存在脱节。本次《私募条例》进一步明确了中国证监会及其派出机构的监管职责，以及可以采用的行政管理措施和行政处罚手段，全面提高了私募基金管理人的合规责任和违法成本，对于各类情形的处罚措施均予以调整，对于部分处罚事项的金额上限调整为100万元。

（三）《私募条例》对私募基金行业的影响及未来展望

《私募条例》体现了国家层面对于私募行业的重视，对监管私募基金行业提出了更高的要求，将加速私募基金行业的优胜劣汰。从长远来看，《私募条例》的颁布将促进私募基金行业的健康发展。为贯彻落实

《私募条例》,证监会和基金业协会将完善部门规章、规范性文件和自律规则,进一步细化相关要求,逐步完善私募基金资金募集、投资运作、信息披露等相关制度,做好法律法规和监管规则的衔接。

四、我国股权投资市场的特征和问题

(一)我国股权投资市场的主要特征

总体来看,2023年我国股权投资市场延续下行态势。募资方面,受资管新规影响,2018年我国股权投资市场的募资金额大幅下滑,2021年有所恢复。2023年新募基金总规模达18244.71亿元,同比下降15.5%。投资方面,在经历2021年的补足式增长后,2022年中国股权投资市场回归平稳,2023年持续下降,投资案例数和投资金额,同比分别下滑11.8%和23.7%。(见图9.1)

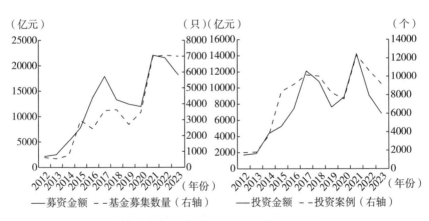

图9.1 我国股权投资市场募资和投资情况

从市场结构来看,私募基金市场占比在七成以上。股权投资市场主要包括早期投资市场、风险投资和私募基金三类。早期投资机构专注于早期、种子期企业股权投资,风险投资主要对初创期的成长型企业进行股权投资,私募基金主要投资扩张期和成熟期的企业。从募资金额和投资金额看,近年来,风险投资市场占比均有所提高,占比在30%左右,私募基金市场占比有所下降,占比在70%左右。

从地域来看,北上江浙等地是股权投资市场的活跃地区。募资方面,2023年募资规模排名前十位的地区为浙江、江苏、山东、安徽、广东(不含深圳)、北京、上海、深圳、福建和江西,其中浙江、江苏新募基金数量超千只,浙江募资规模保持领先,达到2629.69亿元。投资方面,2023年投资金额居前十名的城市为上海、江苏、北京、浙江、深圳、广东(不含深圳)、安徽、四川、山东和河北。其中上海、江苏和北京的投资案例数量和投资金额保持领先。(见图9.2)

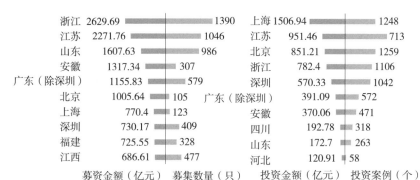

图9.2 我国股权募资、投资市场的地区分布(前十名)

从投资行业来看,硬科技产业为主要投资领域。在产业结构升级背景下,主要投资领域为战略性新兴产业[①],半导体、生物医药、计算机、汽车和机械制造等领域获大量资金注入。(见图9.3)

---

① 根据战略性新兴产业分类(2018),战略性新兴产业是以重大技术突破和重大发展需求为基础,对经济社会全局发展和长远发展具有重大引领和带动作用,知识技术密集、物质资源消耗少、成长潜力大、综合效益好的产业,包括新一代信息技术产业、高端装备制造产业、新材料产业、生物产业、新能源汽车产业、新能源产业、节能环保产业、数字创意产业、相关服务业等9大领域。

图 9.3 我国股权投资市场的投资情况

从币种结构来看，2008年国际金融危机后人民币基金逐渐占据主导地位，目前占比约九成。2008年全球金融危机对资本市场和风险投资市场带来了很大的冲击，外资股权投资受到的冲击更大。本土的股权投资企业逐渐崛起。2009年，共有105只人民币基金成功募集约839亿元，新募基金数和募资金额分别占当年同期募资总量的84.7%和65.3%，人民币基金首次在新募基金资本总量上占据市场主导地位。近年来人民币基金发展迅速。2023年，人民币基金募资金额为17156.01亿元，外币基金募资金额为1088.70亿元，占比分别为94.03%和5.97%。（见图9.4）

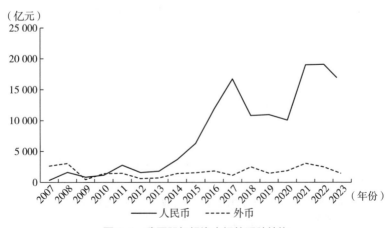

图 9.4 我国股权投资市场的币种结构

(二)我国股权投资市场存在的问题

在走访了杭州、深圳、上海和北京等地多家股权投资机构、地方科技发展机构以及相关监管机构之后发现,我国股权投资市场在迅速发展的同时,在"募投管退"各环节均存在不足。

1. 募资难

2018年之后,成为 VC/PE 主要来源的政府资金、国有企业、保险、社保基金、民营企业均受到多种限制,VC/PE 募资陷入困境。

社保基金和养老基金等长线资金对股权基金配置比例较低。创投基金的多数项目从介入初创企业到退出一般要 7~10 年,需要大量长期资本支持,而国内缺乏鼓励市场化长期资金参与的机制设计。目前市场上多数 LP 希望项目在短期内实现流动性,获得投资收益,较难接受 7 年以上存续期的项目。部分股权投资机构对 DPI(投入资本分红率)诉求较高,希望 5 年内 DPI 达到 50%,7 年内达到 1,这一要求难以与创投基金周期长、回报慢、风险高的业务特征相匹配。发达国家股权创投基金的资金来源主要是养老金等保险资金、大学捐赠基金、家族信托等。例如,美国政府养老金对私募股权的投资额 2021 年高达 4800 亿美元,平均配置比例 8.9%,部分养老金配置比例超过 20%。美国最大的公共养老基金加州公共雇员退休系统(CalPERS)规模近 5 千亿美元,2021 年将其私募股权基金配置目标从 8% 提高到 13%。与美国相比,我国股权投资基金的现状和监管规则制约限制了长线资金对股权基金的配置比例,较 10% 的法定配置上限还有较大距离。由于我国股权创投基金单个项目资金募集额度较低,而社保基金、养老基金、保险、信托等机构投向股权创投基金的比例仅 2%~3%。截至 2022 年 6 月末,我国社保基金投资市场化股权基金取得了年化投资收益率 14% 的良好业绩,但配置比例不足1%。保险基金投资股权创投基金规模约6800亿元[①]，远低于保险资金直接股权投资规模，企业年金则尚未配置股权基金投资。央企基金监管新规也强化了央企出资市场化基金的监管和门槛要求，加剧了市场化创投基金募资的收缩态势。

政府基金募资受制于地方财力，且存在一定挤出效应。政府基金资金受金融杠杆、地方政府债务波动、激励机制的影响，存在较大不确定性。一方面，政府资金易受地方政府债务水平波动干扰，财政收入增速放缓使投资的连续性和可持续性承压。2020年2月24日，财政部网站公布《关于加强政府投资基金管理 提高财政出资效益的通知》，从强化政府预算对财政出资的约束、着力提升政府投资基金使用效能、实施政府投资基金全过程绩效管理、健全政府投资基金退出机制、禁止通过政府投资基金变相举债、完善政府投资基金报告制度六个方面加强对政府投资基金的管理。2022年，我国新设立政府引导基金仅有120只，同比下降7%，已认缴规模为2812.38亿元，同比下降34.7%，为近8年来最低水平[②]。部分政府引导基金实际到位资金低于目标规模，2022年12月底政府引导基金资金到位率为69.4%。基于深圳的调研发现，深圳天使母基金由于地方财政难以继续支持，资金面临断链风险。另一方面，多数政府引导基金对投资风险零容忍，要求较快的投资回报，迫使大量引进政府资金的初创企业如同"戴着镣铐跳舞"，激励机制急需优化。2023年政府引导基金在VC/PE募资中占比31%。

---

① 东方富海.《实业投资指引》来了，养老金还会远吗［EB/OL］.（2023-01-14）［2024-05-06］. https://news.pedaily.cn/202301/506920.shtml.
② 清科研究.政府引导基金有新变化［EB/OL］.（2023-03-04）［2024-05-06］. https://mp.weixin.qq.com/s/BJK7LWqb3SMKN_FqDcCLlQ.

近年来，理财子公司逐步成为理财业务的主体[①]，但其私募基金业务金额较少。2023年上半年，理财子公司的理财存续规模占全市场的比例达到81.55%。符合条件的私募机构可以和理财子公司合作，接受银行理财产品的投资。但银行理财子公司的私募基金产品金额仍较少。根据银行业理财登记托管中心发布的《中国银行业理财市场半年报告（2023年上）》，2023年上半年，银行和理财子公司累计募集资金27.75万亿元。理财产品的投资方向以固收类为主，投向债券类、非标准化债权类资产和权益类资产的比重分别为58.30%、6.68%和3.25%。由于没有理财产品细分，理财子公司的所有业务均面临多重制约。从内因看，银行理财子公司的风险管理水平和投资能力有限。相对于券商、基金、保险等资管机构，银行理财子公司在投资经验、研发能力等方面仍有一定差距。加上部分政策降低了理财子公司的风险偏好，大多数理财子公司的私募业务仍处于观望、摸索阶段。从外因看，银行理财子公司投资私募受到三重制约。一是理财产品与VC/PE期限错配。目前市场上大部分银行理财产品的期限为3年，意味着投资的底层非标资产的到期日不能长于3年，而VC/PE的存续期几乎不可能低于3年。二是双层嵌套要求。银行理财子公司只能代销私募基金或直接投资不含任何资产嵌套的私募基金，很难投资母基金等类型的私募基金。三是开放式银行理财产品无法投资未上市企业股权及其受（收）益权，很难对接VC/PE。

美元创投基金面临募资和撤资双重压力，国际资金大幅减少。在主

[①]《商业银行理财业务监督管理办法》第四十八条规定，理财投资合作机构应当是具有专业资质并受金融监督管理部门依法监管的金融机构或国务院银行业监督管理机构认可的其他机构。虽然私募基金不是挂牌金融机构，但《商业银行理财子公司管理办法》第三十二条规定，银行理财子公司可以选择符合以下条件的私募投资基金管理人担任理财投资合作机构：（一）在中国证券投资基金业协会登记满1年、无重大违法违规记录的会员；（二）担任银行理财子公司投资顾问的，应当为私募证券投资基金管理人，其具备3年以上连续可追溯证券、期货投资管理业绩且无不良从业记录的投资管理人员应当不少于3人；（三）金融监督管理部门规定的其他条件。

要国家货币政策收缩、中美关系遇冷环境下，国际募资难度增大，美元基金投资国内的节奏整体放缓，且持续面临撤资压力。美国对我国科创的打压策略已经从精准打击头部企业扩展到限制美国的 VC/PE 投资我国初创企业，股权投资市场的美元基金几近枯竭。2010 年之前美元基金在我国 VC/PE 募资中占比超过 50%，2014 年为 28%，2016 年以后每年均低于 20%，2022 年为 12%。2022 年全球私募股权基金规模下降[①]，加上中资企业赴美 IPO 受阻引发的退出渠道收缩，很多美元 LP 仅复投已合作过的 GP，且出资额有所降低；股权投资市场新募外币基金共计 114 只，同比下降 40.6%。从整体来看，美国私募股权和风险资本 2022 年仅有 70.2 亿美元投向中国，较 2021 年的 289.2 亿美元下跌 75.7%[②]。部分调研的科创企业反映，美国投资人在美国政府的干预下撤资，加剧了企业资金困境。2023 年 8 月 10 日，拜登签署对华投资禁令，限制美国主体投资中国半导体和微电子、量子信息技术和人工智能领域。据美国 PitchBook 统计，2023 年美国投资者参与的中国股权投资数量和金额均达到 2014 年以来的最低点，未来还会进一步降低。

募资难限制了 VC/PE 对科创企业的支持。2009—2018 年，随着我国股权投资市场的快速发展，股权投资在社会融资规模中的占比从 0.56% 提高到 4.63%。2018 年之后，股权投资市场在社会融资规模中的占比不断下降，2019 年跌至 2.98%，2022 年为 2.83%，远低于美国 50% 左右的水平。我国非金融企业融资仍有约 60% 来自银行贷款。调研显示，不少股权投资基金的项目包括部分专精特新和独角兽企业存在现金流困难，被迫限制研发支出；甚至出现长时间排队上市的独角兽企业由于无法获得融资发工资都困难的现象。

---

① 金投网.2023 年全球私募股权募资面临挑战，房地产高估最严重[EB/OL].(2023-01-09)[2024-05-06]. https://finance.cngold.org/c/2023-01-09/c8478889.html.

② 搜狐.2022 年美国私募资金投资中国跌超 75%[EB/OL].(2023-02-14)[2024-04-16]. https://www.sohu.com/a/640431864_121124374.

2. 投资市场化程度有待加强

地方政府代替市场职能，存在隐忧。多地通过政府投资基金牵头带动股权、贷款和债券等多种融资方式，撬动社会资本支持初创、中小型科技企业。探索走出"产业政策引导+投融资支持"的道路。然而，过度依赖地方财政资金对科创企业进行风险投资存在潜在风险。第一，不利于VC/PE市场的发展。政府投资基金的资金来源于政府，设立目的、资金投向、备案机制、监管机制等方面与普通VC/PE有很大不同。但政府投资基金设立的数量多、规模大，存在重复设立、投资领域集中等问题，对社会资本存在一定的挤出效应，地方政府资金很可能挤出市场资金。第二，不利于科创企业长期发展。以VC/PE为主的市场力量还很薄弱，地方财政增速放缓将带来资金压力。依赖地方财政资金进行的相关投资恐难持续。第三，地方财政存在隐忧。社会资本参与度较低，政府引导基金依赖于地方政府资金，不利于风险分担和风险控制。一旦出现投资失败或资金退出受阻，将对地方财政造成毁灭性打击，甚至引发系统性风险。

市场化资金不足。我国市场化VC/PE资金来源主要包括国有企业，保险、银行等金融机构，上市公司、民营企业、高净值个人等民营资本。资管新规发布后，资金池业务和期限匹配受到约束，银行理财资金来源基本终结。此外，由于单个投资项目的资金募集额度较低，实力雄厚、资金期限长的国有保险、信托、投行、养老金等机构，以及具有潜力的民间资本等由于法规及政策的限制，投向VC/PE行业的资金额度较低，尚未形成有效的市场化资金来源机制。

市场手段运用不足。一方面，政府投资基金干预过多，未能真正放权于市场化基金管理公司。政府投资基金主导下的风险投资固然发挥了重要作用，但市场化程度不足。合肥市国资委表示，政府投资基金对基金管理机构的选择门槛较高，大量风险投资和种子投资机构成立时间短，团队小，难以成为政府引导基金的基金管理机构。同时，政府投资基金行业主管部门风险偏好低，但长期难以适应创投资金高风险特征。财政资金在保值增值和追责机制压力下追求高周转高回报，在投资的中后期反而推升了项目估值、挤出了理性的民间资本。另一方面，市场的制度性限制较多导致对 VC/PE 早期的科创企业缺乏投资意愿。VC/PE 在投资领域、项目投资方式以及资金退出等方面存在较多限制，难以充分发挥作用。VC/PE 投资初创期小微科创企业的私募基金面临收益低、风险高、退出难等困境，偏向寻找成熟的创新型企业投资，向科技前端延伸不够，对相对早期、未具备一定规模且银行债权融资无望的创新型企业支持不足。

3. 管理仍需优化

审批式监管导致限制过多。与国外备案式监管不同，我国以审批式为主的监管模式增加了限制。例如投向应符合国家战略及产业政策要求，拟上市企业的股权穿透，国有资本需出资审批、份额登记等。一方面，限制过多提高 LP 门槛、缩小潜在 LP 范围，直接减少合格投资者数量及投资规模。另一方面，限制过多与市场化竞争相矛盾，难以有效筛选合格投资者，反而提高机构运营合规要求和隐性交易成本，间接引发"代申""代持"等扭曲现象。

监管措施仍需进一步完善。一是监管措施需优化，近年来，我国私募股权的监管不断加强，监管框架不断完善，但仍存在监管职责不明确、差异化监管不足、穿透监管困难、信息披露制度错配等问题。二是监管措施需简化，例如持股人明细披露要求过高，但市场缺乏配套披露制度，给投资管理人特别是综合实力较弱的中小型机构带来极大困难。三是监管措施需细化，资金集中流向头部机构趋势显著，单笔募资规模持续走高，大型集团化私募管理人加快形成。"代持、循环出资、交叉出资、层级过多、结构复杂、关联交易"等问题普遍存在。

监管不确定性较大。自 VC/PE 纳入监管以来，包括合规性、基金投向等在内的重要制度多次调整，在操作执行层面也存在较大的弹性，给行业发展带来较大冲击。对于 VC/PE 这类投资周期较长的行业，监管的不确定性直接影响相关违规行为的界定及资金流向，不利于市场整体活跃和长期稳定。

优惠政策落地存在难度。目前地方政府为吸引私募股权、创投基金落地当地提出了许多税收优惠政策，而不少地方优惠政策较难落地，这也在一定程度上加剧了私募基金的税收难题。一是基金层面税收问题，合伙型基金需要缴纳"所得税 + 增值税"。所得税为自然人合伙人缴纳个人所得税，适用 5%～35% 五级超额累进税率（法人合伙人缴纳企业所得税，税率为 25%）。增值税方面，如是已上市项目，通过二级市场退出，需缴纳增值税 6%。在目前"募资难"的市场环境下，除政府资金外，社会资金募集工作难度加大。再加上目前征税现状，无疑将使得管理人社会募资工作雪上加霜。另一方面，目前市场 IPO 政策预期不明确，基金退出困难，税负的增加使得投资成本增加，投资收益减少。二是管理人/GP 层面税收问题，管理人/GP 的日常经营承担着较高的税负及运营成本，其中税负方面管理人/GP 需缴纳企业所得税 25% 和需缴纳增值税 6%（管理费）。作为知名创投机构，公司所投项目均属于国家政策支持的战略新兴产业，促进企业创新，支持企业发展，积极配合国家"双创"相关工作，但并未享受到较多的优惠税收政策。在此情形下，同类的管理人/GP 与外资管理人/GP 相比，处于竞争劣势。

4. 退出渠道不畅

市场普遍反映股权投资的退出较难。例如著名美元基金 BioTrack Capital Fund I 基金于 2018 年成立，规模为 1.86 亿美元，截至 2023 年 3 月仅向投资者返还了 8.1% 的资金。研究公司 Preqin 指出，近十年来股权投资吸引了较多的国外资本，但目前普遍存在退出困难的问题。

IPO 是主要退出方式。美国的 VC/PE 70% 以并购方式退出，而中国 VC/PE 由于市场结构和理念问题，多数通过 IPO 实现退出。自 2019 年以来，IPO 退出的比例保持在 50% 以上。2023 年，中国股权投资市场共发生 3946 个退出案例。退出的主要方式包括被投企业 IPO 退出（占比 53.76%）、股权转让退出（占比 22.04%）、回购（占比 13.84%）、并购退出（占比5.57%）等。从行业来看，半导体及电子设备、生物技术/医疗健康、IT等行业的退出较多。我国以IPO为主的退出路径在一定程度上限制了一级市场资本流动。（见图9.5）

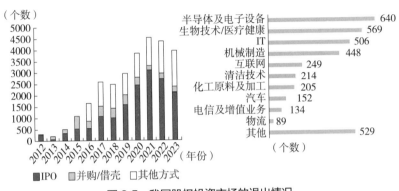

图9.5 我国股权投资市场的退出情况

2023年IPO退出有所下降。2023年境内外总上市企业共399家，同比下降21.5%，首发融资额3958.07亿元，同比下降40.0%。一方面，境内上市趋严。近年来A股审核趋严，IPO撤材料现象多发。2022年境内IPO上市企业313家，同比下降26.2%。另一方面，受逆全球化影响，境外上市企业持续下降。2020年以来，在新冠疫情和逆全球化的影响下，境外上市总量大幅回落。2023年境外上市企业共86家，总融资金额426.36亿元，处于历史低位。

并购市场活跃度提高。并购退出的途径通常包含常规意义上企业间的并购重组、借壳上市以及特殊目的收购公司（Special Purpose Acquisition Companies，SPAC）三种。并购通常指企业的资产收购及重组行为，具体包括购买股权及构成重大资产重组的股权收购事宜。借壳上市是指非上市公司通过资产注入一家市值较低的已上市公司，得到该公司一定的控股权，利用其上市公司地位从而实现上市。SPAC是发起人为了收购未上市的目标公司而提前设置的，只有现金没有实业和资产的上市公司。后续SPAC将通过收购目标公司，使目标公司成为上市公司。对于我国投资机构而言，并购退出通常为次优选择。但随着IPO发行定价更趋市场化，以及大多数产业进入"整合期"，并购退出重要性有所提升。2023年，中国并购市场共发生交易2654起，同比上升4.7%。受较为积极的政策鼓励和较低的市场估值水平影响，全年并购活动较为活跃。同时年内疫情反复，防控政策调整等也对并购活动造成一定影响，交易规模增长幅度有限。从对并购市场贡献度来看，2023年市场扩张的主要动力来自境内企业间的资源整合需求，跨境并购数量和规模与上年水平基本持平。从投资行业看，外资并购较为青睐的行业包括生物技术/医疗健康、汽车、金融、化工原料及加工等行业。虽然并购市场活跃度有所提高，但成熟度与欧美等发达经济体仍存在差距，因此股权投资的并购退出占比仍较低。

并购退出比例仍较低。与美国等发达国家的私募股权投资市场对比，我国通过并购方式退出的比例较低。其原因在于三个方面。第一，我国股权投资机构过于追求超额回报，并购退出的总体收益低于IPO退出。第二，我国缺少为并购市场提供全面服务的全国性中介业务公司，包括为并购供需双方提供信息服务的专业化平台，导致信息不对称，并购退出操作成本较高。第三，我国并购市场仍不成熟，缺乏成熟的并购基金和产业生态，影响了我国并购退出的效率，降低了股权投资的变现能力。（见图9.6）

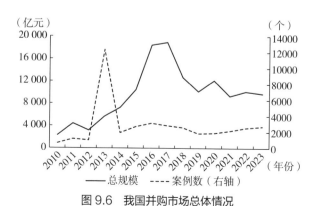

图9.6 我国并购市场总体情况

五、完善股权投资市场的政策建议

（一）缓解募资难是完善股权投资市场的基础

完善长期资本投资机制，有序扩大长期资金来源。逐步提高国企、社保、保险、企业年金等资产配置型长期资本投资优质创投基金的比例和范围。近期理财产品收益率下跌为股权创投基金扩展资金来源提供了契机。在现有规则基础上，可考虑适度放宽理财资金期限配置及嵌套要求，为资管产品投资优质股权创投基金提供便利。一是推动将私募股权基金纳入企业年金和基本养老保险基金投资范围，选择有条件的地区，挑选符合资格的优质基金管理人先行先试，进一步提高社保基金和养老基金投资市场化股权基金的配置比例。二是出台国企股权投资基金相关指引，拟定国有资本进退清单，鼓励大型国有企业积极出资参与优质股权创投基金。三是进一步发展私募二级市场基金（Secondary Fund，也称为 S 基金），这不仅可以盘活政府引导基金，还可以培育丰富私募股权基金业态，从而缓解长线资金不足的问题。

操作层面，可以考虑允许高净值人群的理财产品投资 VC/PE，这样可以在缓解股权资金市场募资难的同时增加居民财产性收入。2023 年上半年，我国股权投资市场募资规模 7341.45 亿元，同比下降 23.5%。国内外数据都表明，私募股权投资的长期回报率超过 10%。如果理财产品中有 0.5%（1387.5 亿元）投向股权投资市场，将使股权投资基金的募资规模提高近 20%。与此同时，我国债券市场波动较大，部分债券价格跌幅较大。相当一部分理财产品特别是固定收益型理财产品收益率下降，部分理财产品"破净"（净值低于"1"，收益率为负）。2023 年上半年，我国银行理财大量搬家至存款，理财产品存续规模比上年末减少 2.26 万亿元。理财"破净"和搬家的现实促使投资者转变思路，希望提高银行理财产品的收益水平。

考虑投资适当性，当务之急是推动银行理财子公司的私募基金业务发展，允许高净值人群投资 VC/PE。为此，相关部门可以从试点开始，由中国证券投资基金业协会拟定 VC/PE 白名单，从部分符合资产管理规模、过往业绩排名、风险管理水平等方面标准的 VC/PE 开始试点。而银行理财子公司可以参考适当低于 VC/PE 合资格投资者的标准定义理财产品的"高净值人群"，成立针对这类人群的理财产品（包括开放式理财产品[①]），相关部门允许这类理财产品投资白名单中的 VC/PE。试点一段时间后，中国人民银行、金融监管总局、证监会、外汇管理局等相关部门可以出台指导意见，规范相关操作。

试点中需要注意期限匹配、嵌套风险和开放式理财产品的投资范围。第一，理财产品和 VC/PE 的期限尽可能匹配，对于未到期的私募基金，理财产品可探索以转让等方式退出。第二，在防范多层嵌套风险的同时加强对私募基金的支持，对于投资母基金、创业投资基金的产品，可将双层嵌套放松为三层。第三，允许开放式理财产品投资 VC/PE、未上市企业股权及其受（收）益权。

此外，试点要做好相关信息披露和投资者保护工作。一方面，加强私募基金的信息披露，提高其规范化运作水平。对资金挪用、违规操作的"伪私募，假私募"予以严厉打击，对管理人玩忽职守等行为追究法律责任。另一方面，帮助投资者树立风险意识。股权投资基金具有高风险高收益的特点，在经济下行时期其风险更高，需对合资格投资者进行严格认定，严格按流程使其识别相应的风险，强化其风险意识。在管理人已经尽职履责的情况下，投资人认为收益不理想的投诉不属于违法行为，不应成为主管部门的压力。

[①] 截至 2023 年 6 月末，开放式理财产品存续规模为 20.26 万亿元，占全部理财产品存续规模的 79.95%；封闭式理财产品存续规模为 5.08 万亿元，占全部理财产品存续规模的 20.05%［数据来源：银行业理财登记托管中心发布的《中国银行业理财市场半年报告（2023 年上）》］。

(二)改进投管退,加强对科创企业的资金支持

一是健全政府引导基金管理运作机制,更聚焦前沿战略领域。一方面,加强政府引导基金体系的顶层设计。确保来源于政府财政的引导基金规模总量合理适度,整合部分区域内存量引导基金,解决重复设立、资金分散的问题。建立管理人、核心团队及业绩的公示制度,奖优罚劣,避免利益输送。进一步优化决策流程和效率,最大限度给予管理人和基金市场化运营空间并建立适当的容错机制。鼓励地方政府引导基金循环投资,提高政府引导基金使用效率。另一方面,政府引导基金应聚焦暂时不具备商业化条件的战略领域,减少对市场资金的挤出。政府资金规模大、期限长,应扩大高技术产业和新兴产业投资,聚焦集成电路、航空航天、生物医药等战略领域,减少对市场化资金比较充裕领域的投资。重塑 VC/PE 体制,优化配置创新资源还要依靠市场化机制。

二是优化监管与考核,化解股权投资基金重复征税难题。在考核机制上,适当延长考核期限,改进考核方法,提高容错度。在监管上,应有针对性和区分度,明确私募基金监管的逻辑是保证其"私募"性质,建立友好的监管环境,而非对私募管理人和产品进行公募化甚至更严格的监管。在税收上,私募股权投资领域存在一定程度的重复征税问题,可考虑遵从税收中性原则合理调整税负,加快构建统一的基础性税收政策体系。

三是推动并购市场发展,畅通多样化的股权投资退出渠道。IPO 退出方面,完善上市标准,适当放松监管要求,缩短审批流程,提高 IPO 效率。并购退出方面,建立和健全企业并购的相关法律法规,建立和培植企业并购的社会中介组织,进一步完善并购市场,促进股权投资并购退出。

第十章

资本市场

资本市场在促进科创企业发展中具有重要的作用，不仅可以为科创企业提供直接的资金支持，也有助于缓解信息不对称，降低科创企业的融资成本。从美国经验来看，在完备的资本市场分层体系中，纳斯达克交易所作为美国的创业板市场是美国科创企业融资的重要渠道。美国拥有发达的场外市场，转板机制灵活。近年来，我国多层次资本市场发展迅速，科创板、创业板和新三板对科创企业具有重要的支持作用。但我国科创板和创业板存在上市难的问题，市场流动性不足，新三板退市和转板机制不完善，在很大程度上制约了资本市场在科创金融中的作用，分析发现，科技行业在我国股市的行业结构中占比偏低。未来，需进一步规范资本市场制度，优化我国资本市场结构，提升资本市场活力，完善退市和转板机制，优化我国资本市场结构、加强创业板、科创板和新三板市场的建设，进一步加强资本市场对科创企业的支持。

一、资本市场在科创金融中的重要作用

资本市场在促进科创企业发展中具有重要的作用。金融对科创的支持不可或缺，而在多种形式的科创金融中，股市在科创企业资金、知名度、人才等方面的支持尤为突出。研究普遍认为（Beck 和 Levine，2002），股票市场在促进科创企业发展中具有重要的作用。一方面，股票市场可以为科创企业提供直接的资金支持，扩大其生产和投资规模，促进科创企业发

展。另一方面,股票市场的公开透明度和规范化市场监督有利于提高企业的透明度,降低信息不对称问题。机制完善、监督有效和成熟稳定的多层次资本市场,可以满足不同特征的产业在不同发展阶段的差异化融资需求,促进资金的合理配置,降低科创企业的融资成本。解决科创企业融资难的问题,需要资本市场发挥其资源配置的功能,拓宽融资渠道,扩大直接融资来源(Morck 和 Nakamura,1999)。对我国的研究也表明,大力发展我国多层次资本市场,有助于解决科创企业融资抑制问题,从而促进科创企业发展(赵玉林和石璋铭,2014;姜永玲,2016)。

我国多层次资本市场迅速发展,但对科创企业的融资支持仍存在不足。20 世纪 90 年代以来,我国资本市场发展迅速,逐渐形成了主板市场、创业板市场、科创板市场和场外市场的多层次资本市场,为不同类型、不同规模的企业提供符合其自身条件的上市融资平台。尤其是 2009 年深圳证券交易所推出的创业板和 2019 年上海证券交易所推出的科创板,定位于为高新技术企业和未来发展潜力大的企业开展融资活动,为科创企业提供了重要的融资支持。与此同时,新三板作为场外市场发展迅速,增加了科创企业的融资渠道,为科创企业上市提供了便利。但是目前科创板、创业板和新三板对科创企业的支持仍不足,存在包括科创板和创业板上市难、市场流动性不足、新三板退市和转板机制不完善等问题。

本章在对美国和日本资本市场支持科创企业发展的经验进行总结的基础上,详细讨论我国多层次资本市场的特点和存在的问题,从而为提升我国资本市场对科创企业的支持提出相关政策建议。

二、资本市场支持科创企业的国际经验

(一)分层结构清晰、对科创企业支持力度大

美国具有全世界最完备的资本市场分层体系。美国多层次资本市场

的划分主要根据公司的规模、盈利状况、治理水平等要素,确定不同层次市场的准入条件、开放程度、交易执行形式和地理空间分布,从而形成了金字塔形的多层次体系(杨正平等,2017)。美国的股票市场具有多层次性和多功能性,涵盖了证券交易所市场、OTC 市场和地方性柜台交易市场。美国资本市场具有多层次性和多功能性,场内市场和场外市场都具有多个层次,服务不同规模和发展阶段的公司,为科创企业融资提供了很大的支持。

纽约证券交易所(简称"纽交所")是美国的主板市场。纽交所的前身成立于1793年,1863年正式更名为纽约证券交易所,是全球最大的证券交易市场,其上市标准较高,在美国的资本市场体系中通常被认为是第一层次。纽交所早期主要是面向大型企业的蓝筹股市场,上市公司规模较大,业绩良好,公司机制较为完善。随着科创企业的发展,纽交所逐渐关注科创企业,并在2006年与群岛交易所合并推出全电子化的纽交所集团群岛交易所,又称纽交所高增长板市场(NYSE Arca)。目前纽交所逐渐形成了不同层次、服务不同规模和发展阶段的公司(廖岷和王鑫泽,2016)。

纳斯达克交易所是美国的创业板市场。纳斯达克交易所是位居全球市值第二的交易所,是美国资本市场的第二个层次。纳斯达克交易所上市标准的严格程度总体低于纽交所。纳斯达克交易所的前身是全美证券交易协会自动报价系统,它成立于1971年,1975年纳斯达克成为完全独立的上市场所。2006年纳斯达克注册成为交易所,并在内部运作三个不同层次的子市场,包括纳斯达克全球精选市场(NASDAQ Global Select Market)、纳斯达克全球市场(NASDAQ Global Market)(即之前的纳斯达克全国市场)和纳斯达克资本市场(NASDAQ Capital Market)(即之前的纳斯达克小型市场)。因此纳斯达克不仅是创业板市场,其本身就是多层次的资本市场。纳斯达克证券交易所的定位从最初的中小企业逐渐扩展到包括成熟大型企业在内的不同规模和发展阶段的企业,但科创企业一直是其发展重点。纳斯达克市场是美国新兴产业融资的重要渠道之一，其对新兴产业的发展有着重要的推动作用。也有人将纳斯达克称为"美国高科技企业的摇篮"，一大批高科技巨头从这里成长。2015年以来68%的新兴企业在纳斯达克证券交易所上市（殷燎原，2015）。创业板中科技、医疗等新兴主导行业占比非常高，而且上市审核便捷，这大大提高了企业的上市速度，有效解决新兴产业融资需求急的问题。

美国证券交易所是美国的中小板市场。美国证券交易所（AMEX）的前身成立于1849年，1953年正式更名为"美国证券交易所"。2008年美国证券交易所被纽交所收购，建立纽交所全美交易所板块（NYSE MKT）。美国证券交易所上市标准较低、融资范围较广，适合处于扩张期的中小企业和高新技术企业。企业发展到一定程度后可转板到纽约证券交易所。（见图10.1）

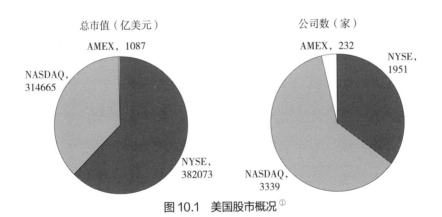

图10.1　美国股市概况[①]

日本资本市场发展迅速。20世纪80年代之后，日本大力发展资本市场改革，建设多层次的资本市场体系。日本证券市场位居世界第二、亚洲第一，由八大证券交易所的主板市场、中小板市场和创业板市场构成。

---

① 数据截至2023年底。除特别说明外，本章数据来源于Wind数据库。

日本的主板市场以东京证券交易所为主导。东京证券交易所（TSE）的交易规模长期以来在全球位居第三，在日本股票市场中具有领导地位。东京证券交易所的上市企业主要以大企业为主。为满足小企业的股权融资需求，拓展小企业市场，东京证券交易所在内部进行了分层，内设一部市场、二部市场和新兴市场（MOTHERS）。其中一部市场的公司数量最多，上市标准最严格；二部市场相对数量较少，上市标准较低，相当于中小板市场；新兴市场对公司成立年限、总资产、销售收入都不做限制，但对信息披露要求较为严格。在MOTHERS市场中有大概10%的公司经过成长可转入一部市场（殷燎原，2015）。除此之外，日本还有大阪证券交易所（2013年并入东京证券交易所）、名古屋交易所等其他区域性交易所。

日本的创业板市场发展迅速。1990年，日本参照美国纳斯达克建立了日本的纳斯达克（JASDAQ），并于2004年获准成为交易所。2010年JASDAQ合并了低标准创业板NEO市场和大阪交易所的HERCULES，成立了新JASDAQ市场，分为标准版和成长版两个板块，其中标准版以拥有一定的事业规模和业绩、将预计扩大业务的企业为对象，成长版以拥有特殊技术或商业模式、将来富有成长可能性的企业为对象。2013年，大阪证券交易所和新JASDAQ一起并入东京证券交易所。目前，日本已拥有世界数量最多的创业板市场，主要面向高科技企业和风险投资企业提供融资服务。此外，日本还通过交易所的合并整合构建了多渠道内部转板制度，并通过差异化定位和制度设计推动创业板市场的快速发展。

（二）场外市场发达、转板机制灵活

美国拥有发达的场外市场。美国拥有丰富的多层次场外市场，可为不同类型企业提供融资需求（付立春，2017）。场外市场的前身是1913年成立的美国报价局，2011年更名为场外交易集团，分为OTCQX、OTCQB和OTC Pink三个层次。OTCQX是美国场外交易市场中最高层次的交易市场，有信息披露的要求和财务标准的门槛，适合发展较成熟的公司。OTCQX内部分为OTCQX International、OTCQX U.S.、OTCQX for Banks三个层级。OTCQX International主要为国外上市企业进入美国资本市场提供通道；OTCQX U.S.适合较小但高速成长的美国公司；OTCQX for Banks主要面向发展成熟的美国区域性银行。OTCQB是美国场外交易市场中间层次的市场，没有财务门槛，需要向美国证券交易委员会申报，适合发展中的公司。OTC Pink（粉单市场）对公司没有提交报告和财务数据的硬性要求，几乎适合所有类型的公司。除此之外，美国的场外市场还包括电子公告板市场（OTCBB）等。OTCBB是一种实时报价服务系统，公司只需向美国证券交易委员会提交文件，并且公开财务季报和年报。与此同时，OTCBB与纳斯达克市场是互通的，因此OTCBB被视为NASDAQ的预备市场。这提高了整个多层次股票市场体系的竞争力和流通性。

美国资本市场转板机制灵活。一方面，场内市场中可灵活转板，例如纳斯达克市场中，若企业初始在较低层次市场上市，一段时间后达到了更高级别板块的上市条件，则可选择摘牌后进入高层次板块市场上市。另一方面，场外市场为企业转入场内市场提供了便利的条件。例如美国OTCBB与纳斯达克市场是互通的，是NASDAQ的预备市场。

日本场外市场逐渐成熟。2004年JASDAQ成为交易所后，日本场外市场主要是绿单市场（Toky Pro Market）。绿单市场在1997年成立，是非上市公司特别是新兴企业和风险公司直接融资和股权转让的平台，其包含四个板块，即新兴企业板块（成长型企业）、投资信托/特殊目的公司板块（优先股和投资信托）、凤凰板块（退市公司）和普通板块（其他公司）。绿单市场挂牌企业需经过推荐券商审查，其信息披露和交易情况需接受日本证券业协会全面监管。

三、我国多层次资本市场的特点

（一）分层结构中科创板和创业板仍在起步阶段

我国资本市场发展迅速，从审批制、核准制发展为注册制阶段，20世纪90年代以来，我国资本市场发展迅速，主要分为三个阶段。第一阶段是审批制阶段。我国最早的一批股票是在行政主导下完成上市的，也称审批制阶段。1993年到1995年采用额度管理方式，国务院证券管理部门先根据资本市场状况和国民经济发展需求确定总的融资规模，将该融资规模按照经济发展需求在各省区市和各行业之间进行分配，之后各省区市及各行业主管部门决定发行股票的企业。这一阶段发行股票的企业主要是国有企业。1996年到2000年是指标管理阶段，这一阶段证券发行实行"总量控制，限报家数"的方式，证监会向各省区市和各行业下达该指标，再由各省级人民政府和行业主管部门推荐企业供证监会审核。审批制具有一定的计划经济色彩，主要是为了解决国有企业脱困问题，未能按照市场化规律运行。第二阶段是核准制阶段。2000年3月，《股票发行核准程序》发布。核准制弱化了行政审批权力，取消了证券管理部门对股票发行额度和指标的限制，并且引入中介机构对股票发行企业的条件进行审查，改变了过去完全由行政主导的股票发行体制，证券市场逐步走向市场化。第三阶段是注册制阶段。2009年6月，中国证监会发布《关于进一步改革和完善新股发行体制的指导意见》，标志着中国首次启动股票发行制度市场化改革。2019年7月22日，科创板首批实行注册制的证券上市交易。2020年8月24日，在创业板存量资本市场中试点注册制。2023年2月17日，中国证监会发布全面实行股票发行注册制相关制度规则。

我国多层次资本市场逐步完善。参考美国等发达国家的经验，我国多层次资本市场迅速发展，逐渐形成了场内市场和场外市场外部分层，场内市场内部分层的格局。截至 2023 年底，上市公司总数为 5346 家，市值达到 77.76 万亿元。我国无论是上市公司数量还是股票交易量都跃居世界前列。目前，我国资本市场主要由场内市场和场外市场构成，其中场内市场主要包括主板市场、创业板市场、科创板市场。场外市场包括各地股权交易中心和产权交易所等，为不同类型不同规模的企业提供符合其自身条件的上市融资平台。同时，证监会鼓励内地企业赴港上市，2023 年发布的《境内企业境外发行证券和上市管理试行办法》（简称"办法"）促进境内企业依法合规利用境外基本市场实现规范健康发展。

主板市场主要面向大型企业。我国目前的主板市场主要包括上海证券交易所和深圳证券交易所，其中上海证券交易所成立于 1990 年 12 月，深圳证券交易所成立于 1991 年 7 月。主板市场对上市企业的治理结构、财务状况、营业期限、股本要求、盈利水平、最低市值等方面具有较高的要求，上市标准严格，所以主要面向规模大、盈利高的大型企业。处在发展初创期、具有成长性的中小企业往往难以达到主板的上市标准。主板市场是我国多层次资本市场最重要的一部分。截至 2023 年，上海证券交易所主板上市企业共 1692 家，总市值 40.15 万亿元；深圳证券交易所上市企业共 1511 家，总市值 19.63 万亿元。

科创板和创业板为科创企业提供融资支持。2004 年深圳证券交易所推出中小企业板块，2009 年深圳证券交易所推出创业板，2019 年上海证券交易所推出科创板。这三个板块的定位主要是为高新技术企业和未来发展潜力大的企业开展融资活动，也称二板市场。作为主板市场的补充，中小企业板块是我国多层次资本市场的重要组成部分，专门为流通盘不足 1 亿元的中小企业提供上市融资平台，主要服务资产规模较小但运营成熟、业绩稳定的企业。中小板块所依据的法律法规与主板市场相同，上市企业必须符合主板市场的上市条件和信息披露要求，同时保证运行独立、代码独立、检察独立、指数独立。中小企业板块为后期创业板和科创板等更多层次股票板块的建设提供了参考和过渡。由于上市规则与主板相同,中小企业板对于科创企业的融资支持力度有限。2021年2月,深圳证券交易所合并主板与中小板。创业板和科创板的重要特点是上市门槛低,因此吸引了大量科创企业进入,为中小型企业和高科技型企业等提供融资途径和成长空间,是对主板市场的重要补充,大力促进了我国多层次资本市场的建设。截至2023年底,创业板拥有上市公司1333家,总市值约11.37万亿元。科创板已有566家公司在此上市,总市值约达6.16万亿元。

新三板市场为非上市企业提供流动场所。2001年7月,代办股份转让系统成立,也称为"老三板",专门为非上市公司股份提供报价转让服务,主要为强制退市的企业提供流通场所,在我国多层次资本市场建设中具有重要作用。但是老三板的企业整体质量较低且数量偏少,交易不活跃,难以获得资本市场的认可。2006年1月,证监会将中关村园区内的部分高新技术企业纳入代办股份转让系统进行试点,也称为"新三板",旨在为更多高新技术企业提供股权转让和流动的场所。在此基础上,2021年11月15日北京证券交易所开市,开创了北京证券交易所与新三板有机联动、一体发展的良好局面。截至2023年底,新三板挂牌公司数量达到6241家,其中创新层1883家、基础层4358家,挂牌公司总股本达到4455亿股。北京证券交易所上市公司共239家,总市值达到4494.41亿元。(见图10.2)

四板市场主要是指区域性股权交易场所,一般是地方政府建立的,用来为当地的中小型企业提供股权交易的场所,在资本市场体系的建设中发挥着重要的作用。截至2021年底,我国各省市已经建立了35家区域性股权交易中心,共拥有挂牌企业约12万家,其中挂牌企业1万家以上的包括深圳前海股权交易中心、上海股权托管交易中心和江苏股权交易中心。近年来,我国四板市场发展迅速,为我国科创企业的股权交易、融资和技术创新等发挥了巨大的积极作用。

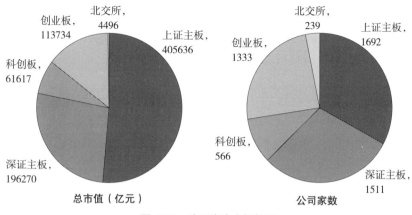

图 10.2 我国资本市场概况

注：数据截至 2023 年底。

（二）科创板和创业板对科创企业具有重要支持

科创板和创业板是科创企业融资的重要方式。近年来，主板 IPO 大幅放缓。在此背景下科创板和创业板成为科创企业上市的重要渠道。创业板和科创板的重要特点是上市门槛低，因此吸引了大量科创企业进入。1998 年时任证监会主席周正庆提出要利用股票市场促进高科技企业的发展。在筹备十年后，于 2009 年 10 月 30 日中国创业板市场首批 28 家企业上市。随着注册制改革的不断推进，2020 年 6 月创业板正式施行注册制，提高审核速度和融资效率。2018 年 11 月 5 日，习近平主席在首届中国进出口博览会上宣布在上海证券交易所设立科创板并试点注册制，科创板的设立是落实创新驱动和科技强国战略、推动高质量发展的重大举措。2019 年证监会正式发布《科创板首次公开发行股票注册管理办法（试行）》和《科创板上市公司持续监管办法（试行）》，2019 年 6 月科创板正式运行，7 月 22 日科创板首批 25 家企业在上交所上市，此后呈蓬勃发展趋势。2020 年 3 月《科创属性评价指引（试行）》发布，明确了企业的科创属性定量标准，提高了注册审核透明度，科创板上市企业逐渐增加。

科创板和创业板定位于金融助力科技创新。创业板和科创板上市企业以高科技企业为主，聚焦于金融服务国家战略、突破关键核心技术、面向科技前沿。从行业分布来看，截至2022年底，创业板上市的1232家企业主要涉及产业包括资本货物产业（包括智能制造装备产业、新能源汽车等，281家，22.8%）、技术硬件与设备产业（201家，16.3%）、材料产业（157家，12.7%）、软件与服务（147家，11.9%）等。科创板上市的377家企业主要涉及产业包括资本货物产业（110家，21.9%）、技术硬件与设备产业（81家，16.2%）、制药、生物科技与生命科学产业（78家，15.6%）、半导体与半导体生产设备产业（70家，13.9%）等，行业分布体现了其对企业"硬科技"的高要求。行业分布体现了创业板和科创板聚焦于金融服务国家战略、突破关键核心技术、面向科技前沿的特点。创业板和科创板培育了一批国家行业龙头企业，实现其助力金融科技的作用，一批成长性企业不断发展壮大并成为行业龙头企业。与整体A股市场相比，创业板和科创板市场整体估值更高。虽然科创板和创业板都主要面向成长性高的高新技术企业，但两个板块也存在不同。首先，科创板比创业板更强调"科创"属性。从行业分布来看，科创板对企业的科创属性要求更高，主要分布在关键技术领域。科创板企业平均研发支出比例高于创业板，企业估值、平均市盈率和市值均高于创业板（罗根庆，2021）。其次，科创板上市标准相对较低。科创板上市更注重市值和研发能力，对盈利要求较低。创业板对盈利要求较高。同时，科创板投资门槛较高。科创板和创业板的交易所制度不同，在发行环节科创板强制保荐券商跟投，创业板设立投资者门槛为10万元，而科创板设置的门槛则为50万元。（见图10.3）

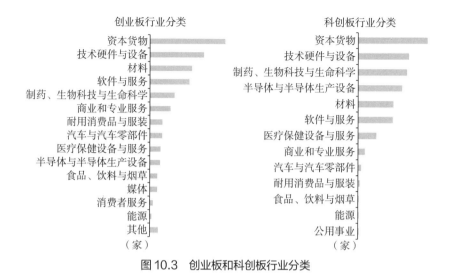

图 10.3　创业板和科创板行业分类

（三）新三板作为场外市场迅速发展

新三板降低了科创企业的直接融资门槛。新三板对企业的门槛较低，对企业现金流、净资产和股本总额无硬性要求，对于企业盈利能力的要求也较低，重点服务科技型、成长型和创新型的中小微企业。新三板最初在北京中关村科技园区内开始试点，首批扩大试点至上海张江高新技术产业开发区、武汉东湖新技术产业开发区和天津滨海高新区。2013年末新三板正式扩容至全国范围，全国中小企业股份转让系统正式揭牌运营，2016年启动分层管理机制，将市场分为基础层和创新层，2019年10月全面深化新三板改革正式启动，2020年7月精选层设立并开市交易。新三板成立以来，累计服务挂牌公司1.3万余家，汇集了700余家专精特新企业。经过多年的改革创新，新三板市场引入公开发行制度，并不断完善定向发行机制，推出两种发行方式，即挂牌同时发行和面向内部人的自办发行，实施差异化的投资者适当性管理，并采用集合竞价交易和做市交易两种交易方式，提高了市场的流动性。由于机制灵活、挂牌和信息披露的门槛相对较低，新三板可以为科创企业提供良好的融资环境。新三板挂牌公司涵盖了电子信息、生物医药、新能源环保、新材料、文化传媒等新兴行业领域。从行业分类来看,挂牌企业主要集中在工业、信息技术、非日常生活消费品和原材料等行业。

新三板增加了科创企业的融资渠道。新三板有助于帮助科创企业吸引风险投资和私募投资,或通过定向增发的形式直接融资,有助于社会闲散资金与企业的对接,提升资金配置效率,对于处于初创期的科创企业具有重要的意义。新三板帮助科创企业实现融资上的多样性选择。新三板挂牌企业可以更容易地通过公开市场股价下的股权担保融资或发行集合债券等方式获得更多资金。

新三板为科创企业上市提供了便利。新三板有助于提高科创企业的规范性和透明度,可以为主板和创业板市场输送潜力企业,从而提高了资本市场的流动性。同时新三板挂牌的整个流程可以让企业更加熟悉金融市场的运作方式,为其日后转板提供了经验支持。尤其是2021年9月北京证券交易所(简称"北交所")的成立,开创了与新三板有机联动、一体发展的良好局面。新三板精算层可在北交所挂牌上市,北交所成为新三板市场与主板市场之间的重要枢纽。

新三板有助于完善企业治理结构,提升企业声誉。科创企业在新三板挂牌过程中,需要经过相关专业机构的推荐和审核,并进行完整的财务信息及运营状况披露,这不仅有助于提高企业的信息透明度,完善公司治理结构,也有助于提升企业声誉。企业挂牌成功后,公众和投资者的监督对企业形成了一定的管理约束,促进科创企业的成长。同时企业股份在新三板市场的流动会形成一个公允的市场价格,这有助于评估企业的价值,促进企业拓宽融资渠道。

四、我国资本市场支持科创企业存在的问题

(一) 科创板和创业板的上市难

科创板和创业板的上市标准和流程仍需优化。以科创板为例,其上市标准存在几个问题。一是标准仍不全面。修订后的科创属性评价指引仍较为简略,不足以成为确认科创属性的实操手册。二是对研发和盈利能力的评价指标单一。目前"4+5"标准中对研发和盈利能力的评价仅为6个定量指标,缺乏定制化、系统化、个性化的评价体系。三是重专利数量,轻专利质量。科创属性评价指引重视专利数量,甚至存在"50个专利可上市"的问题。片面追求专利数量而忽视其质量,可能导致企业买专利或申请"垃圾专利"。与此同时,其上市审核存在几个问题:一是审核周期较长,企业从申请到问询的平均时间约为4个月,从申请到注册生效的平均时间约为7个月,从申请到终止的平均时间约为6个月,2020年四季度后审核时间有增加的趋势;二是上市时间较长,分析发现,企业注册生效后平均31.8天成功上市,因此企业从申请到上市平均需要8个月以上,而港股IPO从申请到上市只需4个月;三是流程复杂,许多企业在审核过程中需更新财务报告。(见表10.1)

表10.1 "4+5"评价体系

4项常规指标	5项除外指标(未达到常规指标,但符合下列情形之一的企业申报科创板上市)
最近三年研发投入占营业收入比重5%以上,或最近三年研发投入金额累计在6000万元以上	发行人拥有的核心技术经国家主管部门认定具有国际领先、引领作用或者对于国家战略具有重大意义
研发人员占当年员工总数的比重不低于10%	发行人作为主要参与单位或者发行人的核心技术人员作为主要参与人员,获得国家科技进步奖、国家自然科学奖、国家技术发明奖,并将相关技术运用于公司主营业务
形成主营业务收入的发明专利5项以上	发行人独立或者牵头承担与主营业务和核心技术相关的国家重大科技专项项目

续表

4项常规指标	5项除外指标（未达到常规指标，但符合下列情形之一的企业申报科创板上市）
最近三年营业收入复合增长率达到20%，或最近一年营业收入金额达到3亿元	发行人依靠核心技术形成的主要产品（服务），属于国家鼓励、支持和推动的关键设备、关键产品、关键零部件、关键材料等，并实现了进口替代
	形成核心技术和主营业务收入的发明专利（含国防专利）合计50项以上

2020年第四季度以来，科创板和创业板IPO趋于严格，出现撤回潮。从2020年第四季度开始，科创板和创业板IPO有从严趋势。一是IPO成功的企业比例明显降低，上市企业数量放缓。二是首发募集资金和总市值均有所放缓。三是IPO终止的比例明显提高。尤其是2021年2~3月，科创板和创业板出现撤回潮，其中包括京东数科、柔宇科技、禾赛科技等备受关注的独角兽企业。2月，两板撤回案例达到36家。2021年9月下旬，科创板和创业板再度出现集中"中止审核"的现象。9月30日，创业板131家企业的IPO"中止审核"，其中包括有望成为创业板最大IPO的东风汽车集团股份有限公司，科创板57家企业IPO中止。"中止审核"的原因主要是发行人IPO申请文件中记载的财务资料已过有效期，因此需要更新财务资料。IPO撤回潮影响了科创板和创业板的活力。一是影响了股权投资市场。IPO的撤回增加了私募和风险投资等科创企业投资人的资金退出难度，对其资金的流动性、连续性和稳定性带来冲击，进而影响股权投资市场的活力，降低其对科创企业投资的积极性；二是影响了科创企业融资成本和市场预期。IPO撤回给科创企业的融资带来重要影响，撤回后再申请将带来较高的时间成本和经济成本。同时IPO撤回对企业带来负面的市场预期，不利于企业未来的项目融资、品牌宣传、员工激励和市场扩张；三是影响了高科技产业的发展。IPO撤回打击了股权投资市场和企业的预期，从而影响整体高科技产业的发展，对增强高科技产业的核心竞争力带来较大冲击。

2022年A股真实IPO通过率约六成。定义名义通过率＝通过÷（通过＋不通过），2014年以来，名义通过率有所下降，2018年受监管趋严的影响大幅下降，2019年后有所提高。2021年受监管影响名义通过率有所下降，2022年小幅上升为95.2%。但观察另外两个指标，审核通过率＝通过÷（通过＋不通过＋暂缓表决），实际通过率＝通过÷（通过＋不通过＋暂缓表决＋取消/终止审核＋撤回），发现IPO撤回现象多发。2022年各板块平均的审核通过率为94.8%，但真实通过率仅为63.7%，可见取消/终止审核与撤回的案例较多。（见图10.4）

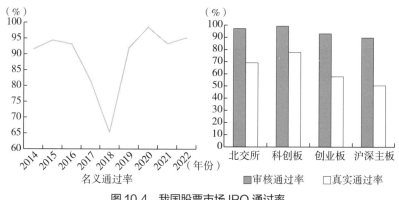

图10.4 我国股票市场IPO通过率

数据来源：清科研究中心。

上市审核趋紧导致科创板和创业板IPO撤回潮。2021年企业科创板和创业板上市撤回潮的主要原因在于证监会新出台的几项规定。以科创板为例，主要包括以下四个方面：

一是将注册制板块纳入现场检查范围，提高了对企业信息披露和保荐机构要求。2021年1月29日证监会证出台《首发企业现场检查规定》，将注册制板块纳入现场检查范围，进一步强化对发行人信息披露主体责任和中介机构执业质量要求。现场检查要求全面审核公司财务底稿、银行函证、会议纪要等企业活动细节，包括公司董监高等个人流水，一旦发现问题将移交缉查部门。规定发布后，中国证券业协会从在1月30日前受理的407家科创板和创业板IPO企业中抽出了20家企业进行现场检查,这是注册制板块首次启动现场检查。被抽中拟上市企业中16家企业撤回材料终止审核,其中科创板10家,撤回率达到80%。从对外披露原因来看,企业撤回检查并非存在财务造假,而主要是财务规范性问题。在撤回的发行人中,相当一部分是由于"接到现场督导通知"而撤回项目,"一督就撤"显然违背了现场督导的初衷。

二是股东信息披露新规,对发行人股权结构从严监管。2021年2月1日,上交所发布了《上海证券交易所科创板发行上市审核业务指南第2号——常见问题的信息披露和核查要求自查表》。2月5日,证监会发布《监管规则适用指引——关于申请首发上市企业股东信息披露》,重点约束违规代持、突击入股、多层嵌套等问题,对发行人股权结构从严监管。保荐机构对企业股东进行全面穿透核查工作量很大,尤其是契约型私募基金、资产管理计划、信托计划等"三类股东",层层穿透难度很大,例如依图科技、柔宇科技都因为股东结构问题撤回申请。

三是锁定期和减持监管趋严。近年来上市企业锁定期和减持政策有所趋紧,2017年5月证监会颁布的《上市公司股东、董监高减持股份的若干规定》被称为"最严减持新规",不仅要求减持实行备案制,而且对董监高减持限制更严。2021年2月5日,证监会发布的《申请首发上市企业股东信息披露指引》将新增股东入股时间从IPO申报前6个月内大幅提前到12个月内。锁定期与减持监管趋严提高了企业的上市要求,也增加了私募基金和风险投资资金有序退出的难度。例如禾赛科技2021年3月撤回材料的主要原因是2020年8月进行了增资引入新股东。

四是强调"硬"科技属性,对上市企业的行业从严限制。2021年4月16日,证监会发布《关于修改〈科创属性评价指引(试行)〉的决定》,强调企业的"硬"科技属性,明确科创板接纳的企业范围。本次修改的主要内容在于,一是新增研发人员占比超过10%的常规指标;二是按照支持类、限制类、禁止类分类界定科创板行业领域,对于金融科技、模式创新等类型的企业从严把关限制在科创板上市，对于房地产和主要从事金融投资类业务的企业禁止在科创板上市。分析发现，目前科创板企业主要涉及行业包括专用设备制造业（54家，19.7%）、计算机、通信和其他电子设备制造业（53家，19.3%）、软件和信息技术服务业（45家，16.4%）和医药制造业（32家，11.7%）。科创属性的修订对企业的行业限制更为严格，例如京东数科撤回上市申请的主要原因是其金融属性不符合科创板行业要求。

（二）市场流动性不足、退市和转板机制仍不完善

科创板存在流动性不足问题。科创板流动性分化显著，头部企业成交情况较好，而中小市值企业交易活跃度不足（陈勇鸣，2020），许多企业存在流动性问题，可能已经成为僵尸企业。流动性问题产生的一个主要原因是科创板对投资者的要求较高。目前科创板只允许开通科创板权限的投资者参与申购，条件是开通前20个交易日证券账户及资金账户内的资产日均不低于人民币50万元且参与证券交易24个月以上。满足条件的投资者较少，绝大多数个人投资者无法直接参与科创板申购（吴秀波，2020）。在缺少个人投资者参与的前提下，机构投资者的风险偏好在很大程度上导致科创板流动性不足。与此同时，科创板发行定价环节仍有调整空间。询价机构压低价格可能导致新股发行价格偏低，带来二级市场暴涨。在此背景下，2021年7月15日发布的《关于支持浦东新区高水平改革开放打造社会主义现代化建设引领区的意见》提出拟在科创板引入做市商制度。做市商可以充当证券买卖的双向报价人，有望进一步提高科创板流动性。

新三板流动性不足，价格信号扭曲。新三板市场目前仍存在交易不足的问题，市场交易不活跃，有些挂牌企业股份长期没有任何交易。市场定价效率低，导致价格无法向投资者反映企业真实的投资价值，自然

无法引导投资者将资金投向有价值企业，必然导致市场配置效率低下。2021年，新三板总成交数量98.9亿股，成交金额732.3亿元，同期创业板成交数量为新三板的284倍，成交金额为创业板的732倍。大部分新三板企业的股票都没有任何交易。造成流动性不足的原因在于三个方面。从企业来看，质量良莠不齐，信息披露较差。企业估值困难，回购意愿低。同时挂牌企业股权集中度较高，存在一股独大的问题，超过一半的新三板企业没有公众持股。企业缺乏科学的经营和决策机制，融资后资金使用效率低下。从投资者来看，门槛过高，结构单一。新三板的风险较高，因此对投资者设立了较高的准入门槛，然而500万元的高门槛把绝大多数的投资者拒之门外，导致投资结构简单。同时投资者在二级市场交易退出难，流动性差。从做市商来看，制度存在缺陷，倾向压低价格。新三板从2014年正式开始使用做市商制度，换手率明显提升。但随着热情的减退，换手率又逐渐降低。目前只有券商和少部分私募具有做市商资格，做市商较少，平均每个企业做市商不足4家，远低于纳斯达克20家左右的水平（何诚颖等，2018）。而且新三板做市商更多是通过股东商议或者公司增发股票来获得做市库存，可以因为库存股票过多或过少而豁免报价，因此倾向于压低股票价格，赚取股票增值的收益，缺乏做市报价的动力。

  流动性不足的原因在于市场透明度差。以新三板为例，新三板市场的准入门槛较低，因此信息披露对于投资者非常重要。目前新三板在信息披露的完备性、及时性等方面都存在不足，挂牌公司财务报表质量相对较差，良莠不齐，在约谈的违规处理的事件中有70%与信息披露有关（徐凯，2018）。信息披露不足导致市场存在逆向选择问题，削弱了投资者的信心，不利于资金流向使用效率高的优质企业。造成信息披露不足的原因主要有两个方面。一方面，法规制度不健全，监管部门惩罚力度不够。目前新三板企业的信息披露主要遵循《全国中小企业股份转让系统挂牌公司信息披露细则》，在披露时点、定期报告、临时公告、信息督导责任以及违规处罚等方面的要求都弱于其他板块，尤其是对于临时报告的要求较少（冯欣，2021）。目前，全国股转公司是新三板挂牌企业的主要监督方，能够对发生违规事件的公司开展调查并采取部分惩罚措施，但是惩罚力度有限，缺乏民事或刑事处罚权，而且总体来看惩罚力度较低，以通报批评和公开谴责为主，很少涉及实质处罚。违规处罚较轻，违规收益远高于行政处罚，这在很大程度上削弱了法律法规对挂牌公司的约束。另一方面，主办券商和外部审计的尽职不到位。近年来，我国新三板市场的规模和容量日渐庞大，外部专业的服务机构难以与之匹配，导致其尽职不到位。企业在新三板市场申请挂牌需要具有资质的券商对其进行持续的跟踪并指导。由于新三板挂牌企业持续增加，主办券商人员配置不足，督导不到位，导致部分企业会计信息披露不符合准则标准。2019 年底，新三板的 102 家主办券商有 48 家被采取了自律监管措施，说明超过一半的主办券商未尽督导责任（李博文，2020）。与此同时，会计师事务所对于企业财务状况、内控建设及经营成果负有监督审查的责任和审核的权利。但是会计师事务所对新三板企业的研究不够，导致其审计的专业性不足，可能难以识别对财务报表的重大错报和漏洞。

新三板的退市和转板机制仍不完善。一方面，新三板退市机制仍不完善。目前新三板中很多企业为了融资而挂牌，没有交易。但由于缺乏良性的退市机制，这些企业成为僵尸企业。另一方面，新三板转板通道仍不畅通。新三板成立以来累计服务挂牌公司 1.3 万余家，只有 417 家企业成功转板，其中 35.0% 在创业板上市，23.7% 在科创板上市，19.7% 在北京证券交易所上市。可见创业板、科创板和北京证券交易所在很大程度上促进了新三板企业的转板。但是总的来看，企业转板仍存在困难。一方面，转板相关立法仍不完善，相关法律条文分布较为分散，缺乏系统的转板制度，转板与 IPO 并未严格区分，因此难以实现简便、高效的转板机制。另一方面，转板的操作性较低。新三板市场和交易所市场的审核流程独立，转板的一般程序与正常的企业首次公开发行程序并无区别，这使新三板市场难以为企业上市提供绿色通道（苏美玲，2020）。

（三）科技行业在我国股市行业结构中占比偏低

我国国民经济主要行业在股市占比与其在国民经济中的重要性基本匹配，但股市对科技行业的支持不足。从结构来看，制造业从股市获得融资的占比最大，而信息传输、软件和信息技术服务业获得的融资支持相对不足。从国际比较来看，相比美国股市，我国A股中金融和传统制造业的占比大幅高于美股，而信息技术等高科技行业的占比偏低。（见表10.2、图10.5、图10.6）

表10.2 A股上市公司的行业分布

行业名称	上市公司总数（家）	总市值（亿元）	平均市盈率（%）	营业总收入（亿元）	净利润（亿元）	行业占GDP比重（%）
制造业	3484	480498	31.7	62717	4000	26.3
金融业	127	159943	6.5	25961	7397	8.2
信息传输、软件和信息技术服务业	434	75896	42.9	6857	478	3.8
采矿业	82	57894	8.6	22513	1956	2.2
电力、热力、燃气及水生产和供应业	133	33425	27.0	5606	544	2.4
交通运输、仓储和邮政业	114	28758	35.9	4732	385	4.0
建筑业	112	18796	10.0	21072	632	7.1
批发和零售业	192	16404	35.3	13022	256	9.5
房地产业	111	13462	-28.8	3410	119	7.2
科学研究和技术服务业	113	9261	34.3	423	52	2.4
租赁和商务服务业	67	7833	63.7	2359	79	3.2

续表

行业名称	上市公司总数（家）	总市值（亿元）	平均市盈率（％）	营业总收入（亿元）	净利润（亿元）	行业占GDP比重（％）
文化、体育和娱乐业	63	6947	102.6	504	51	0.7
农、林、牧、渔业	49	6569	50.5	826	−50	8.0
水利、环境和公共设施管理业	100	4848	148.4	460	38	0.6
卫生和社会工作	16	4130	71.0	185	17	2.4
综合	14	1162	26.5	159	13	4.9
住宿和餐饮业	8	1037	−247.2	63	3	1.5
教育	12	675	−95.5	25	0	4.0
居民服务、修理和其他服务业	1	15	−63.0	1	0	1.6

数据来源：Wind（数据截至2023年6月28日）

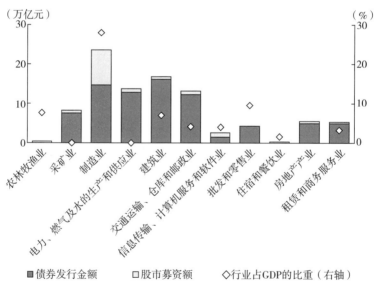

图10.5　1990—2022年主要行业的股、债融资情况

数据来源：Wind

注：股市募资额和债券发行金额为1990—2022年数据，行业在GDP中占比为2022年数据。由于金融业的债券发行规模（超过200万亿元）数倍于其他行业，此处不展示。

第十章 资本市场

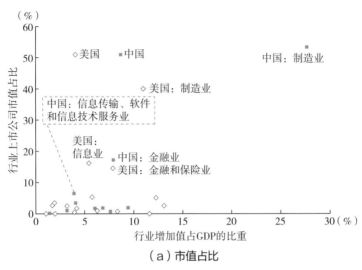

（a）市值占比

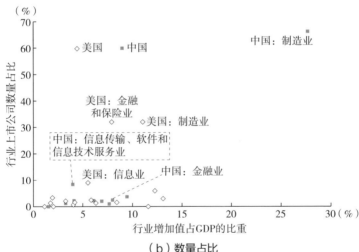

（b）数量占比

图 10.6 2022 年底中美主要行业在股市和经济中的占比

数据来源：Wind，Compustat，作者计算。
注：中美的行业分类标准有差异，中国按照国民经济行业分类，而美国按照 NAICS 分类。

行业导向、地方资金支持效率制约股市支持科创。随着注册制改革全面落地，主板、科创板、创业板、北交所等多层次资本市场体系不断提升，但上市公司的行业结构优化方面仍存在制约因素。IPO 过程中监管部门的行业导向是硬约束，不仅制约上市公司的国民经济代表性，更限制了科创企业上市。

总体来看，A股主板仅明确需要符合国家产业政策，科创板、创业板有行业负面清单，因此，证监会主要依据产业政策进行股票发行审批，即使在注册制下仍有约束。2019年科创板首推注册制，明确规定了申报企业的行业。2020年创业板改革并试点注册制，延续推出了申报企业行业"负面清单"。2021年北交所开市并试点注册制，对申报企业的行业限制也有明确规定。2023年2月，A股全面实行股票发行注册制，监管部门对申报主板上市的企业划分了禁止、限制、允许和支持上市四种类别。2023年2月17日发布的《首次公开发行股票注册管理办法》(证监会令第205号)，第十三条规定"发行人生产经营符合法律、行政法规的规定，符合国家产业政策"。第二十三条明确"中国证监会在交易所收到注册申请文件之日起，同步关注发行人是否符合国家产业政策和板块定位"。

换言之，主板上市企业所属行业应当符合国家发改委发布的《产业结构调整指导目录》(以下简称《目录》)要求。《目录》由鼓励、限制和淘汰三类组成。不属于以上三类，且符合国家有关法律、法规和政策规定的为允许类，不列入《目录》。国家发改委2005年发布《目录（2005年本）》，分别于2011年和2013年对《目录》进行了修订和修正，2019年修订发布《目录（2019年本）》(即现行版本)。

从不同年份的《目录》来看，《目录（2011年本）》的调整有四个特点。一是力求全面反映结构调整和产业升级的方向。鼓励新增新能源、城市轨道交通装备、综合交通运输、公共安全与应急产品等14个门类。二是更加注重战略性新兴产业发展和自主创新。三是更加注重对推动服务业大发展的支持，将原"其他服务业"细分为现代物流业、金融服务业、科技服务业等9个门类。四是更加注重对产能过剩和低水平重复建设行业的限制。五是更加注重落实可持续发展的要求，在几乎所有制造业门类中均增加了清洁生产工艺、节能减排、循环利用等方面的内容。

《目录（2013年本）》没有改变目录结构，进行了条目内容的调整。《目录（2019年本）》在鼓励类中新增"人力资源与人力资本服务业""人工智能""养老与托育服务""家政"等4个行业。2021年《国家发展改革委关于修改〈产业结构调整指导目录（2019年本）〉的决定》在淘汰类中增加"虚拟货币'挖矿'活动"。

IPO的行业导向对相关行业的约束作用明显，也会影响市场对特定行业企业的投资风险认知，进而影响融资难易程度和融资成本，带动行业结构的调整。比如，对消费类企业的约束，与我国经济结构演变的趋势、扩大内需的政策取向不相匹配。

五、加强资本市场对科创企业的支持相关政策建议

科创企业不仅需要精准的政策和资金支持，更需要良好的生态环境。科创具有巨大的偶然性和复杂性，而资本有趋利的天性；足够的激励只有市场才能给予，而大量的公共部门资金支持可能造成巨大的浪费。我国面临的多数卡脖子技术问题都存在巨大的市场不确定性，发达国家通过几十年的科研努力和市场运作才达到今天的水平。如果盈利前景明确，我国市场资本一定会趋之若鹜。因此，公共部门对科创的金融支持，首先应该是对科创融资环境、生态环境的支持。各层级政府应坚持市场化、法治化方向，着力营造良好的营商环境，在产业导向、产业集成等方面出台支持政策，保障企业创新创业发展的各种要素，提升科创企业融资环境的效率和公平性。

（一）规范资本市场制度、提升资本市场活力

资本市场具有要素集成、筛选发现、企业培育、风险分散和资金放入等多个方面的功能，是为不同类型的科创企业提供融资支持、分散科

创企业投资风险的有效手段。因此需进一步推进我国多层次资本市场发展，提升资本市场活力。首先，需发展完善法律体系。完善资本市场法律法规，减少科创企业的成本和风险，鼓励资本市场制度创新，活跃资本市场，对不同投资机构进行明确的法律界定，规范投资行为。当前我国资本市场发展不成熟，存在不少漏洞，导致违规成本低。应不断完善现有法律规章制度，规范科技资本市场上各机构的组织制度，加大科技资本市场的信息披露监管执行力度，对各主体的非法违规行为明确界定，健全相应的惩罚机制，严厉惩处各种违规行为，维护科技资本秩序。其次，充分发挥中介机构作用。中介机构在资本发展过程中具有重要作用。通过发挥律师事务所、会计师事务所、审计事务所的法律约束、资格审查、信息披露等功能，可以有效促进资本市场公平交易。同时，可充分发挥风险投资评估咨询、担保和评级等中介机构的功能，降低资本市场的信息不对称，降低市场风险，提高融资效率。同时，提升资本市场活力。一方面，通过规范化的交易制度提高资本市场流动性，加强资本市场活力。另一方面，借鉴国外经验，培育机构投资者。成熟的多层次资本市场离不开成熟专业的机构投资者。可以考虑充分调动民间资本、保险资金等机构投资者投入不同层次的资本市场，拓宽资本市场的资金来源。另外，需放松初创企业上市的行业限制。科创企业并不一定出生就是科创。例如，英伟达原来是做游戏卡的企业，后来由于市场和技术的原因才进入 AI 领域。如果我国公共部门的资金支持仅凭企业潜在产品名称甚至专业团队，股市不允许不符合产业政策的企业上市，因为这很可能错失对真正科创项目和企业的支持。

（二）优化我国资本市场结构、加强创业板和科创板市场的建设

创业板和科创板在上市审核、交易制度等方面仍不够成熟，需完善创业板和科创板市场的运行机制，优化差异化发行条件，活跃早期私募

股权投资。进一步加大创业板和科创板对于突破关键核心技术、面向科技前沿的金融支持力度。

首先,需完善上市标准,适当放松监管要求。证监会上市审核趋紧的初衷是打击资本无序扩张和腐败,完善注册制上市制度,提升上市公司质量,但监管对高技术产业带来的冲击不容忽视。资本市场的良性发展对于私募和风险投资的有序退出、加强对科创企业的融资支持、激发其创新动力以及增强高技术产业的核心竞争力都具有重要意义,因此需建立明确稳定的监管规则。一是完善上市标准。目前上市审核监管存在一定的自由裁量权,业内普遍认为国资背景企业更容易上市。建议出台更加详细和全面的科创板上市标准,这不仅有利于提升注册制 IPO 审核效率,也有助于提高保荐机构的项目申请质量。二是提高上市效率。目前 IPO 排队企业形成一定程度上的"小堰塞湖"。建议加快推进注册制改革,优化上市流程,缩短上市时间,提高上市效率。三是适当放松监管要求。以科创板为例,在保荐机构规范化、股权结构清晰化、"硬"科技属性强化的基础上,建议适当放松科创板上市以及减持要求,增强科创板的市场活力,充分发挥科创金融作用,进一步加大科创板对于突破关键核心技术、面向科技前沿的金融支持力度。

其次,提升科创板和创业板规模和活力。目前我国科创板和创业板与美国纳斯达克仍存在较大差距。未来科创板和创业板在融资制度、监管要求、交易规则等多个方面还需不断推进改革,继续提升科创板上市企业的数量和市值。首先,继续完善以信息披露为核心的注册制改革,细化信息披露要求并加强监管;其次,继续完善交易制度,进一步活跃市场流动性;同时,在持续加强投资者保护降低风险的同时,可考虑降低投资门槛,让更多投资者能够参与到科创板市场中来。最后,建立良性的退出机制,清除"僵尸企业"和"空壳公司",要求不再具有科创竞争力的上市企业自主退市。

（三）拓宽科创企业的融资渠道，加强新三板市场的建设

完善信息披露制度。由于挂牌审核标准相对较低，完善的信息披露制度是新三板市场成功的关键，对于完善市场定价、防控金融风险，从而提高我国新三板资源配置效率具有重要意义。一方面，需完善法律法规，加强监管，完善信息披露制度；另一方面，利用先进的信息化方法加强及时的信息披露，提高市场的透明度和效率。在信息披露的过程中，需鼓励券商等中介机构发挥积极的监督和引导作用，规范企业的经营管理，防范风险，增强投资者的信心。建立多层次监督体制，完善主办券商持续督导制度。

积极推进新三板扩容。美国的纽约证券交易所、纳斯达克和场外市场构成了金字塔形结构，满足不同企业的融资需求。而我国资本市场在一定程度上具有倒金字塔形结构。未来需进一步明确新三板的市场定位。作为独立的场外市场，新三板是专门为创新型、创业型、成长型中小微企业服务的独立的全国性证券交易场所。在这一目标指导下，需进一步推动新三板扩容，加强对科创企业和小微企业的融资支持。首先，优化市场结构。推动科创企业在新三板挂牌，增强市场活跃度。在市场扩容的同时，健全市场制度，优化市场结构，加强新三板的分层设计，促进现有分层制度的精细化，提升市场区分度，并完善层次之间相互转移的机制设计，提高新三板市场对优质企业的吸引力。其次，完善交易机制。完善协议转让、做市转让和竞价交易等交易机制。完善做市商制度，增强新三板流动性和活力。同时，完善退出机制，建立内部优胜劣汰的环境，加强企业的规范经营和自我约束。可考虑通过财务和流动性等多维度指标建立更为全面的退出机制。另外，优化投资者准入管理。目前新三板投资的高门槛导致市场流动性不足，供求严重失衡。未来可考虑减少对投资者进入的限制，同时大力发展机构投资者，并设立与挂牌企业分层相适应的投资者差异化准入标准，将投资者的风险偏好与企

业匹配，提高新三板市场的活跃程度。

加快完善转板机制。我国新三板市场与主板等场内市场缺乏有效的衔接，缺乏双向互动。一方面，新三板企业难以有效转板成上市企业，新三板并不能起到很好的过渡作用。另一方面，上市企业在不满足上市标准时如何顺利实施退市，在退市之后如何进入新三板，都没有具体的规定。为了更好地完善我国多层次资本市场和各层次之间的流动机制，应完善转板机制。畅通新三板挂牌科创企业转板的通道，将企业在新三板市场挂牌期间的交易情况纳入考量，简化其在主板的注册流程，提高转板效率，节约转板企业的时间和财务成本。对于新三板挂牌企业，可建立绿色通道，适当降低升级转板的准入要求。如果转板和 IPO 的审核机制相同，在新三板挂牌交易对最终上市的作用有限，将会抑制新三板的发展。同时，可将企业在新三板市场挂牌期间的交易量等指标纳入 IPO 审核范围，将企业在新三板挂牌上市的考察期，从而考虑简化审核流程，提高转板效率、节约转板企业的时间和财务成本。

第十一章

银 行

银行是我国科创金融体系中重要的部分，完善科技信贷对于支持科创企业发展具有重要作用。从国际经验来看，专业化、个性化和风险分担是银行成功支持科创企业的重要因素。我国银行的科技信贷经历了从地方性探索到全国推广、从政策主导到市场化发展、从单一模式到多种创新模式的发展过程。银行贷款约占高新技术企业融资的60%。调研发现，我国银行科技信贷在产品、服务和机制等多个方面加强创新，并探索出多种服务模式。但我国科技信贷仍存在不足，主要体现为银行的低风险偏好与科创企业的高风险特征不匹配导致的银行"不敢贷、不能贷、不愿贷"，短期贷款占比高、缺乏中长期资金支持导致结构性失衡，中介机构、担保增信、信用评估等相关支持体系不完善等。未来，应进一步建立适应科技创新行业融资的体制机制、推进信息服务平台等金融中介建设、完善科创企业的风险补偿机制，加强银行对科创企业的金融支持。

一、银行在我国科创金融体系中举足轻重

我国银行借贷占据社会融资的主导地位。与风险投资、资本市场相比，我国银行体系具有更雄厚的资金实力、更广泛的客户群体、更专业的管理团队，是我国科创金融中最重要的组成部分。40多年来，我国银行的科技信贷经历了从地方性探索到全国推广、从政策主导到市场化

发展、从单一模式到多种类型的银行科技服务模式等多个发展阶段。目前，我国银行体系正加大信贷支持创新力度，优化科技企业融资环境，提升产品、服务和机制等多个方面，并基于各地的特点积极探索科技金融创新服务中心模式、投贷联动模式、科技支行模式和科创金融生态系统等多种模式，对科创企业的支持力度不断加大。

总体来看，银行贷款占企业外源融资的60%左右。我国企业融资方式总体来说可以分为内源融资及外源融资，内源融资主要来源于企业留存收益以及资本金等，外源融资包括银行贷款、非标融资、债券融资、股权融资等。通过观察社会融资规模分析企业的融资结构，2022年底我国社会融资总额存量为344.21万亿元，其中人民币贷款和外币贷款存量为214.27万亿元，占比62.2%。我国企业债券融资余额达31.0万亿，占比9.01%。非金融企业境内股票存量为10.64万亿元，占比3.09%。2022年VC/PE投资非上市企业总金额为9076.79亿元，占同期社会融资规模的2.84%。因此股权融资（包括股票融资、私募股权融资和风险投资）占比共5.93%。除银行贷款、债券融资和股权融资外，信托贷款、委托贷款、承兑汇票等非标融资占比为23.34%。因此，总的来看，2022年银行贷款、非标融资、债券融资以及股权融资占比分别达62%、23%、9%以及6%。

基于战略性新兴产业的上市企业财务分析，除股权融资和内源融资外，银行贷款在这类企业融资中占比36.56%。基于上市企业的财务报表，通过行业分类匹配得到5189个上市企业中共3511家上市企业属于战略性新兴产业[①]。我们从微观层面来分析企业融资情况，借鉴已有研究（李斌和孙月静，2013，湛泳和王浩军，2019）的变量选取方式，将融

[①] 以国家统计局颁布的《战略性新兴产业分类（2018）》为依据确定了我国战略性新兴产业九大领域，包括新一代信息技术产业、高端装备制造产业、新材料产业、生物产业、新能源汽车产业、新能源产业、节能环保产业、数字创意产业、相关服务业等。

资分解为股权融资、内源融资、银行贷款和债券融资[①]。从 2022 年的年报数据来看，股权融资占比最高，为 49.07%。内源融资为 22.94%，银行贷款占比为 10.23%，其他融资占比 17.76%。在其他融资中，应付票据占比 3.6%、应付债券占比 1.09%、应付账款占比 9.56%。除股权融资和内源融资外，银行贷款在企业融资中占比为 36.6%，债券融资占比为 3.9%，票据融资占比为 12.9%，应付账款占比为 34.2%。银行贷款是企业融资的主要渠道。从九大领域来看，新能源产业、节能环保产业、新材料产业、新能源汽车产业等相对传统的行业银行贷款占比相对较高，超过 10%。相关服务业、高端装备制造产业、数字创意产业、新一代信息技术产业等新兴产业由于抵押物较少，银行贷款占比相对较低。（见表 11.1）

对中关村 27000 余家高新技术企业的调研发现，银行贷款约占企业各类融资的 60%，科创企业的首选融资渠道仍是银行贷款。2021 年，中关村 27000 余家高新技术企业各项融资中，银行贷款占比 56.5%、较各类直接融资占比总和高 13 个百分点。对近 200 家专精特新企业开展融资调查，九成以上企业将银行贷款作为首选融资渠道。基于企业家的调查也显示，中国高新技术产业的资金来源主要还是银行约占 60%，企业对银行的依赖程度较高（张瑾华等，2016）。

但是，我国科技信贷仍存在不足，主要体现为银行的低风险偏好与科创企业的高风险特点存在失衡、短期贷款占比高、缺乏中长期资金支持、担保增信等相关体系不完善等，限制了科技信贷的进一步发展。

本章在对相关理论、国际经验进行系统梳理的基础上，基于我国科技信贷发展的历程和典型案例，分析我国科技信贷的发展特点和存在的

[①] 内源融资是企业通过公司经营活动结果产生的资金进行融资，主要由留存收益和折旧构成，留存收益又通常由盈余公积和未分配利润组成。银行贷款是指企业从银行或者其他金融机构获取贷款并在约定期限交付一定利息的间接融资方式。股权融资定义为资本公积和股本之和。其他融资主要包括债券融资、票据融资等融资方式。

第十一章 银行

表11.1 战略性新兴产业上市企业的融资结构

指标	内源融资（%）	股权融资（%）	银行贷款（%）	其他融资（%）	其中		
					应付票据（%）	应付债券（%）	应付账款（%）
定义	（盈余公积+未分配利润+累计折旧）/总资产	（资本公积+股本）/总资产	（长期借款+短期借款）/总资产	1-内源融资-股权融资-银行贷款	应付票据/总资产	应付债券/总资产	应付账款/总资产
新一代信息技术产业	15.28	57.84	8.63	18.25	3.20	0.93	9.64
高端装备制造产业	24.16	43.22	8.22	24.40	4.28	0.80	11.80
新材料产业	35.87	40.65	12.85	10.63	4.47	1.45	7.89
生物产业	28.19	50.75	9.28	11.78	1.42	1.10	6.05
新能源汽车产业	30.14	40.89	10.22	18.75	5.43	0.99	12.71
新能源产业	23.88	31.46	16.36	28.30	7.19	0.91	11.27
节能环保产业	24.25	40.76	15.14	19.86	4.00	1.82	10.64
数字创意产业	-15.06	81.70	8.58	24.79	1.60	0.65	10.61
相关服务业	18.94	46.14	4.47	30.45	0.17	0.96	5.24
平均	22.94	49.07	10.23	17.76	3.60	1.09	9.56
除股权融资和内源融资外融资占比	—	—	36.56	63.44	12.88	3.91	34.16

219

问题，为进一步完善我国科技信贷体系，加强对科创企业的金融支持提出政策建议。

二、银行支持科创企业的优势与局限性

（一）银行支持科创企业的优势

一是银行贷款是企业创新融资的重要选择。当企业内源资金不足、不能满足研发资金需求时，优先选择贷款融资可以在补充研发资金的同时最大化企业价值（Bartoloni，2013）。相对股权融资而言，贷款融资能最大限度地保护高技术创业者对创新收益索取权，因此银行信贷成为科创企业研发融资的主要来源。张璇等（2017）认为，银行贷款以抵押贷款和中长期贷款为主，与科技型企业研发投资的长期性相匹配，可以实现对技术研发所需的持续稳定资金的补给。

二是银行贷款对支持企业研发创新具有明显作用。日益完善的银行信贷机制能够有效缓解信息不对称下的逆向选择和道德风险问题，减少企业创新外部融资成本，推动企业创新（Valencia 和 Sandri，2012）。因此银行对于高科技企业的流程创新和新产品引进发挥着重要作用（Giannetti 和 Ongena，2012）。国内研究也发现，银行授信通过缓解创新型企业的现金流约束增加企业研发投入，银行贷款对研发投入和专利等创新产出具有显著影响（马光荣等，2014；王玉泽等，2019；袁礼和许涛，2019；吴尧和沈坤荣，2020）。

三是银行贷款能够提高创新效率，促进成果转化。分析发现，银行贷款作为一种关系型债务，可以通过贷款监督等机制设计降低信息不对称，提高研发投入效率（温军等，2011）。银行贷款一方面通过缓解融资约束实现了对技术研发的支持，促进了专利授权量的增加，另一方面通过为企业技术成果转化提供资金支持促进了新产品的销售（崔静静和张

晓娜，2022）。银行贷款对于成立年限长、规模大、政策支持力度强、市场范围大的企业创新的影响效应更大。银行贷款对成果转化的促进作用更多表现在高技术行业中。

四是利率市场化引起的银行价格竞争以及近期理财产品收益大幅下降有利于提高银行对科创企业的支持。随着银行价格竞争程度的增加，价格垄断能力的下降造成垄断利润空间收缩。银行价格竞争促使银行调整信贷结构，鼓励银行投资创新型企业（刘莉亚等，2017）。银行价格竞争不仅会提高银行的风险容忍度，直接增加研发投资的信贷供给意愿，而且还会通过降低贷款价格和增加贷款可得性来缓解企业整体的融资约束，间接促进企业创新活动（李波和朱太辉，2020）。基于世界银行数百家中国企业的调查数据发现，银行竞争加剧有助于中小企业获得信贷资源（Tan等，2013）。研究发现，银行业竞争通过有效地缓解企业面临的融资约束进而促进其创新行为，而且对于外部融资依赖度较高的企业以及融资约束更大的中小、民营企业中更加明显。与此同时，近期理财产品收益大幅下降。在这样的背景下，为了避免利益损失，银行将积极地搜寻客户和挖掘企业信息，企业获得贷款相对更为容易，创新活动将获得更多资金支持。这不仅增加了银行长期贷款的信贷配置，也提高了发放高风险信贷的倾向，使得风险较高的研发项目获得信贷的难度减弱（张璇等，2019；戴静等，2020，陈容和张杰，2022）。

（二）银行支持科创企业的局限性

一是风险收益错配问题制约了银行为企业创新提供贷款的支持。债务合同固有的收益与风险不对称特征，使得银行不适合为收益不确定的创新活动提供资金（Stiglitz，1985）。天生保守的银行对于贷款企业风险损失容忍度低，然而创新活动不确定性大，需要更高的风险容忍度（Manso，2011）。创新是一项长期的高风险投资活动，创新项目回报的不确定性难以完全满足银行信贷定期还本付息的要求。由于银行贷款与企业创新之间存在风险收益错配，在研发失败时，银行贷款面临无法收回本息的风险，而在研发成功时，也无法获得超额收益，导致银行不愿意为创新项目或者创新型企业提供融资支持（林志帆和龙晓旋，2015）。即使有些创新企业获得了信贷供应，也会被索要较高的贷款风险溢价。

二是银行贷款可能对部分企业高风险创新活动产生抑制。部分研究认为，银行贷款对技术创新活动有负面影响（Kim和Park，2017）。俄罗斯银行支持企业技术应用的实践，说明银行贷款并没有激励研发活动，而是帮助企业采用新技术和新流程，获得贷款的企业要么直接寻求技术供应商，要么直接外购专有技术（Bircan和Haas，2020）。分析发现，由于高新技术行业所具有的特殊风险，银行对高新技术行业的研发决策干涉程度较大，在很大程度上抑制了企业的创新能力。银行贷款会出于风险规避等原因诱使借款人从事低风险、低创新性的活动，从而降低企业研发倾向（徐飞，2019）。银行贷款扩张更多的是对生产性投资的支持，可能挤出对创新的投入，使技术进步放缓（杨伟中等，2020）。张瑾华等（2016）分析认为，民营企业对银行的依赖程度越高，企业的创新能力越受到抑制，特别是在高新技术行业，由于企业自身的高风险特质及信息高度不对称性，银行对企业创新能力的制约作用更加明显。

三是银行对企业贷款的监督可能限制部分企业研发创新。创新型企业具有相对低的有形资产，这增加了其信息不对称性，银行需要收集更多与创新相关信息如项目前景、成功概率等。银行可能通过收取信息租金抑制企业创新。企业获得银行信贷资金后并不能随意使用，银行债权人会对企业贷款后的投资行为产生影响（Rajan，2012）。银行贷款是一种治理机制，为了保证贷款的安全性，银行可能通过检查贷款使用、减少管理者现金流量等方式限制企业的高风险投资活动（李胜楠，2011）。

三、美国和日本银行支持科技发展的经验

（一）专业服务高科技企业——美国硅谷银行经验

专业服务高科技企业的科技银行。美国硅谷银行（Silicon Valley Bank，SVB）成立于1983年，其创始人比尔·彼格斯坦夫（Bill Biggerstaff）、罗伯特·梅德亚里斯（Robert Medearis）和罗杰·史密斯（Roger Smith）均有科技企业的背景，对初创科技企业融资问题有切身感受，因此硅谷银行创立的初衷就是服务初创的高科技企业，为其提供银行贷款等金融服务。1992年硅谷银行创新性地提出"硅谷银行就是为硅谷而服务的银行"，并明确了硅谷银行的服务对象为充满创新和风险的科技企业。这一创新型经营战略把硅谷银行的目标市场定位于新设立的、发展迅速但是风险很大的中小企业。由此，硅谷银行提高了对科技与生命科学等高新技术产业的投入。据2022年年报，硅谷银行总资产为2118亿美元，是美国第十六大商业银行。硅谷银行在很大程度上支持了美国高科技企业的发展，其成功经验主要在于三个方面。

第一，聚焦科技创新细分领域，提供专业化服务。硅谷银行明确其服务对象为软件及硬件、生命科学和医疗、私募股权和风投基金等几大产业，不轻易涉足自己不熟悉的领域，并专门成立由资深业界专家组成的风控及评估团队，帮助准确把握企业业务流程、专业技术、产品市场、成长潜力等，突破了传统银行专业人员不足、甄别企业潜力和有效控制风险难度大的问题，降低了银行与企业之间的信息不对称，提高了自身的议价能力和风险控制能力。通过专业化管理，硅谷银行极大地提高了在某些细分领域的覆盖率。2022年，风投基金支持的科技和医疗创业公司IPO中，44%是硅谷银行客户。

第二，与风险投资机构合作，创新投贷联动等多样化商业模式。硅谷银行开展了商业模式创新和风险控制创新，适应科创企业成长规律，

有效解决了收益和风险的匹配问题，形成了具有代表性的投贷联动模式。硅谷银行选择全美排名前 500 位的风险投资机构进行深度合作。例如硅谷银行创新性地开发了名为"快速启动"（Quick Start Package）的信贷产品，即任何项目只要获得了排名前 25 位的风险投资的资金投入，附带一定的认股权证，都可以在硅谷银行申请到贷款，期限为 18 个月，额度为 45 万美元，利率在基准基础上上浮两个百分点。这种"一刀切"（one-size-fits-all financing）的金融服务以简单、快捷的流程迅速打开市场，体现了科技银行专业化经营的特征。同时，硅谷银行还成为风险投资机构的开户行提供多种商业银行服务，并且直接投资于这些风险投资机构，成为它们的合伙人或作为风险投资机构的 GP 或者 LP 参与投资。

第三，为企业提供多元化系统性服务，延伸服务链条。在向创业企业提供贷款或其他服务后，硅谷银行仍与风投机构持续关注企业的盈利能力及经营状况，并提供管理培训、业务培训、资金支持等多元化服务，帮助改善创业企业经营状况。由于初创科技企业大多具有轻资产、重科技的特点，硅谷银行接受科技创新企业以专利技术抵押担保，一旦企业经营状况恶化，违约风险增加，硅谷银行可通过打包出售质押的专利技术来获得一定的补偿，减少坏账损失。

硅谷银行破产但其服务科创企业的成功经验值得借鉴。2023 年 3 月 10 日，硅谷银行宣布破产，破产的原因主要是客户结构单一以及美联储加息的外部冲击。在美联储加息的影响下，科创行业遭遇寒冬，创投机构和科创企业盈利下降。例如 2022 前三季度著名创投机构软银亏损约 70 亿美元，与科创行业高度相关的 NASDAQ 指数跌幅超过 30%[1]。一方面，硅谷银行的存款客户高度集中于创投机构和科创企业而非居民稳定存款——2022 年末硅谷银行存款中约 80% 来自创投机构和科创企业，负

---

[1] 徐忠. 观察近期美几家银行破产案的另一个角度［EB/OL］.（2023-04-18）［2024-05-08］. https://www.toutiao.com/article/7223208477446259258/?log_from=f72232084774462 59257dd7223208477446259423e7223208477446257515a_7223201686797281006.

债结构非常脆弱；另一方面，创投机构以及科创企业是硅谷银行的主要贷款对象。2022年末，硅谷银行贷款中约80%投向创投机构和科创企业。因此创投机构和科创企业的风险迅速从资产和负债两个维度向硅谷银行传染导致其破产。尽管短期受到冲击，但长期看科创行业仍有较高的增长前景，因此硅谷银行在科创领域的客户群体具有重要的价值。2023年3月27日，第一公民银行宣布收购硅谷银行，这有利于第一公民银行借助硅谷银行在科创领域的优势渗透创投和科创领域。

（二）为科技型中小企业提供个性化金融服务——日本政策金融公司经验

日本政策金融公司为科技型中小企业提供个性化金融服务。日本出台了多项措施支持中小企业发展，尤其是科技型中小企业，并建立了以日本银行为主导、民间金融机构为主体，以政策性金融机构为补充的金融支持体系。日本政策金融公司（Japanese Finance Corporation，JFC）于2008年10月1日由国民金融公库、农林渔业金融公库、日本中小企业融资公库和日本国际合作银行的国际金融业务4家政策性融资机构合并成立，对不同类型中小企业提供个性化金融服务。例如制定初创型企业贷款计划（New Start-up Loan Program），主要针对刚成立、尚未形成第二个会计年度财务报表的中小企业。若公司或创业者个人能拥有1/3的自有资本，则可提供无担保、无抵押的贷款支持，贷款金额最高可达1000万日元。日本政策金融公司还制定了应对挑战和资本强化支持计划（Provision Scheme for Challenge Support and Capital Enhancement），为满足条件的高科技中小企业以及具有一定就业效应的企业发放股权贷款支持企业开发新业务，增强企业活力，此项贷款无抵押无担保，贷款额度可高达3亿日元，偿还期从1个月到15年不等，并可被认定为企业次级资本。（见表11.2）

表 11.2 JFC 小微企业个性化特殊贷款产品体系

类别		贷款条件	贷款上限（万日元）	还款期限
新企业培育贷款（New Business Nurturing Loans）	初创企业基金	公司成立 5 年之内	7200（其中运营资金贷款最高为 4800）	设备贷款 <15 年，运营资金贷款 <5 年
	女性、青年、老年企业家基金	女性、30 岁以下或者 55 岁以上的创业者，公司成立 5 年之内	7200（其中运营资金贷款最高为 4800）	
	再创业助力基金	满足一定条件的创业个人（比如有公司破产记录），或者 5 年内二次创业的创业者	2000	
	新业务活动推广基金	正在开办第二业务的公司或个人（例如业务多元化、业务转变）	7200（其中运营资金贷款最高为 4800）	
企业活力增强贷款（Business Vitality Strenthening Loans）	企业活力增强基金	经营餐馆、批发、零售或服务业的公司或个人，以及新建商店、扩建现有商店或购买设备和机械的公司或个人	7200（其中运营资金贷款最高为 4800）	设备贷款 <20 年，运营资金贷款 <15 年
	IT 基金	投资信息技术的公司或个人	7200（其中运营资金贷款最高为 4800）	设备贷款 <15 年，运营资金贷款 <5 年
	区域竞争力和就业提升基金	经营范围对社会有贡献的公司和个人，或者投资行为创造更多就业的公司或个人	7200（其中运营资金贷款最高为 4800）	设备贷款 <15 年，运营资金贷款 <5 年
	财务改善支持基金	经营条件符合一定要求，希望通过扩大生产能力等来增加利润的法人或者个人	1500	设备贷款 <10 年
环境与能源贷款（Environment Energy Measure Loans）	环境与能源基金	购买节能设备或非化石能源的公司或个人，推动改善环境的公司或个人	7200（其中运营贷款最高为 4800）	设备贷款 <15 年，运营贷款 <5 年
企业振兴贷款（Business Revitalization Loans）	企业重建和企业继承支持基金	获得中小企业振兴支援委员会授权的支援或民事复原法授权进行重组的公司或个人，振兴成功的公司或个人	7200（其中运营贷款最高为 4800）	设备贷款原则上 <13 年，运营贷款原则上 <5 年

资料来源：JFC，"Overview of Operations"，https://www.jfc.go.jp/n/english/mbis/overview/ overview.html.，2023-03-30.

2021年日本政策金融公司共投放2.4万亿日元中小企业贷款产品。主要贷款产品包括六类。一是小微企业一般贷款，2021财年向119万家企业提供了商业贷款，其中大部分是小额贷款，大约90%的借款人是拥有9名或更少员工的微型/小型企业。这类贷款中超过90%的贷款是无抵押的。二是特殊贷款，包括初创企业贷款、企业振兴贷款等。2021财年共向26000家初创企业提供了贷款，包括尚未启动的企业和启动1年内的企业。三是安全贷款，为困难企业提供贷款，特别是为受到新冠疫情影响的小微企业提供几乎无息贷款。从2020年设立到2022年3月31日为止共发放与新冠疫情相关的贷款95.04万笔，总额超过11万亿日元。四是环境卫生企业贷款，支持与环境卫生相关的企业维持和提高卫生水平。借款人大多是雇员人数不超过9人的企业，约80%是独资企业，约60%是在创业之前或创业后5年内的企业。五是管理改进贷款，接受工商商会或工商协会等管理指导的小微企业可以在没有抵押和担保的情况下进行贷款。自1973年建立该项目以来，已经提供了大约520万笔贷款。六是教育贷款，为学生提供必要的教育费用。2021财年提供了约9万笔教育贷款。

担保体系完备。为了解决科技型中小企业的融资问题，日本建立了地方担保和中央再担保的双层信用担保体系，其中地方政府、公共团体共同出资成立中小企业信用担保协会，为中小企业融资提供信用担保；中央政府联合银行、大企业等共同出资成立中小企业保险公库，为中小企业信用担保协会提供再担保。这种担保体系加大了对中小企业融资的担保力度，也减轻了银行等金融机构的贷款风险（李诚鑫，2023）。

（三）通过担保银行进行风险分担——德国担保银行协会经验

德国采取以间接金融为主导的融资模式，银行业总资产占金融业总资产的比重约为60%。科技型中小企业出于保护控制权、税收优惠等原因，更加偏好银行信贷而非股权融资。

政策性银行与商业银行建立转贷模式支持科创企业。作为德国的政策性银行，德国复兴信贷银行（KFW）为中小企业尤其是高风险的科技创新企业融资提供强有力的支持。德国复兴信贷银行与商业银行建立了转贷合作模式。德国复兴信贷银行一般不直接与贷款客户接触，而是通过储蓄银行、信用合作社、商业银行等商业机构间接贷款给客户，并主要由转贷银行承担最终贷款风险。德国复兴信贷银行以较低利率向转贷银行提供资金，并定期对商业银行进行审查。转贷模式广泛带动了商业银行支持科技中小企业的积极性。除了转贷模式，德国复兴信贷银行还通过设立引导类投资基金，为初创期企业研究提供资金支持和长期融资。

商业银行为科创企业提供差异化服务。德国的商业银行、储蓄银行、信用合作社被称为"全能银行"。除承接德国复兴信贷银行的"转贷"外，这些信贷机构自身也积极服务中小企业。在中小企业信贷市场中，德国复兴信贷银行（转贷模式）占比约30%，信贷机构自身贷款约占到70%（赵晗等，2022）。不同类别的商业银行为中小企业提供差异化服务。德意志银行、德国商业银行等大型商业银行通过产品创新加大对科创企业的支持力度。例如，德意志银行可为初创期的小微企业提供长达十年的无息或低息信贷项目。德国商业银行为中小企业降低票据融资业务的门槛至50万欧元。储蓄银行与信用合作社专注于服务区域内企业。储蓄银行和信用合作社的经营范围仅限所属区域内等，它们积极服务区域内中小企业，建立了与中小企业共同成长的文化理念。

德国担保银行协会为科技型中小企业提供贷款担保。为分散银行信贷风险，德国建立了以担保银行为主体的融资担保体系。成立于1990年的德国担保银行协会（VDB）代表德国17家担保银行，每年约为一半的中小企业信贷提供担保，在创新型中小企业贷款中这一比例更高。2020年，担保银行共支持了6400多个项目，支持金额超过14.5亿欧元。

从实践来看，担保银行的良好运营主要得益于以下几个方面。一是明确界定业务范围。德国担保银行是由商业银行、手工业商会以及工商业协会等机构共同发起设立的私人股份制公司。根据《德国银行法案》规定，担保银行属于信贷机构，但不以盈利为导向、不吸收存款、不发放贷款，只能从事贷款担保业务，担保重点是各自联邦州的创业型、成长型中小企业。据统计，2019年德国担保银行约有57%的项目属于为初创企业（超过3000家）提供担保，2020年受疫情影响这一比例有所下降，但依然达到了47%。二是与商业银行密切合作。在业务开展方面，德国担保银行不直接接收企业申请，而是通过商业银行"转担保"。即企业通过银行（可以指定不超过3家）提出申请，由银行对可能的融资额度、期限、抵押品和还款结构等出具报告。担保银行对担保申请进行评估，再依据企业业务情况、信用管理、抵押物质量等将其分为18个信用等级并确定担保额度。德国储蓄银行是担保银行最大的合作伙伴，2020年担保贷款金额为9.065亿欧元，约占其全部担保份额的49.4%。三是与政府合作构建风险分担机制。德国担保银行虽然是私人机构性质，但享受政府的税收优惠政策，且只要其新增利润仍用于担保业务便无须缴税。在风险承担方面，德国担保银行与商业银行承担的贷款风险比例分别为80%和20%。其中，由担保银行承担的80%中，联邦政府和州政府再承担65%—80%（各州比例有所差别）。例如，在德国新州，联邦政府和州政府分别按照48%和32%的比例为担保银行分担风险，若发生信贷损失，担保银行仅需承担剩余16%的信贷金额。

四、我国科技信贷的实践和特点

（一）我国科技信贷发展历程

我国科技信贷经历了从政策主导到市场化的发展过程。我国科技信贷始于 20 世纪 80 年代，1985 年中国人民银行发文鼓励商业银行开展科技信贷业务，自此我国商业银行等金融机构不断探索完善金融支持科技企业发展的路径，不断促进科技产业与金融发展的融合。2006 年，国务院发布《实施〈国家中长期科学和技术发展规划纲要（2006—2020 年）〉的若干配套政策》，明确提出了支持科技自主创新的七条金融政策。2019 年，原银保监会和科技部联合发布《关于进一步加大对科技型中小企业信贷支持的指导意见》，对科技金融工作的开展从宏观层面进行了引领。总体而言，为鼓励商业银行发展科技金融，解决科创企业的融资困境，我国相关法律法规日益健全完善，各级政府的扶持力度不断加大，政策环境不断优化，在此基础上，我国商业银行结合本土市场特点积极探索支持科创企业发展的可行模式，并在组织架构创新上进行了有益尝试，包括成立科技金融创新服务中心及在各地设立科技支行等（朱鸿鸣等，2012）。通过对历史梳理发现，我国科技信贷的发展分为以下几个阶段：

一是萌芽阶段（1980—1984 年），地方性探索。1980 年 7 月，浙江省科学技术厅通过中国人民建设银行浙江省分行向科研单位发放有偿科研经费，首次将银行机制引入科研经费配置过程中，在一定程度上发挥了贷款的约束机制。1983 年，湖南省湘潭市科委和中国人民银行湘潭市支行联合颁布的《关于银行贷款支持科技发展的试行办法》指出，银行对企业科技成果的推广和新产品的开发予以贷款支持。1983 年 7—9 月，中国人民银行襄樊（2010 年改名为襄阳）支行，襄阳市科委、经委、财政局联合制定和颁布了《襄樊市科技贷款试行办法》，从中短期设备贷款（技术改造贷款）中单列一部分额度作为科技贷款。此外，1984 年青海、西安、大连等省市也进行了科技贷款的探索。

二是初步发展阶段（1984—1989 年），工商银行开展科技贷款。在地方性探索的基础上，科技贷款逐渐向全国探索及推广。1984 年 8 月 30 日发布了《中国工商银行关于科研开发和新产品试制开发贷款的暂行规定》，明确工商银行在全国范围内开展科技贷款。1985 年 10 月 7 日发布的《中国人民银行、国务院科技领导小组办公室关于积极开展科技信贷的联合通知》规定"各专业银行和其他金融机构,要在其核定的信贷计划总量范围内,调剂一部分贷款,积极支持科技事业的发展",这标志着科技贷款有了国家层面政策的支持。1986年5月发布的《中国工商银行关于科技开发贷款的若干规定》和1986年11月发布的《中国工商银行关于科技开发贷款几个问题的通知》,加速了工商银行在全国大幅度推广科技贷款的力度。

三是高速发展阶段(1990—1997年),信贷风险提高。中国人民银行从1990年开始在国家信贷综合计划中增设科技开发贷款项目,各银行科技贷款的规模大幅度增加。1996年工商银行共发放科技贷款85亿元,较1990年增长2.10倍,较1985年增长13.83倍,占商业银行科技贷款的七成左右。除银行外,非银行科技金融机构的迅速发展。到1995年底省市级科技信用社、科技信托投资公司已发展到29家,累计发放科技贷款40.9亿元。在高速增长的同时,科技贷款的风险也不断增加。例如1994年6月末湖南省科技开发贷款中逾期贷款、呆滞贷款、呆账贷款占比分别为19.14%、7.76%和1.91%。

四是调整阶段(1998—2005年),市场化程度提高。随着1998年中国人民银行取消贷款规模的管理以及国有商业银行改革的加快推进,前一阶段积累的科技贷款风险得以化解,科技开发贷款项目取消,银行不断探索科技贷款机制、内涵和供给主体的创新。在机制方面,银行不断加强风险约束机制,科技部门对科技贷款的影响大幅削弱。在内涵方面,银行从关注国有科技企业或科研院所转向更多地关注科技型中小企业。在供给主体方面,商业银行对科技贷款的支持力度减小,政策性银行(主要是国家开发银行)对科技贷款支持力度加大。

五是再发展阶段(2006—2016年),探索多种服务模式。2005年末和2006年初先后发布的《国家中长期科学和技术发展规划纲要(2006—2020年)》和《国务院关于实施〈国家中长期科学和技术发展规划纲要

（2006—2020年)》若干配套政策的通知》开启了科技贷款的再发展阶段，主要特点包括：以国家开发银行为代表的开发性金融迅速发展，科技支行模式在全国范围内探索，科技小额贷款公司不断发展。

六是创新阶段（2016年至今），提升服务、机制和产品创新。2016年8月，国务院正式印发《"十三五"国家科技创新规划》，明确提出健全支持科技创新创业的金融体系，发挥金融创新对创新创业的重要助推作用。目前，银行信贷是科技型企业获得资金的主要方式，全国各地纷纷加大信贷支持创新力度，优化科技企业融资环境。首先，健全科技金融专营服务体系。各地通过设立科技银行分支行，配备科技金融专业人员等方式增强科技金融服务专属性。很多银行积极把握国家创新驱动发展战略机遇，针对科技型企业的特点，从准入、审批，到签约、放款，建设全流程绿色通道，降低融资成本，保障服务质量和效率，提升服务内生动力。同时，银行不断深化与本地政府部门、担保公司、保险公司、投资机构、各类金融科技平台等多主体的合作联系，建立了多层次合作模式。其次，创新科技金融产品。各银行针对科技型企业轻资产、高发展、重创新的特点，加强金融产品创新。银行信用贷款和知识产权质押贷款比重不断加大，股权质押、保单、仓单和订单等相关创新产品不断涌现。部分银行整合信息流、资金流和物流，通过供应链上下游核心企业为科技型中小企业增信，加快发展供应链金融。部分银行探索推出针对不同生命周期科技型企业的金融产品，产品组合丰富，续贷方式灵活，为高成长性企业提供全方位融资服务。最后，探索投贷联动模式。2016年4月，中国银行业监督管理委员会、中华人民共和国科学技术部、中国人民银行联合发布《关于支持银行业金融机构加大创新力度开展科创企业投贷联动试点的指导意见》，启动银行业投贷联动试点工作。试点银行加快完善投贷联动组织架构设置、业务管理与机制建设，积极支持科创企业发展。目前，投贷联动业务仍处于项目储备与初始探索阶段，以贷款为主，以投资为辅，业务增速较快，但整体业务规模较小。

（二）探索多种发展模式——银行案例分析[①]

1. 中国工商银行：科技金融创新服务中心模式

设立科创企业金融服务中心。2018年11月，中国工商银行在上海设立了总行级科创企业金融服务中心（上海），开启科创金融专营之路。经过探索和实践，工行上海科创中心逐步构建了"五专四全"的科创金融服务和产品体系，聚焦集成电路、人工智能、生物医药等战略新兴产业，支持了一大批科创企业。2021年4月，工商银行在武汉成立了科创企业专享金融服务机构——中国工商银行科创企业金融服务中心，采用"科创金融发展委员会+科创中心+3家特色支行+N家辖内各分支行"组成的科创金融营销服务新架构，有效推动科创金融服务的整体设计和资源统筹，重点面向湖北区域内高技术客群，通过创新服务模式，为科创企业提供投融资、风险管理、投贷联动等综合化、专业化、特色化金融服务。

高新区科技金融创新服务中心。2021年9月24日，中国工商银行与科技部火炬中心联合发布通知，共同开展科技金融创新服务"十百千万"专项行动，择优选择在10家国家高新区内建设科技金融创新服务中心。围绕"金融服务+"的核心，针对国家高新区创新发展的特点，提供差异化服务产品和配套资源，致力于打造集创新金融服务、科技政策办理、科技企业辅导、资源整合对接于一体的综合服务平台。同时，中国工商银行还积极探索新型政银合作模式，积极推动分支行加强与国家高新区的合作，建立常态化对接沟通机制，完善产业链供应链金融服务，不断探索投贷联动业务模式，形成综合金融服务方案。此外，中国工商银行还创设"企业创新积分制"等工具，帮助准确评价企业的创新能力，对筛选出来的创新能力强、成长潜力巨大的初创企业，提供定制化

[①] 除特别注明外，相关数据来源于安徽、陕西、上海和北京等地调研。

金融产品和多元化增值服务,并推出"创新积分贷"等专属信贷产品,满足科创企业融资需求。(见表11.3)

表11.3 首批科技金融创新服务中心

序号	依托中国工商银行分行名称	国家高新区名称	中国工商银行对接服务支行名称
1	广州分行	广州高新技术产业开发区	广州经济技术开发区支行
2	合肥分行	合肥高新技术产业开发区	合肥科技支行
3	苏州分行	苏州工业园	苏州工业园支行
		苏州高新技术产业开发区	苏州高新区支行
4	深圳分行	深圳高新技术产业开发区	深圳高新园支行
5	杭州分行	杭州高新技术产业开发区	杭州科创支行
6	成都分行	成都高新技术产业开发区	成都高新支行
7	北京分行	中关村科技园区	北京中关村支行
8	上海分行	上海紫竹高新技术产业开发区	上海普陀支行
9	武汉分行	武汉东湖高新技术开发区	湖北自贸区武汉片区分行
10	无锡分行	无锡高新技术产业开发区	无锡新吴支行

资料来源:科学技术部火炬高技术产业开发中心。

2. 汉口银行:投贷联动模式

汉口银行原名武汉商业银行,成立于1997年12月16日,是一家总部设在武汉、具有独立法人资格的区域性股份制商业银行。2009年,汉口银行提出走科技金融特色发展战略。2010年12月,汉口银行成立科技金融服务中心,成为全国首家"1+N"式一站式科技金融服务平台。2016年4月,汉口银行被正式批准探索投贷联动业务。截至2022年6月末,汉口银行服务科技企业超过4000家,90%为民营科技中小企业,科技金融贷款余额达265亿元。汉口银行的成功主要得益于以下几个方面。

一是确定"债权+股权"的综合服务模式。汉口银行首先明确了目标客户群,目标企业类型侧重于处于发展初期、成长潜力较突出的科技企业，行业侧重于光电子信息、生物医药、节能环保、现代服务业等试点区域优势产业及大消费产业。2010年，汉口银行对武汉东湖高新区多家科创企业开展调研，制定了"债权+股权"的综合服务模式。

二是提供全生命周期的差异化综合服务方案，满足客户多样化需求。不同客户所处行业不同、发展阶段不同，为平衡风险与收益，汉口银行积极开展金融产品服务创新探索，针对不同客户特点，通过开展先投后贷、先贷后投、投贷结合、选择权贷款、顾问咨询等业务，补齐企业发展中政策、资金、管理、市场等各项短板，全面提升服务客户的能力和质量，有效提升服务企业、管理资产的效率。

三是同各方合作，积极开展金融产品和服务创新。汉口银行与政府、担保机构合作推出风险分担产品"科担贷"，与武汉市科技局、保险公司合作推出保证保险类产品"科保贷"，与券商合作推出信用类产品"三板通""科创上市贷"，为拟在新三板挂牌、科创板上市的科技企业提供阶梯化授信。同时，还积极为轻资产的中早期科创企业提供法人保证、关联公司保证、知识产权质押、股权质押等准信用担保的信贷产品。截至2022年9月，汉口银行共有四大类20多项特色产品，满足企业在不同发展阶段的融资需求。

四是打造客户培育体系。持续收集分析上市后备企业、专精特新"小巨人"企业、人才企业等各类优质企业名单，开展定向客户营销，提升重点客户覆盖面和业务贡献度。针对"专精特新"企业组织召开专项营销推进会，实现区域的全覆盖、客户的全对接。优化完善三层项目库建设，对客户实行动态分层管理，不断壮大科技金融中坚客群。

3. 杭州银行：科技支行模式

杭州银行成立于1996年9月，总部位于杭州，坚持服务区域经济、中小企业和城乡居民。目前已拥有超过250家分支机构，网点覆盖长三角、珠三角、环渤海湾等发达经济圈。2009年杭州银行成立了科技支行，积极推动科创金融组织创新和制度创新，主要包括以下几个方面的特点。

一是组织架构转型升级。杭州银行研究制定《科技文创金融体制机制优化实施方案》，明确专营化组织架构由"1+6+N"向"4+4+N"升级，构建形成北、上、深、杭四大中心，四个区域专营机构，N个特色团队的组织架构，建立科创企业成长性评价模型，持续开发优化科技金融专项产品。2021年7月30日，杭州银行正式挂牌成立科技文创金融（北京）中心，科创金融组织体系日益完整，涵盖科技文创金融发展和科技文创金融管理两大板块。其中科技文创金融发展板块为科技文创金融专业营销机构，定位于营销职能，包括各业务部门及专营支行；科技文创金融管理板块为专业管理与服务支撑部门，定位于管理职能，包括科创金融部、资产托管部、专职审查团队。

二是持续创新完善产品体系。杭州银行科技金融已形成"6+1"产品体系，涵盖企业全生命周期。"6"即"科易贷"（以人定贷）、"成长贷"（以销定贷）、"诚信贷"（以信定贷）、"科保贷"（以保定贷）、"银投联贷"（以投定贷）、"伯乐融"（以费定贷），"1"即"选择权"，为成长型科技文创企业量身打造金融服务方案。2021年，围绕技术与内容两大驱动力，杭州持续完善产品体系，不断迭代优化标准版科易贷、科保贷等产品，开发"随心贷""分期贷"等用款便利模块。结合发明专利、版权质押等国家政策导向，探索创新行业专属化产品，重点突破生物医药、医疗器械、芯片设计、影视、游戏等行业特征显著的项目融资，创新"知产+"产品系列。持续优化投资联动系列产品，更好地满足科技文创企业不同时期发展特点和核心需求。

三是明晰目标客户群。杭州银行科技金融投贷联动业务明确要求企业具有核心竞争力、知识产权、高端人才，定位于技术密集型企业，关注企业未来的成长性，投贷联动业务授信额度多集中在1000万~4000万元。在担保方式上，杭州银行创新使用信用和知识产权、应收账款等无形资产作为抵质押品，解决轻资产客户的担保难题。

4. 浦发硅谷银行：科创金融生态系统模式

浦发硅谷银行成立于2012年8月，由上海浦东发展银行和美国硅谷银行共同组建成立，双方各持50%的股份。其定位是一家专注于为中国高科技企业及其金融投资者提供金融服务的科技银行，经营模式主要参照其股东美国硅谷银行。2017年，除上海以外，浦发硅谷银行在北京开设了首家分行，随后又于2018年开设了深圳分行，初步完成了对中国三大创新中心区域的布局。针对科创企业轻资产、高风险的特点，浦发硅谷银行借鉴了美国硅谷银行的风险控制模式，通过聚焦专业服务领域，并与优秀的风投机构建立深度合作，为科创企业提供了最优化的债股比例和最合理的资金成本。浦东硅谷银行的运营模式主要体现了以下几个特点。

一是聚焦专业细分赛道的目标客户群。浦发硅谷银行的客户群主要是高科技企业及风投机构投资的企业，其客户群涉及40多个赛道，其中有八个行业组重点布局，包括医疗健康、企业服务、半导体集成电路技术、人工智能与大数据、金融科技、智能制造、新消费和产业互联网。围绕这八个赛道，浦发硅谷银行打造了八个行业组以及若干重点细分赛道，通过挖掘及积累相应人脉，深度聚焦产业发展。

二是打造科创金融生态系统。浦发硅谷银行将自己定位为科创金融生态圈的连接者，与超过100家头部投资机构建立了深度合作关系，并与科技园、孵化器、政府机构和银行等多部门开展了全方位的多渠道合作，逐渐建立起一个跨区域、跨行业的科创金融生态系统。通过连接各方渠道，浦发硅谷银行突破了传统银行与风投机构存在的双重桎梏。截至2021年，浦发硅谷银行共服务了约3000家企业客户，其中约40%的客户是B轮以前的早期公司，60%是从成长期一直到IPO的企业。2017—2021年第一季度，浦发硅谷银行客户中共有27家客户在海内外上市[①]。

---

① 36氪专访.浦发硅谷银行：一家All in科创圈的银行［EB/OL］.（2021-04-30）［2024-05-06］.https://zhuanlan.zhihu.com/p/369138256?utm_id=369138250.

三是实行高标准的贷前和贷后管理。浦发硅谷银行在贷前科学评估计算授信额度,依据行内评估机制研判科创企业的真实风险,并对企业现金流进行测算。除此之外,浦发硅谷银行还会结合科创企业所处的发展阶段及目前获得的天使轮融资、A轮融资情况等,综合各方数据得出授信额度。此外,浦发硅谷银行还明确规定应对提供金融服务的客户实行严格的贷后管理,通过监测企业资金流动、跟踪企业发展状况等,及时了解企业经营情况及盈利能力,并在有需要的时候采取补救措施,降低损失风险。

四是创新金融产品,为初创企业提供多元产品服务。浦发硅谷银行为高质量科创企业提供信用贷款、应收账款池融资及认股期权等多种融资服务组合,充分适配初创企业特点,并满足其融资需求。其中信用贷款是符合初创阶段企业特征的无抵押、无担保的中长期贷款,应收账款融资与公司发展规模挂钩,公司可贷出的余额与其应收账款余额匹配。对与高成长性、发展潜力大的初创企业,浦发硅谷银行可同时为其配套认股期权,约定行权条件为公司上市或被收购。多元化产品服务在最大限度上补偿了银行的风险成本,降低了企业的融资成本和财务负担,可谓一举双赢。

五、我国科技信贷存在的问题

赴安徽、陕西、上海和北京中关村等多地的银行和科创企业的访谈,发现我国科技信贷主要存在三个方面的问题。

1. 风险收益不匹配导致银行"不敢贷、不能贷、不愿贷"

银行和企业信息不对称导致银行"不敢贷"。一方面,科创企业风险高。科技型企业主要分布于高新技术产业及传统产业技术含量较高的产业链环节,是新产业和新经济的天然追逐者,具有不可替代的战略地位和优势,但其成长过程具有高度的不确定性和风险性,企业失败率较高。科创企业知识密集、行业差异大、运营相对复杂，普遍存在轻资产、高成长性、信息透明度低等特征，难以获得传统金融支持，具体表现在，科创企业产品需求和竞争力存在不确定性，科创企业战略水平、经营能力、管理规范参差不齐，科创企业受政策支持力度影响大。另一方面，银行风险偏好低。银行秉持的低风险偏好和科技型企业的高风险特点之间仍在结构性矛盾，而两者之间的信息不对称更加剧了这种矛盾。特别是初创期科技型企业财务制度不健全，银行无法有效掌握企业财务、资信等情况，无法判断企业的真实经营情况，导致传统银行运作机制不具有对科技型企业的融资动力与功能。银行表示，行业研究分析有一定的专业壁垒，银行对各行业科创企业门类技术难以在短时间内深入掌握，影响投资审批效率和质量。信息不对称不利于风险管理及评估，也不利于企业创新和产品推广。

银行风险收益不匹配导致银行"不能贷"。一方面，银行风险收益不匹配。银行表示，目前银行支持科创企业的风险补偿机制不健全，风险收益不匹配，投贷联动不足，资金难以有效整合。银行对新创的、不确定性强的企业或项目持谨慎态度，更愿意将资金投向成熟型企业或项目。某科创企业提出，企业发展初期缺钱时没人理，成熟期不缺钱时偏要给。另一方面，创新型金融产品匮乏。银行产品创新能力不足，无法满足高科技企业多样化的需求。传统银行对高科技企业主要拥有的知识产权、专利权等无形资产缺乏重视，不利于高科技企业贷款。

"尽职免责"机制难以有效发挥作用导致银行"不愿贷"。目前各银行均已建立尽职免责制度，但实际执行时免责认定程序复杂，且缺乏对授信工作尽职过程的有效评价机制，往往是以结果追诉导致"问责难免"，降低了银行信贷人员对科创型小微企业授信业务的积极性。

2. 科技信贷存在结构性失衡，金融中介体系不健全

一是科技信贷存在结构性失衡。一方面，中试孵化阶段获取资金较难。调研发现，实验研究阶段资金需求较小，内源性融资足以进行支

持。规模化生产阶段风险较低，企业利润不断增加，也较为容易获得银行贷款。但中试孵化阶段资金获取比较困难。该阶段受技术效果不确定和市场定位尚需观察等因素制约，风险较大，银行等传统机构为保证资金安全参与意愿较低。另一方面，短期贷款占比高，缺乏中长期资金支持。现阶段，银行对科技型企业提供的贷款以短期、流动性贷款为主，中长期贷款总体比重有限，难以满足科技型企业的融资需求。贷款期限与研发周期不匹配，"科技研发贷"等信贷产品供给不足。

二是缺乏金融中介机构。传统的人工服务环境下，企业、政府、投资平台与银行之间缺乏可直接对接的有效平台载体。基于互联网大数据等技术手段的筛选服务仍处于比较初级的阶段，优质企业项目、相关支持政策等信息内容难以及时有效传递。而且，银行主要依赖第三方机构对知识产权进行价值评估，但市场上缺乏权威评估机构，不同评估机构对于同一知识产权评估价值差异较大。同时，缺乏有效的信息中介。目前企业信用信息分散在工商、税务、财政以及中国人民银行等多部门，各类信用数据缺乏有效的共享机制，银行难以对小微型科创企业做出客观的信用评价。

3. 知识产权担保、融资增信和信用评估仍不完善

知识产权担保融资仍存在制约。尽管银行根据高新技术企业的特点开发了一些信贷产品，但很多仍处于试点阶段，契合度不高。大多数高新技术企业在注册资本金中有一部分是无形资产。尽管对于高新技术企业来说，无形资产是相当宝贵的财富，但银行为了最大限度规避风险，一般要求贷款必须有房产等有升值空间且易于变现的抵押物作为担保。把资金主要用于科学技术研究和产品开发的高新技术企业尤其是中小型企业往往满足不了这个条件。当然，即使在西方最发达的国家，由于知识产权具有特殊的专业性和复杂性，大部分商业银行对知识产权融资均采取了谨慎的操作态度。调研企业表示，企业的主要资产是核心专利技术，有形资产少，因此在银行贷款中存在审批流程慢、授信额度低、贷

款期限短等问题。由于知识产权定价复杂、贷款审批成本高、违约清算难以变现等原因，目前银行的知识产权担保贷款仍存在一定的制约。

融资增信体系有待完善。目前，在科技创业创新领域，政府部门已推出了担保和风险补偿措施，但总体来看，使用条件较为严格，撬动作用尚需提高。如一些地方虽然建立了科技贷款风险补偿基金，但同时又规定了银行获得风险补偿额的上限，一定程度上限制了银行提高信贷投放的积极性。同时，担保公司不能从根本上解决企业无抵押物问题，如果企业没有足够的抵押物则需通过担保公司进行担保。担保公司要想从源头规避风险只能寻找优质客户，要求企业提供抵押物，即所谓的"反担保"。"反担保"程序使得企业花了更多的时间、金钱和精力，却可能还是因为没有抵押物而贷不到款。当前担保公司向科创企业收取的费用已有所下降，但仍存在反担保条件严格、代偿率较低、担保资金没有及时补充等问题，科创企业普遍具有的专利等知识产权担保增信效果尚未显现。

信用评估体系不健全。首先，当前信用评估系统中只存有发生过贷款行为的企业信用评估，对于从未贷过款的优质高新技术企业却没有信用评估。其次，信用评估系统评估时过多地依赖企业的财务报表而忽略了法人代表及高级管理人员的信用、整个团队的管理经营能力、产品占有市场的潜力。再次，担保公司为企业担保，需要企业请担保公司认可的外部信用评级机构进行评估，但当企业获得担保后去银行进行贷款时，银行仍要再对企业进行一次内部信用评级。这种不一致导致了社会成本增加。最后，银行判断企业是否守信的标准过于机械化。例如，企业在还款期限快到时，业务上出现资金周转紧张，为保住企业信誉按期还款，企业通过其他方式筹集到了款项，但银行却认为企业信用出现问题。

六、完善银行对科创支持的政策建议

银行贷款是我国科创企业融资的主要渠道，对于科创企业发展起到了重要作用。未来，应从机制设计、配套制度、风险补偿等多个方面完善银行对科创的支持。

一是建立适应科技创新行业融资的体制机制。进一步引导银行加强体制机制创新，鼓励其建立符合科技创新行业特点的信贷管理模式，提高金融服务质量和效率，发挥示范带动作用。鼓励银行加强与政府部门、科研院校的合作，建立科技专家评审队伍，降低信息不对称。引导银行建立科技金融风险管理模型，完善科技金融风险内控机制，落实尽职免责机制，适当提高风险容忍度。鼓励银行业银行深耕科技创新各子领域，根据科创企业发展阶段的不同需求，设计相匹配的信贷产品。引导银行制定支持科技领域行业发展的信贷指引，建立健全信贷人员尽职认定和免责处理的相关细则，能够真正可操作、可评价，为信贷人员开展科技金融业务提供明确、切实、有力的支持。

二是推进信息服务平台等金融中介的建设。科创企业的风险特征和差异化可能影响投资方对科创企业筛选、审批的效率和质量。政府应牵头完善科技创新行业信息共享平台，提高企业信息透明度和行业信息公开性，缓解信息不对称的问题，增强银行对科创企业筛选识别、风险研判等能力。支持设立和发展服务于科创企业的融资担保公司、金融租赁公司、融资租赁公司、商业保理等机构，以及会计、律师、资产评估、信用评级等中介服务机构。

三是完善支持科创企业风险的补偿机制。由于科技型企业"轻资产、高风险"的特点，银行投资科技企业风险明显高于大客户和个人。应引入国有融资性担保公司、担保风险补偿基金等，建立完善风险补偿机制，提高银行积极性。引入竞争机制，鼓励银行开展科创金融产品创新，推动知识产权等质押业务发展，满足创新主体需要。

第十二章

科技保险

科技保险是分散和转移科技风险的重要手段,对于提高科创企业的创新能力和盈利能力具有重要的作用。美国科技保险的重要特点是体制完善、服务专业、深度参与和技术创新,科技保险有力地推动了美国科创企业的发展。2007 年,我国科技保险正式启动,主要采用"政府引导 + 商业化运作"的发展模式。借鉴美国经验,我国可以从政府和市场两个方面建设我国科技保险市场。政府应完善监管引导作用,市场需进一步加大创新力度,提高服务能力。

一、科技保险的定义

科技创新伴随着科技风险。科技风险理论最早由德国社会科学家乌尔里希·贝克(Ulrich Beck)提出。1986 年,贝克出版了《风险社会》一书,认为人类文明已步入后工业社会。在工业文明不断发展、物质财富巨大收获的同时,各类风险也呈现高频率爆发态势(王琦,2021)。此后国内外学者对科技风险进行了大量的研究和讨论。总的来看,广义的科技风险是指由于科技活动的复杂性可能给人类社会造成各种损失、危害或灾难的风险(孔飞,2020)。狭义的科技风险是指在科技研发、成果转化和高新技术企业产业化过程中,由于外部环境的不确定性、项目本身的复杂性,以及研究人员科技开发能力的有限性而导致科研开发项目失败、中止或达不到预期目标的可能性(谢科范,1994)。科技保险关注的是狭义的科技风险。

科技风险贯穿科技研发、转化和应用的全过程。科技风险的来源包括三个方面。一是不确定的外部环境，包括自然环境、社会环境和政治环境等，可能导致实验条件、市场需求和行业前景的变化；二是科研项目本身的复杂性，科技创新本身就是一个艰难的过程，从构想到实施再到应用包含多个环节、涉及多个主体、具有多种模式，其复杂性使项目实现预期难度较大；三是人员能力的局限性，科技创新需要参与人员具备科学研究、成果转化、市场沟通等多项能力，对科研项目人员提出了较大挑战。根据科技创新的过程，科技风险可分为三类。一是科技研发的风险，即在项目立项到形成研究成果的过程中，可能面临资金不足、设备损坏、研究人员能力有限等问题，导致研发失败、研发中止、研发延期等风险。二是成果转化的风险，即已有科技成果转化为生产力的过程中，可能面临资金不足、设备损坏等问题，导致转化失败，无法成功形成新产品、新工艺、新材料、新产业的风险。三是市场应用的风险，即产品在应用推广过程中遇到困难，包括产品市场竞争力低、需求低迷等。

科技保险是控制科技风险的重要手段。科技风险具有复杂性、关联性和隐蔽性（张明洁，2020）。一是复杂性。科技风险的原因、形式、导致的后果是多种多样的，存在很大的复杂性，这使科技风险的预测和防范存在很大难度。二是关联性。科技风险贯穿科技创新的全过程，不同风险会累积叠加，一种风险会触发多种相关风险。如研发过程某个环节的资金不足导致整个项目终止，可能导致企业资金周转困难，无法偿还贷款出现信用风险。三是隐蔽性。由于科技创新本身是一个复杂而专业的过程，因此科技风险具有很强的隐蔽性，这也增加了企业控制和识别科技风险的难度。总的来看，科技风险的控制存在难度，因此科技保险成为分散和转移科技风险的重要手段。

科技保险是以科技风险为保险标的的保险。虽然从20世纪四五十年代起，欧美等发达国家开始逐步探索使用科技保险，但在理论方面，国外没有对科技保险概念的明确界定，也没有系统的理论体系。20世纪90年代，我国学者逐渐关注科技保险，并对其概念和理论进行了大量讨论。科技风险是制约科学技术进步的一个主要因素，科技保险是以科技活动作为保险标识的险种（谢科范和倪曙光，1995）。科技保险也可以定义为规避开发活动中因诸多不确定的外部影响导致科研开发项目失败、终止、达不到预期的风险而设置的保险（刘如海和张宏坤，2007）。有研究从狭义和广义的角度定义科技保险（徐雪原，2016）。从狭义角度来看，科技保险是承保科技创新过程相关风险的特殊保险。从广义角度来看，科技保险还包括科技贷款保证保险和资产证券化产品保险等。总的来看，科技保险是指以技术创新面临的科技风险为保险标的、企业根据需求向保险公司投保、并在风险发生时向保险公司要求赔偿的保险方式。

科技保险可以有效提高科技企业的创新能力。研究认为，科技保险在很大程度上促进了企业的研发成功，提升了企业的创新能力。通过分析1985—1994年美国高技术企业的数据我们发现，研发设备投保金额和产品质量投保金额对专利获准数有显著的正向影响。通过分析以色列139家科技企业发现（Tether，1998），企业研发人员健康保险与企业的高技术产品种类高度相关。研究认为科技保险有助于科技企业自主创新（Sachs，2016），知识产权保险对技术创新有重要影响（Peukert，2017）。国内研究也认为科技保险对于促进企业高新技术创新提高核心竞争力有着重要的作用（辛毅，2007），科技保险有利于促进社会研发投入，从而提升社会科技创新能力（王霞，2017）。

科技保险有助于拓宽企业融资渠道。企业在科技创新时存在较大的财务压力，技术创新的高风险使企业面临成本高、融资困难、资金不足等问题。科技保险可以通过多种渠道有效缓解企业的资金困难。一是理赔阶段为企业的风险提供经济补偿来弥补企业损失、降低企业成本、优化企业资产负债表和降低融资溢价。二是评估阶段对企业的科技风险进行科学评估，提高企业的信息透明度和风险可控性，降低企业与投资者的信息不对称，有助于企业通过银行或资本市场融资。三是保险公司可以利用保险资金和服务高技术企业的专业优势，与私募基金、风险投资、众筹平台等合作，投资高技术企业，进一步拓宽企业的融资渠道。

二、美国科技保险的成功经验

美国针对企业科技创新活动开展多种类型的商业保险。美国、欧盟等发达国家对于科技保险进行了有益的探索、创新和尝试，积累了许多先进的实践经验。早在20世纪50年代，发达国家就开始关注科技风险，并且推出一些规避科技风险的险种。以美国为例，美国国际集团、美国丘博保险集团、美国圣保罗旅行者保险公司等大型保险公司凭借自身在科技领域和风险投资方面的经验和优势，针对科技企业的相关风险设置了一系列保险产品。

（一）服务专业，为科创企业提供一站式产品——美国丘博保险集团经验

美国丘博保险集团服务科技创新企业超过30年。美国丘博保险集团（Chubb，简称丘博）1882年创建于美国纽约，是美国十大上市保险公司之一，也是美国最早涉足科技风险领域的保险公司之一。丘博面向生命科学、信息技术、通信和可再生清洁能源等科技创新产业提供服务超过30年。对于这些行业的特殊需求，丘博发展形成了行业专属定制化的产品并提供涵盖多险种的一站式服务。丘博还为中小企业提供专属的中小企业保险（Small & Medium-Sized Enterprises Insurance）。

丘博为科技创新企业提供了技术责任保险。丘博认为，90%的科

技公司索赔都是由违约引起的，科技公司的主要风险是它们提供给客户的产品/服务失败所带来的合同责任。技术公司既面临有形风险（例如与公司实体产品相关的风险），也面临来自第三方的无形风险（例如建议或设计方面的风险）。因此，对科技公司来说，有形和无形风险的专业赔偿是必不可少的。保险内容包括六个方面。一是对于错误及遗漏的专业赔偿，因错误及遗漏导致履约的不完善或未能履约而产生的财务损失，包括对基于绩效的合同责任和合同中承担的责任的保护，还可以扩展到涉及争议工作的未付费用。二是知识产权、隐私等媒体责任，包括侵犯知识产权、侵犯个人隐私权、诽谤等，违反保密规定等。三是网络保险，包括由安全漏洞事件引起的信息暴露的第一方费用和第三方责任保险。四是一般责任，包括身体伤害、财产损害、人身伤害、产品危害和污染责任等。五是产品召回费用，包括为召回和重新拥有可能造成身体伤害的产品而发生的费用报销。六是在恐怖主义和政治暴力中，为恐怖主义、骚乱、罢工和民事行为提供最高1亿美元的基本、超额或全额担保。

丘博为生命科学行业提供全方位的定制化服务。考虑到生命科学行业节奏快，创新性强，竞争激烈，生命科学公司很容易受到一系列独特的财产和责任风险（如研发成本、临床试验、产品污染和集体诉讼）的影响，丘博建立了专门的生命科学保险部门，其中包括专业的承保人、索赔和风险工程专家，专门致力于研究生命科学公司面临的独特风险，并为生命科学公司提供系统而灵活的保险产品。丘博服务的生命科学行业涉及的公司不仅包括制药和生物技术公司、医疗设备制造、膳食补充剂公司和生命科学服务机构等直接从事生命科学相关业务的企业，还包括合同研究、实验室研究、临床研究、产品设计或开发评审，向制药和医疗器械公司提供制造、包装或标签服务，并按服务收费的公司等通过合约的方式间接从事生命科学的企业。其保险产品主要包括以下几种类型。一是财产保险。应对企业的广泛的财产损失风险，包括生命科学实验中受控环境的变化和污染、实验动物的定制保护和估价损失、研发财产的损失、资产未受损但不再满足监管要求造成的价值损失[①]。二是商业收入保险。支付持续运营费用，并且包含因研发运营未能产生利润而产生的费用，恢复业务相关的收入或费用损失。三是一般责任险。提供全面的人体临床试验保护，包括与人体临床试验相关的医疗费用。四是产品和服务错误及遗漏（E&O）责任。因产品或服务缺陷而造成医院的经济损害，由于合同履行失败给医疗设备制造商带来财务和声誉风险，以及召回产品的沟通、销毁和处理相关的费用。

（二）深度参与，为科创企业提供全方位支持——美国信用保证保险经验

美国科技保险有多种承保模式，可以分为四类（工婉芬和郭春燕，2019）。一是投保—理赔型，这是传统的保险运作方式。保险公司根据企业需求提供保险产品并接受损益，企业将保险费支付给保险公司。当发生风险损失时，保险公司负责赔偿企业损失。二是担保型，主要包括贷款保证保险，由企业、保险公司和银行共同参与。企业向保险公司投保后，保险公司作为担保人，为企业出具信用担保证明材料，银行向符合担保条件的企业发放贷款。如果企业贷款违约，保险公司替企业偿还贷款，并向企业追责。三是半参与型。在这一承保模式下，企业不支付保险费，而是让渡项目部分收益权利给保险公司。当企业研发成功，保险公司按照约定获得部分收益。如果企业研发失败发生损失，保险公司按照合同约定的赔付比例进行经济补偿。四是全参与型。保险公司作为

---

① 由于严格的监管要求，一些情况下虽然企业财产没有遭受直接的物理损失或损坏，但是不再满足监管机构的要求，导致其价值的减少。例如药品仓库起火后扑灭，药品无直接损失但不再满足 FDA 要求，无法使用。许多保险政策缺乏对未受损财产的赔偿。Chubb 为此设计了"无损库存谴责险"（Condemnation of Undamaged Stock Insurance）。

风险投资者直接参与企业的科技创新活动,共同承担研发风险,共享研发成果带来的收益。保险公司不要求企业支付保险费,而是为企业提供资金进行科研活动。如果项目成功,保险公司按照约定的比例分红。如果项目失败,保险公司负担对应比例的损失。

美国信用保证保险历史悠久。信用保证保险是以信用为保险标的的保险,是信用保险和保证保险的统称。信用保险是指由权利人发起,就义务人的信用向保险公司投保。保证保险是指由义务人发起,就义务人自身的信用向保险公司投保。美国是世界上最早开展贷款保证保险的国家之一,业务始办于1876年(刘学博,2016)。美国国会在1894年通过了赫德法案,要求公共建筑项目必须投保保证保险。1908年,为更好地促进贷款保证保险业务的发展,美国成立了信用保证保险协会(Sureth Association of America,SAA),并于1935年颁布了米勒法案,大力推动了保证保险的规范化发展。目前美国信用保证险主要由以下5个险种构成:担保(Surety)、按揭保证保险(Mortgage guaranty)、保修保险(Warranty)、信用保险(Credit)和金融保证保险(Financial guaranty)。

贷款保证保险通过风险分担促进银行对企业的融资支持。银行、保险公司和借款企业是企业贷款保证保险涉及的三个参与主体。其中投保人和被保险人是借款企业,受益人是贷款银行。当借款企业不能按时足额偿还贷款本息时,由保险公司向放款银行支付企业违约部分的本金和利息。企业贷款保证保险主要承保借款企业的信用风险,保险公司同意承保后,就相当于为企业提供了信用担保,成为借款企业的担保人,对企业的该笔贷款负有第二还款责任。贷款保证保险适用于科技型中小企业融资。考虑到科技型中小企业自身的高风险问题,融资存在困难,因此保险公司的担保可以降低由于信息不对称产生的风险,为银行提供还款保证,从而促进银行对中小企业的融资支持。例如美国威达信(Marsh & McLennan)保险公司为企业提供担保保险(Surety),降低企业的金融风险并促进银行的贷款支持。

（三）技术创新，为小微企业提供专业性服务——美国 Next Insurance 经验

Next Insurance（后简称 Next）定位于服务小微企业，成立于 2016 年，总部位于美国加州帕洛阿托，是为小微企业和独立工作者提供保险服务的平台商，其客户超过 20 多万家小企业。与大企业相比，小企业的业务种类繁多、行业差异巨大且风险较高，难以标准化，因此传统保险产品难以满足小企业的需求，小企业保险市场长期服务不足。Next 致力于为小微企业和独立工作者提供简单、实惠且可根据其特定需求量身定制的保险。

Next 具有低成本、定制化和便捷性三大优势。一是低成本。Next 只向保险公司收取平台服务费而不向客户收取服务费，其市场优势在于利用高科技手段大幅度降低销售和服务成本。Next 是高度自动化的互联网保险销售平台，运用机器学习技术为各行业客户计算保险费率和设计保险产品，从而简化了购买流程，利用人工智能技术预测客户的保险需求扩大客户群体，通过语音和文字识别为客户提供咨询和售后服务，与传统保单相比成本最高可降低 30%。二是定制化。Next 通过数据分析与人工智能技术为小企业客户提供定制保险服务，Next 目前有针对 1300 多种职业的保险产品，覆盖了 6 种不同的保险，其中包括商业保险、一般性责任保险、专业责任保险、错误和疏忽保险、商业车险、劳工保险等。三是便捷性。Next 业务完全线上化，其 70% 的客户是通过手机端 Meta 的 Messenger 渠道购买保险的。Next 利用人工智能简化了注册和沟通流程，提供的保单可以在 10 分钟或更短的时间内轻松购买，并提供实时保险证书、附加保险等全天候服务。保险理赔也在线上就能完成流程，简单快速。Next 与 Meta 和 Small Talk 联合开发了"Chat Bot"人工智能程序，为 Meta 客户提供在线答疑和报价咨询，这是美国第一家在社交网站提供 24 小时智能客服的保险公司。

三、我国科技保险发展历程及存在的问题

（一）我国科技保险发展历程回顾

我国科技保险从 2007 年起正式启动。1994 年国内学者提出科技保险的概念后，各方不断加强和深化对科技保险的理论研究和政策探索。2006 年初，国务院发布了《国家中长期科学和技术发展规划纲要（2006—2020 年）》，对科学技术的创新发展提出了新的要求。2006 年 6 月，国务院出台了《国务院关于保险业改革发展的若干意见》，明确提出"发展航空航天、生物医药等高科技保险，为自主创新提供风险保障"。保险业积极响应规划纲要，2006 年 6 月开始相继出台了《关于加强和改善对高新技术企业保险服务有关问题的通知》《关于进一步支持出口信用保险为高新技术企业提供服务的通知》等相关政策文件。2007 年，科技部与原中国保监会下发了《关于开展科技保险创新试点工作的通知》，在国家高新技术产业开发区、保险创新试点城市和火炬创新试验城市中选择科技保险试点地区，推动科技保险事业的发展。这标志着我国科技保险的正式启动。总的来看，我国科技保险采用"政府引导＋商业化运作"的发展模式，可分为三个阶段。

一是试点启动阶段（2007—2008 年）。2007 年 7 月 20 日，科技部和中国保监会分别与北京市、天津市、重庆市、深圳市、武汉市政府以及苏州高新区管委会签署了《科技保险创新试点合作备忘录》，科技保险创新试点工作正式启动，上述五市一区正式成为我国第一批科技保险创新试点城市（区），并先后出台了关于科技保险财政配套资金的具体政策办法，包括科技保险保费的补贴条件、补贴方式和补贴比。中国出口信用保险公司、华泰财产保险股份有限公司等公司作为首批取得科技保险试点经营资格的公司。根据《关于加强和改善对高新技术企业保险服务有关问题的通知》的规定，高新技术企业产品研发责任保险、关键

研发设备保险、营业中断保险、出口信用保险、高管人员和关键研发人员团体健康保险和意外保险等险种作为第一批科技保险经营险种，将保费支出纳入企业技术开发费用，享受税收优惠政策。

二是推广发展阶段（2009年至今）。2007年试点实行以来，科技保险的保费收入、风险保额、产品覆盖范围和参保企业的数量都呈现快速递增趋势。基于科技保险试点情况的良好效果，2010年3月，科技部和原中国保监会发布了《关于进一步做好科技保险有关工作的通知》，明确了科技保险进一步深化发展的方向，投保地区、首保范围和承保机构进一步放开，并推出了多项政策措施鼓励保险公司开发新险种，进一步发挥科技保险的功能作用。2014年8月，国务院下发《关于加快发展现代保险服务业的若干意见》，明确提出"建立完善科技保险体系，积极发展适应科技创新的保险产品和服务，推广国产首台首套装备的保险风险补偿机制，促进企业创新和科技成果产业化"，这使得我国科技保险的范围进一步拓展。保险公司在前期试点的基础上，积极开发创新型保险产品，不断开拓科技保险业务的深度和广度，加强对企业科技创新的全方位支持。

（二）我国科技保险存在的问题

我国科技保险仍不成熟。我国科技保险从2007年发展至今已有16年的历史，虽然其产品种类、覆盖范围和参保企业的数量都有所发展，但总的来看，科技保险的发展较为缓慢。以太平科技保险股份有限公司为例，作为专业科技保险公司，主要保险产品仍为意外险和健康险，科技保险的保费收入和赔付支出占比较低。研究认为，投保科技保险的高新科技企业仍较少（冯海昱和任立，2010），承保面较小，市场供需不对称，所起的作用还十分有限。据统计2021年河南省超2.3万家高新技术企业和中小科技企业中仅12家科技企业购买科技保险并申请补贴（刘金霞和胡思佳，2022）。总的来看，我国科技保险存在以下两个方面的问题。

1. 科技保险市场高度依赖政府支持，缺乏自主性

我国科技保险高度依赖政府支持。与美国科技保险采用商业化运营模式不同，我国科技保险在很大程度上依赖政府支持。例如首批科技保险试点城市的发展模式主要是由政府主控，各试点城市出台了大量措施，对参保企业给予财政补贴和税收减免。首批试点城市的财政补贴多数在一半以上，甚至部分城市达到100%。首批试点城市的纳税环节对于科技保险相关税收都给予了一定程度的折扣。

我国科技保险高度依赖财政补贴，难以持续。一是财政补贴不稳定。部分试点地区和城市对科技保险存在补贴政策不稳定、补贴范围较窄、补贴申请手续繁杂以及补贴资金不能完全到位等问题，而且长期的政府补贴难以持续。二是市场缺乏自主性。保险公司和高科技企业高度依赖政府补贴，许多企业购买科技保险是响应政策的号召，并未形成常态化的市场机制，这导致企业缺乏购买科技保险的自主性和积极性，在很大程度上制约了科技保险的发展。调查发现，高新技术企业约有一半具有政策依赖性，其购买行为完全由于政府补贴的缘故，一旦补贴取消，这部分企业就会终止购买科技保险产品（赵杨和吕文栋，2011）。三是地区差异明显。高新技术企业本身存在分布不均衡的特点，这种不均衡现象导致各地政府的政策制定有很大区别，采用了不同的补贴力度、补贴标准和补贴方式，政策制定的模糊容易造成地区之间发展不平衡。

企业依赖政府支持购买科技保险的自主性差。部分科创企业对自身的科技风险了解不足，缺乏明确的风险管理体系，对企业面临的风险缺乏系统、全面的识别和分析，因此对科技保险的作用、险种、承保范围等缺乏全面的认识，通常只选择财产保险产品。调查发现（赵杨和吕文栋，2011），只有35%的企业认为科技保险非常重要，61%的企业认为科技保险的作用有限，4%的企业认为科技保险没有任何作用。在资金有限的情况下，出于节约成本的考虑，企业存在短视行为，缺乏对分散风险的长期规划。同时由于经营理念和管理水平的限制，企业对于自身的风险暴露水平和风险承受能力缺乏科学和准确的评估。

2. 保险公司缺乏对科技企业的专业化服务

保险团队缺乏专业性。高新技术企业是高技术含量的企业，科技风险也具有很强的复杂性。从美国的经验来看，美国保险公司拥有专业的保险团队，对科创企业的特点有充分的了解，在产品设计、企业服务等方面体现了专业性。我国保险公司一般缺乏服务高新技术企业的专业团队，在风险评估、风险预测、风险管理与保费计算等方面都不成熟。由于高技术企业的风险具有特殊性，逆向选择的问题较为突出，这对保险公司的风险识别和风险控制提出了较高的要求。

保险产品缺乏专业性。美国的科技保险为不同行业、不同类型的科创企业提供定制化、专业化的产品，而我国科技保险的专业性有待提高。从太平科技的经验来看，尽管保险公司推出了科技项目研发失败费用损失保险、科技成果转化费用损失保险等创新型产品，但本质上仍是基础险种在高新科技产品上的延伸，并未针对科创企业的特点进行实质性创新。这导致保险产品的同质化现象比较突出，因此难以吸引企业购买保险产品。

保险服务缺乏专业性。美国针对行业特点，为特定行业的科创企业提供一站式服务，不局限于具体的险种和产品。而我国仍缺乏针对行业特点的专业性保险服务，科技保险的主要形式仍为传统的企业财产险或责任险，这难以满足高科技企业多方面的保险需求，难以有效分散科技风险。

四、给我国科技保险的建议

科技风险具有很强的复杂性，在很大程度上制约了科学技术的创新发展。科技保险作为控制科技风险的有效手段，可以提高企业的创新能力，促进科技创新，提升我国科学技术的核心竞争力。借鉴美国经验，我国可以从以下两个方面建设我国科技保险市场。

政府方面，完善监管引导，提高企业积极性。目前我国科技保险高度依赖财政补贴，长期来看不可持续。政府应明确定位，加强监管和引导，营造良好的市场环境，提高市场积极性。一是完善科技保险法律法规，明确参与主体各方的责任和义务，为科技保险发展提供法律保障；二是完善监管制度，规范各方行为，维护各方利益，促进科技保险可持续发展；三是加强宣传引导，提高企业对科技风险的认识水平，增强风险意识，提高企业投保积极性。

市场方面，加大创新，提高服务能力。目前我国科技保险产品仍缺乏创新性和专业性。一是保险公司应加大创新力度，丰富产品体系，围绕科技企业生命全周期风险，为企业提供具有专业性、精细化的产品。二是保险公司需提高服务水平，可借鉴美国模式，为特定行业的企业提供一站式服务，突破传统单一险种的局限性。三是科技企业应加强与保险机构合作，重视风险管理，提高风险管理能力，提高参保意识。

后 记

中国科创金融体系的未来展望

自主科创不仅是我国高质量发展的前提条件,也是大国博弈的核心所在。为提升科创金融,我国需要建设良好的金融生态。迄今,我国的科创金融远不能满足科创企业在不同生命周期的不同需求,部分学习外国的做法只是形似而神不似。具体表现在,资本市场仍然只是融资市场,它对完善公司治理的作用有待改善;部分股权投资基金明股实债,圈钱即退出的动机显著;科技贷款中投贷联动的机制一直没有发展起来。不少已出台的完善科创金融体系的举措还没有发挥应有的作用。未来,我国需要明确改革开放的大方向,利用举国体制的优势,重视发挥市场的作用。

一、金融支持是科创企业活力的来源

从近代一些国家的经济和社会发展历史来看,资本实力是决定科技实力的基础。科技创新从表面上看是基础研究或技术的突破及应用,背后是市场和政府的作用,而市场主要是通过资本来发挥力量,政府除了资本还可以通过营造良好的环境,保护知识产权,撬动私人资本,协调科研力量,提升基础教育以培养人才。

美国 200 多年的历史显示，股份制公司和金融市场的发展引发了资本聚集，使得国家实现此前单个资本积累不可能完成的创新，在国家竞争中取得先机。19 世纪末，虽然不到 1% 的美国人拥有股票，但数以万计的投资者的资金已经可以支撑整个华尔街的融资和并购，市场化配置的资金有效推动了铁路、钢铁、化工、石油、汽车等产业迅速发展，促使美国重工业超越欧洲列强。与此同时，华尔街成为全球最大的资本市场，纽约成为全球金融中心，美国走向世界经济舞台的中央。正是由于经济实力提升，美国军事实力日新月异。1942 年，美国拥有 50 艘航母。1945 年，美国航母数量超过 100 艘。二战后，美国的综合实力已经达到罗马帝国之后未见的程度，但其并没有放慢前行的步伐。这是因为，美国利用市场力量，将科技创新与资本有机结合起来，极大提升了原来缺乏资本支持的科创活动的成功率和对科创人员的回报。20 世纪 50 年代以来，美国科技创新和资本的结合培育了微软、苹果、亚马逊等世界级公司，使得美国在计算机、通信、互联网、制药等新兴产业中大幅领先。迄今，超过 50% 的美国人以某种形式拥有股票或股权，资本市场高度多元化、社会化，更多的人可以分享经济增长的成果。

资本对科技创新的支持并非一开始就有规则，都经历了从乱到治的过程。早年，华尔街由于法律缺失、监管缺位，官商勾结、欺诈和投机比比皆是。19 世纪，华尔街发行的部分股票甚至不存在基础项目，而有的因为资金充裕建成的运河、铁路也没有启用。在 1929 年大萧条之后，美国先后颁布了《证券法》（1933 年）、《格拉斯－蒂格尔法》（1933 年）、《证券交易法》（1934 年）、《投资公司法》（1940 年）和《投资顾问法》（1940 年），成立了美国证监会，形成了现代金融体系监管的基本框架，金融市场秩序日渐完善。每次市场乱象之后，都有一个重新出发的过程。例如，2008 年国际金融危机就促使监管机构加强对金融过度创新的约束，提升金融机构的微观审慎管理，完善金融市场的新秩序。

从企业和项目层面来看，不同生命周期的科创有不同的特点，需要不同形式的金融支持。科创的生命周期包括科学、技术、产品、商品四个阶段,还可以细分为基础研究、应用研究、成果转化、产品开发、中试投产、规模量产、改进更新、转型升级和成熟退出等阶段。较为成熟的金融体系通常可以为各阶段提供适宜的金融工具,在满足项目资金需求的同时保证投资者相应的投资回报。在基础研究及应用研究阶段,科创项目缺乏可预期的回报,通常依靠财政资金、政策性金融。中试投产及规模量产阶段,天使投资、创业投资、多层次资本市场等股权资本更为普遍。随着技术成熟、产品获得市场认可,进入改进更新、转型升级阶段,银行信贷可以发挥作用。当项目成熟时,对并购资本、产融结合等有更高需求。(见图 0-1)

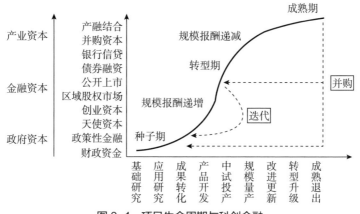

图 0-1 项目生命周期与科创金融

资料来源:陈道富和王艳艳(2022)。

金融支持科创没有固定或最优模式,不同国家在不同发展阶段都是根据本国的特点决定最适合的科创金融系统。美国主要是以资本市场(风险投资、债券市场)为中心,有机结合法律保护和政府资金支持与税收优惠政策[①],加上有效的银行信贷,在计算机、通信、生命科学等

---

① 美国的研究与发展公司(ARD)、小企业管理局、风险投资公司是科技创新的有力支撑。

领域实现突破、引领全球科技创新。随着金融体系的演进,风险投资的作用越来越大,科研人员、企业和研究机构通过风险投资、上市等多种安排获得巨额利润,形成正向激励和良性循环。在欧洲,多个发达国家都有高效的创新体系,形成了科技政策、产业政策和金融政策的有机融合,利用公共资金的杠杆作用、税收、知识产权保护等机制,虽然欧洲多数国家以银行为中心,但科创政策撬动了多方投资,提升其科创竞争力。日本支持科创是以民企、银行、间接融资为主。此外,日本的各类政策性银行和融资机构[①]也发挥了巨大的作用。中国台湾的科技创新有三大金融支柱,一是政府开发基金支持的政策性金融机构低息贷款,以及政府直接参与高科技投资的基金,二是银行等金融机构的中长期信用,三是外资高度参与的风险投资。

以色列人口不足1000万,但10亿美元以上的独角兽企业超过40家,高科技出口超过总出口的50%(2022年),总研发投入超过GDP的5%,位列世界第一,主要原因在于其支持科创的制度。一是通过科技部统筹管理科研事务,通过公私合作的创新署为私企提供精准服务,包括制定创新政策,培育创新生态,还为初创企业提供资金支持、搭建合作平台、对接科研团队。在市场容易失灵的领域,国家投入资金不超过50%,创新署与企业共同募集其余资金,并在市场效率显示后及时退出。此外,以色列的风险投资体系也在政府适时引导和退出中得以充分发挥作用,助力科创企业国际化。在政策层面,政府对创新资金进行利得税、其他税收方面的激励,在科创企业利用国际国内资金方面拓宽企业的选择,并通过鼓励收购国外公司,实现借力增长。此外,以色列高校还设立专门机构,推动科研成果转化。

---

① 中小企业金融公库、国民金融公库、工商组合中央金库、日本开发银行、中小企业信用保险公库、信用保证协会等。

二、提升我国科创金融是一个系统工程

（一）提升科创金融首先需要跳出金融看科创

未来，我国在提升基础研究、突破"卡脖子"技术的同时，需要探索差异化的金融支持路径，优化市场力量在科创资金配置、人才培养、投资者和科创人员回报方面的作用。需要通过市场机制和优惠政策引导资源聚集科技创新，建立适应不同类别科创特点的融资机制，尤其是包括资本市场和股权投资市场在内的直接融资机制，创新合伙人制度，通过"科技+金融"模式建立新型科创企业。政府则着重营造有利于科创的生态环境，政府职能应聚焦建立信息共享机制，以及政府性融资担保扩大担保规模、地方政策财税优惠等风险分担机制，为科技创新营造良好的生态环境，支持科创金融的可持续发展。

从短期来看，重点包括：

第一，改革教育和科研体系，培养高科技人才，提升基础研究，大力发展地缘科技，营造高效的研发环境。我国目前不缺科研人才，但当前教育体系很难培养高科技领军人才；不缺科研资金，但资金与实际需求不匹配，存在大量浪费。为此，应该（1）改革教育体系，在当前体制机制下鼓励大学和研究机构利用传统和非传统的方式选拔和培养人才；（2）政府资助的科创基金可以考虑将部分资金外包给合格私营创投基金管理，提高效率；（3）拿出部分科研基金和科创基金，改进招投标制度，不拘一格支持小型科创企业及缺乏高学历和职称的科研人员；（4）建立国家范围科技再培训机制，提升在职人员的科技水平。

第二，加强政府和外交部门的高科技人才配备。参考美国、日本的做法，可以考虑（1）国务院及总体宏观政策调控部门设首席科技官，协调地缘科技战略和政策，在相关政策制定过程中增进与一线科研人员的沟通；（2）增加对国务院等决策部门的科研人员配置，提升外交人员

的科技素养,在主要使领馆增派科技特使或官员;(3)加大政府在职人员的科技培训力度。

第三,积极参与国际规则制定。(1)在 AI 等领域,国际规则的制定多为行业主导,应加强我国相关行业协会的能力建设,在参加科技规则制定时维护我国企业和行业的利益;(2)鼓励个人入职国际标准制定机构,积极参加国际标准制定机构的管理和各项活动。

从中长期来看,我国应该:

一是避免主动脱钩。扩大对外开放,加大对欧盟等市场投资,更加注重企业的对外合作。在国际贸易中注意遵守透明度和披露要求,保障在华外资企业利益和知识产权。

二是融入全球技术创新生态系统。有效解决国际社会涉及我国强制技术转让、限制性市场准入和工业补贴的指控与诉讼,妥善应对投资审查、反胁迫文书和解决外国补贴扭曲问题等国际限制机制,持续加强技术转让和创新合作方面的磋商。

三是鼓励技术自主创新。加强知识产权保护,大力推动新兴技术领域创新,维护关键供应链安全和贸易投资数据安全,隐蔽技术获取战略和军民融合政策,在强调自主研发的同时也要避免在先进技术产业、战略重要性技术领域中脱钩,加强在 6G、储能、电池技术、自主系统和量子计算等技术领域的国际合作。

(二)对我国科创金融的未来展望

就科创金融而言,关键在于满足企业不同阶段的不同融资需求。在孵化新技术、新产品的第一阶段,企业通常需要集中孵化或天使投资之类的风险投资,投资数额不大,但失败率较高。集中孵化即政府提供研发、中试、科技和市场信息,通信、网络与办公等方面的共享设施和场所,系统的培训和咨询,政策、融资、法律和市场推广等方面的服务和支持,需要政府投入。第二是创业阶段,孵化到一定程度的技术能够吸引企业、风险投资的参与。这一阶段投资金额逐渐增加,但也有"十投九空"之说,只要一个项目成功,通常可以覆盖九个乃至更多项目的失败。第三阶段是科创产品的产业化阶段,产品的市场定位较为明确,甚至存在上市的潜力。此时,风险投资可以考虑退出,银行信贷可以考虑介入。

在各类科创金融形式中,直接融资与科创企业尤其是初创企业的需求最为匹配,其中本书特别关注的是资本市场和股权投资基金。

一是按市场规律发展资本市场。在多种形式的科创金融中,股市在科创企业资金、知名度、人才等方面的支持尤为突出。但是,我国股市中科创企业占比较低,过于行政化的行业导向限制了股市对科创企业的支持,某些企业仅仅因为被归为非重点类行业而无法上市。因此,提升股市支持科创需从优化股市行业结构入手,放松科创企业的上市行业限制。科创具有巨大的偶然性和复杂性,加上科创企业并不一定一出生就有科创属性,因此,要提升股市及公共部门对科创的支持,更重要的是创造良好的生态环境。

二是大力发展股权投资基金。股权投资基金具备风险容忍度高、科创项目识别能力强、资金风险管理有优势、退出渠道灵活等特点,是高科技企业和项目资金的重要来源。2018年之后,我国股权投资基金(VC/PE)面临募资难困境,而公共部门的引导基金、产业基金、社保基金等又面临经济下行及投资的多重限制,影响了对科创企业的支持。考虑投资适当性,可以在做好相关信息披露和投资者保护工作的前提下,考虑推动银行理财子公司的私募基金业务发展,允许高净值人群理财产品投资VC/PE。当然,在我国资本市场存在问题的情况下,还需做好信息披露和投资者保护,防止通过上市套取资金投机的事件发生。

参考文献

1. 陈道富和王艳艳,2022,《金融如何更好地支持科技创新》,《中国银行业》,第10期,第45-48页。
2. 陈凤、余江、甘泉等,2019,《国立科研机构如何牵引核心技术攻坚体系:国际经验与启示》,《中国科学院院刊》,第10期,第920-925页。
3. 陈辉、彭志浩、林超辉等,2021,《工科高校科技成果转化绩效影响因素相关性分析——以16所全国重点高校为数据样本》,《中国高校科技》,第10期,第120-123页。
4. 陈佳贵,1995,《关于企业生命周期与企业蜕变的探讨》,《中国工业经济》,第10期,第5-13页。
5. 陈容和张杰,2022,《银行竞争有利于促进企业创新吗》,《宏观经济研究》,第10期,第120-140页。
6. 陈思、何文龙和张然,2017,《风险投资与企业创新:影响和潜在机制》,《管理世界》,第10期,第158-169页。
7. 陈勇鸣,2020,《科创板开市以来出现的问题与完善建议》,《张江科技评论》,第10期,第71-73页。
8. 陈友忠、刘曼红和廖俊霞,2011,《中国创投20年》,中国发展出版社。
9. 陈志敏,2007,《美国企业并购的发展历程及启示》,《云南财经大学学报》,第10期,第164-166页。
10. 崔静静和张晓娜,2022,《银行贷款对企业创新的激励效应——基于中关村科技企业的实证检验》,《金融理论探索》,第10期,第33-47页。
11. 戴静、杨筝、刘贯春等,2020,《银行业竞争、创新资源配置和企业创新产出——基于中国工业企业的经验证据》,《金融研究》,第10期,第51-70页。
12. 房汉廷,2003,《印度创业投资的发展与启示》,《中国创业投资与高科技》,第10期,第39-40页。
13. 房汉廷、王伟光和郭戎,2004,《创业投资母子基金模板比较及启示》,《高科技与产业化》,第10期,第23-27页。

14. 丰雷，2015，《新课改中存在的问题及解决策略》，《教育（周刊）》，第10期，第1页。
15. 冯海昱和任立，2010，《我国科技保险市场存在的问题及对策研究》，《世界经济与政治论坛》，第10期，第68-75页。
16. 冯晓玲和马彪，2016，《高校研究生创新力不足的成因分析》，《高等财经教育研究》，第10期，第6页。
17. 冯欣，2021，《新三板挂牌企业信息披露违规研究》，贵州财经大学。
18. 付雷鸣、万迪昉和张雅慧，2012，《VC是更积极的投资者吗？——来自创业板上市公司创新投入的证据》，《金融研究》，第10期，第125-138页。
19. 付立春，2017，《新三板升级方向与国际经验借鉴》，《清华金融评论》，第10期，第2页。
20. 苟燕楠和董静，2013，《风险投资进入时机对企业技术创新的影响研究》，《中国软科学》，第10期，第132-140页。
21. 辜毅，2007，《我国科技保险发展问题探讨》，《上海保险》，第10期，第53-55页。
22. 韩开钰，2022，《VIE架构中概股回归路径及风险应对研究》，河南财经政法大学。
23. 何诚颖、孙永苑、刘英等，2018，《新三板市场交易机制与流动性研究》，《金融监管研究》，第10期，第65-86页。
24. 胡峰、李晶和黄斌，2016，《中国独角兽企业分析及其对江苏的启示》，《科技与经济》，第10期，第101-105页。
25. 姜永玲，2016，《我国多层次资本市场对战略性新兴产业发展的支撑作用研究》，上海交通大学。
26. 蒋殿春和黄锦涛，2015，《风险投资对企业创新效率影响机制研究》，《中国高校社会科学》，第10期，第140-151页。
27. 解树江，2020，《2019全球独角兽企业500强蓝皮书》，经济管理出版社。
28. 解树江和闫德利，2023，《"独角兽"企业小科普 全球独角兽企业发展趋势速览》，《中国中小企业》，第10期，第19-21+18页。
29. 孔飞，2020，《我国科技保险法律问题研究》，上海财经大学。
30. 雷鸣，2011，《论批判精神与研究生创新能力的培养》，《江苏高教》，第10期，第2页。
31. 李斌和孙月静，2013，《中国上市公司融资方式影响因素的实证研究》，《中国软科学》，第10期，第122-131页。
32. 李波，2010，《跨国创业投资在中国的发展研究——基于中国内外资创业投资机构的比较分析》，西南财经大学。
33. 李波和朱太辉，2020，《银行价格竞争、融资约束与企业研发投资——基于"中介效应"模型的实证研究》，《金融研究》，第10期，第134-152页。
34. 李博文，2020，《新三板市场信息披露的现状、问题及建议分析》，《智库时代》，第10期，第34-35页。
35. 李诚鑫，2023，《日本科技金融体系建设经验及借鉴》，《黑龙江金融》，第10期，第10-13页。
36. 李红和左金萍，2018，《高新技术产业创新生态系统的知识产权价值获取模型设计——

基于 IMEC 的案例分析》，《中国科技论坛》，第 10 期，第 93-100 页。
37. 李胜楠，2011，《我国上市公司银行贷款与投资行为的关系研究——基于终极控制人性质调节效应的分析》，《管理学报》，第 10 期，第 464-470 页。
38. 连一席，2020，《中国独角兽报告：2020》，《发展研究》，第 10 期，第 18-28 页。
39. 廖岷和王鑫泽，2016，《科技金融创新：新结构与新动力》，中国金融出版社。
40. 林卡，2013，《国内外创业投资引导基金运作模式的比较及启示》，《经营与管理》，第 10 期，第 84-86 页。
41. 林志帆和龙晓旋，2015，《金融结构与发展中国家的技术进步——基于新结构经济学视角的实证研究》，《经济学动态》，第 10 期，第 57-68 页。
42. 刘程，2016，《新经济先锋："独角兽"企业》，《决策》，第 10 期，第 74-75 页。
43. 刘娥平、钟君煜和赵伟捷，2022，《风险投资对企业风险承担的影响研究》，《科研管理》，第 10 期，第 109 页。
44. 刘金霞和胡思佳，2022，《科技保险：现状、问题与对策》，《黑龙江金融》，第 10 期，第 77-80 页。
45. 刘俊梅和王海啸，2020，《斯坦福大学科技创新、成果转化及成功因素分析》，《国际公关》，第 10 期，第 182 页。
46. 刘莉亚、余晶晶、杨金强等，2017，《竞争之于银行信贷结构调整是双刃剑吗？——中国利率市场化进程的微观证据》，《经济研究》，第 10 期，第 131-145 页。
47. 刘曼红、LEVENSOHN P 和刘小兵，2018，《风险投资学（第二版）》，对外经济贸易大学出版社。
48. 刘曼红和兹维·博迪，2002，《风险投资与中国金融体制改革》，中国金融出版社。
49. 刘如海和张宏坤，2007，《我国科技保险发展问题研究》，《苏南科技开发》，第 10 期，第 31-32+49 页。
50. 刘瑞雪，2022，《独角兽企业培育的融资研究》，西华大学。
51. 刘学博，2016，《我国小微企业贷款保证保险发展研究》，兰州大学。
52. 柳卸林、常馨之和董彩婷，2021，《构建创新生态系统,实现核心技术突破性创新——以 IMEC 在集成电路领域创新实践为例》，《科学学与科学技术管理》，第 10 期，第 3-18 页。
53. 龙勇和时萍萍，2012，《风险投资对高新技术企业的技术创新效应影响》，《经济与管理研究》，第 10 期，第 38-44 页。
54. 罗根庆，2021，《科创板对创业板股市波动影响研究——基于 GARCH 族模型的实证》，西北农林科技大学。
55. 马光荣、刘明和杨恩艳，2014，《银行授信、信贷紧缩与企业研发》，《金融研究》，第 10 期，第 76-93 页。
56. 马国臣和朱海明，2003，《美国发展风险投资的经验及对我国的启示》，《山东社会科学》，第 10 期，第 53-55 页。
57. 潘圆圆，2023，《VIE 架构：概念、利弊和政策含义》，《国际金融》，第 10 期，第

74-80 页。
58. 裴钢，2007，《科技创新要以创新型人才为本》，《科学咨询》，第 10 期，第 1–1 页。
59. 钱小岩，2022，《印度独角兽企业破百 创业多借鉴"中国玩法"》，《第一财经日报》，2022-07-06。
60. 邱冬阳和彭欢，2015，《高校和科研院所引入风险投资基金的模式与对策研究》，《重庆理工大学学报（社会科学）》，第 10 期，第 36–40 页。
61. 上海市科技创业中心科技金融部，2018，《美国金融体系支持科技企业发展探究》，《华东科技》，第 10 期，第 59–61 页。
62. 史蒂文·霍夫曼，2020，《穿越寒冬——创业者的融资策略与独角兽思维》，中信出版社。
63. 史冬梅、王晶和刘栋，2022，《美国半导体科技和产业政策与举措及对我国的启示》，《全球科技经济瞭望》，第 10 期，第 6–13 页。
64. 史文霞和张建军，2011，《优化教育环境与实施研究生创新教育刍议——对当前研究生创新教育不足的原因探析》，《研究生教育研究》，第 10 期，第 11–16 页。
65. 苏美玲，2020，《新三板企业转板问题分析——以安徽省转板企业为例》，《现代商业》，第 10 期，第 105–108 页。
66. 孙福全、陈宝明和王文岩，2008，《主要发达国家的产学研合作创新》，经济管理出版社。
67. 孙凯和鞠晓峰，2008，《国外高校技术转移人才激励方式分析与启示》，《科技与管理》，第 10 期，第 110–112 页。
68. 孙卫、肖红和原长弘，2006，《美国高校科技成果转化的成功经验及其启示》，《科学管理研究》，第 10 期，第 114–117 页。
69. 唐翔，2012，《政府创业风险投资引导基金——国际经验与启示》，《中小企业管理与科技（下旬刊）》，第 10 期，第 77–79 页。
70. 佟庆伟，2008，《创新型人才的基本特征及其培养途径》，《实验技术与管理》，第 10 期，第 15–18+37 页。
71. 王琦，2021，《美国科技风险的法律规制研究》，西南政法大学。
72. 王起，2017，《我国私募股权基金中普通合伙人的法律规制探析》，山东师范大学。
73. 王婉芬和郭春燕，2019，《我国科技保险的发展及国际经验借鉴》，《江南论坛》，第 10 期，第 17–19 页。
74. 王霞，2017，《促进全社会研发投入 提高科技创新供给能力》，《安徽科技》，第 10 期，第 8–9 页。
75. 王燕，2010，《创业投资引导基金的国内外比较与建议》，《科技信息》，第 10 期，第 375–376 页。
76. 王玉泽、罗能生和刘文彬，2019，《什么样的杠杆率有利于企业创新》，《中国工业经济》，第 10 期，第 138–155 页。
77. 温军、冯根福和刘志勇，2011，《异质债务、企业规模与 R&D 投入》，《金融研究》，第 10 期，第 167-181 页。
78. 吴秀波，2020，《警惕影响科创板市场流动性的三大问题》，《国际融资》，第 10 期，第 45-47 页。
79. 吴秀波和杨一傲，2021，《红筹企业回归 A 股市场发行上市的模式分析》，《国际融资》，第 10 期，第 60-66 页。
80. 吴尧和沈坤荣，2020，《最优金融结构与企业创新产出质量》，《宏观质量研究》，第 10 期，第 95-109 页。
81. 武巧珍，2009，《风险投资支持高新技术产业自主创新的路径分析》，《管理世界》，第 10 期，第 174-175 页。
82. 谢科范，1994，《科技保险面面观》，《中国保险》，第 10 期，第 47-48 页。
83. 谢科范和倪曙光，1995，《科技风险与科技保险》，《科学管理研究》，第 10 期，第 49-52 页。
84. 徐飞，2019，《银行信贷与企业创新困境》，《中国工业经济》，第 10 期，第 119-136 页。
85. 徐凯，2018，《中国新三板市场效率研究》，中央财经大学。
86. 徐雪原，2016，《广州科技保险发展对策研究》，广东财经大学。
87. 杨伟中、余剑和李康，2020，《金融资源配置、技术进步与经济高质量发展》，《金融研究》，第 10 期，第 75-94 页。
88. 杨扬，2007，《教育观念和制度的创新是创新型人才培养的前提条件》，《发现》，第 10 期，第 479-481 页。
89. 杨晔和邵同尧，2012，《基于面板数据的风险投资与区域创新因果关系研究》，《管理评论》，第 10 期，第 27-33 页。
90. 杨正平、王淼和华秀萍，2017，《科技金融 创新与发展》，北京大学出版社。
91. 叶建木、张洋、潘肖瑶等，2021，《"休眠态"科技成果影响因素及形成机制研究》，《科技进步与对策》，第 10 期，第 1-10 页。
92. 殷燎原，2015，《美日多层次资本市场促进产业升级功效研究》，上海交通大学。
93. 于淼，2021，《中国私募股权投资基金退出决策模型研究》，中国社会科学院研究生院。
94. 袁礼和许涛，2019，《融资模式会影响企业技术创新吗？——来自世界银行中国企业调查数据的经验证据》，《宏观质量研究》，第 10 期，第 111-128 页。
95. 湛泳和王浩军，2019，《国防科技融资方式对创新效率的影响——基于军工上市企业面板数据的研究》，《经济理论与经济管理》，第 10 期，第 82-99 页。
96. 张嘉毅和原长弘，2022，《产学研融合的组织模式特征——基于不同主体主导的典型案例研究》，《中国科技论坛》，第 10 期，第 71-80+98 页。
97. 张瑾华、何轩和李新春，2016，《银行融资依赖与民营企业创新能力——基于中国企业家调查系统数据的实证研究》，《管理评论》，第 10 期，第 98-108 页。
98. 张明洁，2020，《科技保险助推高新技术企业发展的作用机制研究》，兰州财经大学。
99. 张璇、李子健等，2019，《银行业竞争、融资约束与企业创新——中国工业企业的经验证据》，《金融研究》，第 10 期，第 98-116 页。

100. 张璇、刘贝贝、汪婷和李春涛，2017，《信贷寻租、融资约束与企业创新》，《经济研究》，第 10 期，第 161-174 页。
101. 张学勇和廖理，2011，《风险投资背景与公司 IPO: 市场表现与内在机理》，《经济研究》，第 10 期，第 118-132 页。
102. 张雪春和苏乃芳，2023，《科技成果转化的三元素：人才激励、资金支持和中介机构》，《金融市场研究》，第 10 期，第 113-122 页。
103. 张运东、江如意、张焕芝等，2022，《美国政府激发企业创新活力的经验做法与启示建议》，《石油科技论坛》，第 10 期，第 26-33 页。
104. 赵晗、赵晓梅和韩姝，2022，《德国科技金融体系建设经验及借鉴》，《银行家》，第 10 期，第 60-63 页。
105. 赵鑫，2020，《美国、日本发展政府投资基金支持科技创新的经验及启示》，《经济研究导刊》，第 10 期，第 165-166 页。
106. 赵杨和吕文栋，2011，《科技保险试点三年来的现状、问题和对策——基于北京、上海、天津、重庆四个直辖市的调查分析》，《科学决策》，第 10 期，第 1-24 页。
107. 赵玉林和石璋铭，2014，《战略性新兴产业资本配置效率及影响因素的实证研究》，《宏观经济研究》，第 10 期，第 72-80 页。
108. 周锦昌和钟昀泰，2017，《中国"独角兽"之梦》，《新理财》，第 10 期，第 33-35 页。
109. 周武英和熊茂伶，2022，《美国"芯片法案"扰乱全球供应链》，《经济参考报》，2022 08-26。
110. 朱鸿鸣、赵昌文和付剑峰，2012，《中国科技贷款三十年：演进规律与政策建议》，《中国科技论坛》，第 10 期，第 20-31 页。
111. 邹美美和罗瑾琏，2009，《创新型人才国内外研究进展》，《人才开发》，第 10 期，第 11-14 页。
112. Adizes, I., 1988, *Corporate Life Cycles*: *How and Why Corporations Grow and Die and What to Do About It*., New Jersey: Prentice Hall.
113. Avnimelech, G., 2009, "Vc Policy: Yozma Program 15-Years Perspective", *SSRN* 2758195,
114. Bartoloni, E., 2013, "Capital Structure and Innovation: Causality and Determinants", *Empirica*, 40(1), pp. 111-151.
115. Beck, T. and R. Levine, 2002, "Industry Growth and Capital Allocation: Does Having a Market-or Bank-Based System Matter?", *Journal of financial economics*, 64(2), pp. 147-180.
116. Berger, A.N. and G.F. Udell, 1998, "The Economics of Small Business Finance: The Roles of Private Equity and Debt Markets in the Financial Growth Cycle", *Journal of Banking & Finance*, 22(6), pp. 613-673.
117. Bircan, Ç. and R.D. Haas, 2020, "The Limits of Lending? Banks and Technology Adoption across Russia", *Review of Financial Studies*, 33(2), pp. 536-609.
118. Bris, A., S. Cantale and G.P. Nishiotis, 2007, "A Breakdown of the Valuation Effects of

International Cross - Listing", *European Financial Management*, 13(3), pp. 498– 530.
119. Brown, K. and K. Wiles, 2015, "In Search of Unicorns: Private Ipos and the Changing Markets for Private Equity Investments and Corporate Control", *Journal of Applied Corporate Finance*, 27(3), pp. 33–48.
120. Cumming, D.J. and J.G. MacIntosh, 2006, "Crowding out Private Equity: Canadian Evidence", *Journal of Business venturing*, 21(5), pp. 569–609.
121. Faria, A.P. and N. Barbosa, 2014, "Does Venture Capital Really Foster Innovation?", *Economics Letters*, 122(2), pp. 129–131.
122. Forsman, H., 2011, "Innovation Capacity and Innovation Development in Small Enterprises. A Comparison between the Manufacturing and Service Sectors", *Research Policy*, 40(5), pp. 739–750.
123. Giannetti, M. and S. Ongena, 2012, ""Lending by Example": Direct and Indirect Effects of Foreign Banks in Emerging Markets", *Journal of International Economics*, 86(1), pp. 167–180.
124. Haire, M., 1959, *Biological Models and Empirical History of the Growth of Organizations*: *Modern Organizational Theory*, New York: John Wiley and Sons.
125. Hellmann, T. and M. Puri, 2000, "The Interaction between Product Market and Financing Strategy: The Role of Venture Capital", *The review of financial studies*, 13(4), pp. 959–984.
126. Jamrog, J., M. Vickers and D. Bear, 2006, "Building and Sustaining a Culture That Supports Innovation", *Human resource planning*, 29(3), pp. 9–19.
127. Kim, M. and J. Park, 2017, "Do Bank Loans to Financially Distressed Firms Lead to Innovation?", *The Japanese Economic Review*, 68(2), pp. 244–256.
128. King, R.G. and R. Levine, 1993, "Finance and Growth: Schumpeter Might Be Right", *The quarterly journal of economics*, 108(3), pp. 717–737.
129. Kortum, S. and J. Lerner, 2000, "Assessing the Contribution of Venture Capital to Innovation", *RAND journal of Economics*, 674–692.
130. Luttwak, E., 1999, *Turbo–Capitalism*: *Winners and Losers in the Global Economy.*", New York: Harper and Collins.
131. Manso, G., 2011, "Motivating Innovation", *Journal of Finance*, 66(5), pp. 1823–1860.
132. Metrick, A. and A. Yasuda, 2021, *Venture Capital and the Finance of Innovation*, United States: John Wiley & Sons.
133. Morck, R. and M. Nakamura, 1999, "Banks and Corporate Control in Japan", *The Journal of Finance*, 54(1), pp. 319–339.
134. Peukert, A., 2017, "Intellectual Property and Development—Narratives and Their Empirical Validity", *Journal of World Intellectual Property*, 20(1–2), pp. 2–23.
135. Rainville, A., 2021, "Stimulating a More Circular Economy through Public Procurement: Roles and Dynamics of Intermediation", *Research Policy*, 50(4), pp. 104–193.

136. Rajan, R., 2012, "The Corporation in Finance", *NBER Working Papers*,(17760), pp.
137. Rosenbusch, N., J. Brinckmann and A. Bausch, 2011, "Is Innovation Always Beneficial? A Meta-Analysis of the Relationship between Innovation and Performance in Smes", *Journal of Business Venturing*, 26(4), pp. 441-457.
138. Rosenstein, J., A.V. Bruno, W.D. Bygrave and N.T. Taylor, 1993, "The Ceo, Venture Capitalists, and the Board", *Journal of business venturing*, 8(2), pp. 99-113.
139. Sachs, R., 2016, "Prizing Insurance: Prescription Drug Insurance as Innovation Incentive", *Harvard Journal of Law Technology*, 30(9), pp. 106-130.
140. Stiglitz, J.E., 1985, "Economics of Information and the Theory of Economic Development", *NBER Working Papers* (1566), pp.
141. Tan, K.S., S.C. Chong, B. Lin and U.C. Eze, 2013, "Internet - Based Ict Adoption among Smes", *Journal of Enterprise Information Management*, 23(1), pp. 27 – 55.
142. Tether, B.S., 1998, "Small and Large Firms: Sources of Unequal Innovations?", *Research Policy*, 27(7), pp. 725-745.
143. Timmons, J.A. and W.D. Bygrave, 1986, "Venture Capital's Role in Financing Innovation for Economic Growth", *Journal of Business Venturing*, 1(2), pp. 161-176.
144. Valencia, F. and D. Sandri, 2012, "Balance-Sheet Shocks and Recapitalizations", *IMF Working Papers*,No. 2012/068.
145. Zider, B., 1998, "How Venture Capital Works", *Harvard Business Review*, 76(6), pp. 131-139.